Karpaten

Auf dem Deubel-Weg

Neudorf - nach dem Gottesdienst

Photos und Karten: Henning Schwarz

Neumarkt 7-9 – 47441 Moers
Lektorat: Peter Kiwitz
Satz: S&ES Vettelschoß
Belichtung: Photosatz Klaußner, Köln
Druck: Druckhaus Beltz
ISBN: 3-89535-043-5

Inhaltsverzeichnis

Kartenverzeichnis

Anstelle eines Vorwortes: Wollen Sie tatsächlich nach Rumänien reisen ?

"Für die Deutschen sind die Rumänen die Deppen Europas, Wirtschaftsflüchtlinge, Zigeuner... Ich kann dir die größten deutschen Städte aufsagen, ein paar Flüße, Gebirge – umgekehrt wußten sie nicht einmal richtig, wie die rumänische Hauptstadt heißt – Budapest oder Bukarest. Man hat mich tatsächlich gefragt: 'Sag mal, bei euch – da regiert doch immer noch der Ceauşescu?' Wenn sie versuchen, nett zu dir zu sein, dann rufen sie: 'Ah Rumänien – Dracula!' Und fletschen freundlich die Zähne... Dann waren sie so mitleidig, weil es hier ja so wenig zu essen gibt und haben mich eingeladen. Ich dachte nach dem ersten Gang:' So – das war jetzt die Vorspeise', aber da kam schon der Nachtisch...! Deutsches Essen, nein also weißt du... Sie halten sich für so unglaublich großzügig, und du mußt dich dafür dann auch noch immer artig bedanken. Die ältesten abgetragenen Klamotten bekommst du zugesteckt, die sie selbst nicht mal mehr zum Holzhacken anziehen würden... Die Deutschen sind kalt! Ich hätte noch länger dort bleiben können, aber ich habe es einfach nicht mehr ausgehalten..."

Mein Tischnachbar schüttelt zweifelnd den Kopf: "Und du glaubst wirklich, das hier würde deutschen Touristen gefallen?!" Ich lasse den Blick durch den verräucherten Speisesaal der Pietrele-Baude wandern, über die abgewetzten Bänke und Stühle, das schmutzige Geschirr, das sich auf den Tischen stapelt, die Speisereste unserer Vorgänger... und muß an die abschlägigen Bescheide mehrerer Verleger denken: "... deshalb glauben wir nicht, daß Rumänien ein Reiseland ist." Mein Gesichtsausdruck läßt den Fragenden triumphierend grinsen. Er war schließlich sechs Monate in Deutschland und weiß Bescheid!

"Wer es bequem braucht, soll halt in die Alpen fahren", hat mir ein Schwabe auf dem Făgăraş-Kamm achselzuckend gesagt, als ich ihn nach seinen Eindrücken befragte. Aber selbst der anspruchsloseste Rucksacktourist, der Allgäu und Dolomiten

1 Westgebirge (S. 30)
2 Retezat (S. 84)
3 Siebenbürgens Wehrkirchen (S.114)
4 Făgăraș (S.153)

5 Bucegi/Piatra Cvaiului (S.192)
6 Ceahlău-Gebirge (S. 251)
7 Rodna-Gebirge (S. 272)

plötzlich satt hat, muß auf einiges mehr vorbereitet sein, wenn er Rumänien bereist. Natürlich gibt es in diesem Land entsetzliche Armut, Streiks, Wirtschaftsmisere, Behördenchaos, Nationalismus; Kinder und Rentner betteln auf der Straße; Normalverdiener beziehen einen Monatslohn, der in Deutschland schnell im Wochenendeinkauf an der Ladenkasse ausgegeben wird; in den Krankenhäusern fehlt es oft an den elementarsten Ausstattungen; Fabriken aller Größenordnungen speien ihren Dreck in die Luft; abgemagerte Kinder vom Bukarester Nordbahnhof blikken mit ihren großen traurigen Augen in die Objektive westlicher Kamerateams.

Man kennt diese Bilder auch aus beliebten Reiseländern Asiens, Afrikas oder Lateinamerikas. Vielleicht sind die rumänischen Aufnahmen so erschreckend, weil man hier mit einem Teil europäischer Realität konfrontiert wird? Vielleicht ist Rumänien so abschreckend, weil nur diese Aufnahmen bekannt sind und jede andere Vorstellung über das Land, seine Bewohner, Kultur und Landschaften fehlt? Über Rumänien existieren mehr Gerüchte als Kenntnisse, mehr Vorurteile als Wissen. Natürlich ist das nicht nur das Problem der Westeuropäer, sondern auch der Rumänen selbst, ganz besonders ihrer Regierung.

Kann man also dorthin reisen? – Wer seinen Urlaub nicht als Flucht aus dem Alltag auf die imaginäre grüne Insel betrachtet, sollte es wagen. Ich persönlich kenne mehr Menschen, die dieses Land eher fasziniert als schockiert hat.

Das vorliegende Buch ist, wie der Titel schon sagt, ein Wanderführer durch einige ausgewählte Gebiete der rumänischen Karpaten. Es kann weder einen guten Reiseführer mit allen seinen Informationen über das gesamte Land ersetzen, noch beansprucht es, das "ultimative Werk" über rumänische Gebirge zu sein. Es ist beim gegenwärtigen Standpunkt der deutschsprachigen Wanderliteratur aber hoffentlich eine Hilfe, sich in den schönsten Bergmassiven zurechtzufinden und versucht auch, sofern es möglich ist, dem Wanderer Routen vorzuschlagen, aber nicht aufzudiktieren. In jedem Kapitel werden nach einer mehr oder weniger persönlichen Einleitung Anfahrtswege, Ausgangspunkte, Touren und manchmal auch empfehlenswerte Ausflugsziele im Gebirgsumland angeboten. Die oft etwas kargen Wegbeschreibungen sind in erster Linie als Orientierungshilfe und nicht als "Literatur" gedacht, in ihrer Ausführlichkeit von der Markierungslage des jeweiligen Gebirges abhängig. Ausschilderung und Kennzeichnung der Routen kann sich bis zum Erscheinen dieses Buches eigentlich nur verbessert haben. Man sollte darauf einstellt sein, daß eine im Text angegebene Markierung auch mal durch ein neues, andersfarbiges Symbol überdeckt wird.

Wegzeiten in Wanderführern sind immer etwas sehr Relatives. Die hier aufgeführten Stunden sind als reine Marschdauer ohne größere Rastpausen zu betrachten.

Die dem Text beigefügten Skizzen können natürlich keine Wanderkarten ersetzen. Leider ist gutes Kartenmaterial in Rumänien selbst sehr rar, mit etwas Glück aber doch in Buchhandlungen größerer Städte oder auf den Bergbauden zu finden (nähere Informationen unter "Reiseliteratur" im Kapitel "Reisetips".)

Als kleine Ausnahme zwischen den Vorschlägen für Gebirgstouren habe ich ein Kapitel über die siebenbürgischen Wehrkirchen eingefügt – für alle, die nicht immer nur über Steine und Felsen laufen möchten.

Eine große Anzahl lieber Freunde hat ihren Anteil daran, wenn dieser Wanderführer schließlich im Buchhandel erscheint. Stellvertretend für noch viele andere sei hier nur den Familien Ander, Brezean, Busuioc, Dodoiu, Paraschiv, Rujoi und Tudorica; Hajni, Jutta, Karin, meinen Eltern und vor allem meinem Verleger Willi Klauke für seine Geduld mit mir gedankt.

Reiseziel rumänische Karpaten

Eine kleine Einführung

Bram Stoker hat sie weltberühmt gemacht, die finsteren Berge mit ihren gähnenden Abgründen, reißenden Flüssen, unheimlichen Bewohnern – und damit auch gleich ein so abschreckendes Image geschaffen, daß man sich lieber mit seiner Dracula-Lektüre in den sicheren Wohnzimmersessel kuschelt, anstatt wie Jonathan Harker die Koffer zu packen. In zahllosen Filmen begegnen sie uns als Hollywood-Kulissenlandschaft, eingeschneite zackige Pappfelsen auf denen der Sturm und die Wölfe um die Wette heulen. Wie sehen sie aber wirklich aus, die Karpaten?

Friedrich Wilhelm Murnau, der Regisseur des ersten Vampirflims "Nosferatu – eine Symphonie des Grauens"(1922) legte Wert auf Authentizität und machte sich mit seinem Drehstab auf die Reise nach Schloß Orava.

Das liegt zwar erst in der Slowakei, aber hier beginnt nördlich der Hauptstadt Bratislava der 1300 km lange Karpatenbogen, der sich weiter nach Polen, durch die Ukraine und Rumänien bis ins serbische Timok-Tal erstreckt. Über die Hälfte dieser Gebirgskette liegt auf rumänischem Gebiet und nimmt dort ca. 35% der Landesfläche ein.

Die rumänischen Karpaten werden in drei große geografische Zonen eingeteilt:

Im nordwestlichsten Zipfel Rumäniens, in der Nähe des "Dreiländerecks" Ungarn – Ukraine – Rumänien, liegt das **Oaşer-Land**, eine der autochtonsten Regionen Rumäniens, in der man das 20. Jh. manchmal scheinbar hinter sich zurückläßt. Das Gebiet wird begrenzt durch die vulkanische Kette des Oaş-Gebirges – westlichster Ausläufer der **Ostkarpaten** (Carpaţii Orientali). Diese setzen sich von hier aus durch die **Maramureş** entlang der Nordgrenze zur Ukraine fort und erreichen ihre höchste Erhebung im **Rodna-Gebirge** auf dem **Pietrosu-Gipfel** (2303m). In der Bukowina – berühmt durch ihre einzigartigen Klöster – beginnen die Ostkarpaten gegen Süden abzuknicken und verlaufen über viele Bergketten bis zum Vlădeni- und Predeal-Paß. Dort liegt die geografische Grenze zu den **Südkarpaten** (Carpaţii Meridionali).

Vom **Prahova-Tal** aus – einem der wichtigsten Verkehrswege zwischen **Transsilvanien** und der **Walachei** – erstrecken sich die Südkarpaten in Ost-West-Richtung. Hier werden die Gebirgszüge wesentlich abwechslungsreicher und höher, das Klima rauher, worauf schon der Beiname "Transsilvanische Alpen" für das **Făgăraş-Gebirge** verweist. Auf seinem Kamm liegt auch der höchste Gipfel Rumäniens, der Moldoveanu (2544m). Die letzten Ausläufer der Südkarpaten setzen sich schließlich wieder in südlicher Richtung fort und enden mit dem **Mehedinţi-Gebirge** bei Orşova an der Donau, unweit des "Eisernen Tores" (Porţile de Fier).

Was man sich unter den **Westkarpaten** (Carpaţii Occidentali) vorzustellen hat, darüber sind sich die Geografen anscheinend selbst nicht ganz einig, weshalb in den verschiedenen Publikationen immer wieder unterschiedliche verwirrende Bezeichnungen und Zuordnungen auftauchen. So verstehen die meisten Wissenschaftler darunter den auf slowakischem Gebiet befindlichen Teil des Karpatenbogens. Nach rumänischer Lesart umfassen die Westkarpaten die **Banater-Berge** im Südwesten des Landes, das Massiv **Poiana Ruscă** und schließlich das **Westgebirge** (Munţii Apuseni) – das die meisten ausländischen Touristen immer irrtümlich als "die Westkarpaten" bezeichnen. Ebenso wird gerne geargwöhnt, ob das Westgebirge auf Grund seiner andersartigen geologischen Struktur überhaupt zu den Karpaten zu rechnen sei.

Der entscheidende "Anstoß" zur Karpatenentstehung erfolgte am Ende des Mesozoikums. Durch den Druck, den die Gondwana-Platte auf die Senkungszone des Thetys-Meeres ausübte, setzte die alpidische Gebirgsbildung ein, durch die Himalaja, Kaukasus, Karpaten und Alpen gefaltet und gehoben wurden. Die Karpaten gehören also zu den relativ jungen Gebirgen Europas, in der Spätkreidezeit und im Tertiär entstanden. Eine Besonderheit der Ostkarpaten sind die vielen Spuren neozoischer vulkanischer Tätigkeit, die das Landschaftsbild mitgeprägt haben.

So ganz ist der rumänische Boden bis heute noch nicht zur Ruhe gekommen: im Vrancea-Gebirge soll das Epizentrum der meisten Erdbeben liegen, die vor allem den Südosten des Landes und die Hauptstadt gelegentlich zittern lassen. Wirklich schwere Beben haben sich bis jetzt aber nur in 35-jährigem Abstand wiederholt, das letzte 1977.

Wenn sie auch in ihrer Entstehungsgeschichte den Alpen ähnlich sind, so erreichen die Karpaten bei weitem nicht deren Höhe, und von den im Pleistozän entstandenen Vergletscherungen ist leider nicht viel übriggeblieben, außer den charakteristischen Trogtälern, Gletscherschwellen und runden Felskesseln. Wer also mit stockendem Atem Jonathan Harkers Postkutschenfahrt zum Borgo-Paß (Pasul Tihuţa, 1200 m) verfolgt und Stokers Phantasien von den "himmelanstrebenden Schroffen der Karpathen" und ihren "Schneehäuptern" Glauben schenkt bzw. die Bilder aus Francis Ford Coppolas jüngstem Dracula-Epos noch vor Augen hat, wird in der Realität wohl leicht enttäuscht sein, wenn sich die Ostkarpaten hinter Bistriţa doch recht "zahm" präsentieren. Wilde Felsspitzen und steile Wände finden sich vor allem in den Südkarpaten: in den manchmal an die Dolomiten erinnernden Gebirgen des Bucegi und Piatra Craiului oder den mächtigen, aus kristallinen Schiefern aufgebauten Massiven des Făgăraş, Parâng und Retezat. In den übrigen Gebirgen, wie z.B. dem Rodna, bestehen die Gipfellagen überwiegend aus weiten Matten, die sich an manchen Stellen zu imposanten Gras- und Geröllgipfeln aufschwingen.

Majestätische "Schneehäupter" tragen die Berge nur in der Zeit von Ende September/Anfang Oktober bis April/Mai, aber es gibt auch Ausnahmen wie im Făgăraş, wo selbst im Hochsommer der Kamm von einer dünnen Schneeschicht oder Reif bedeckt werden kann. Ansonsten herrscht in den Karpaten wie in allen anderen Hochgebirgen das typische Gebirgsklima mit überraschenden Gewittergüssen, Stauregen, Föhnerscheinungen und Jahresdurchschnittstemperaturen von 0-6°C auf den Gipfelgraten.

Die Temperaturunterschiede, die vor allem im Hochsommer zwischen Gebirgsvorland und den Kammlagen auftreten können, sind für viele Wanderer sehr ungewohnt. Zwar erreicht die Quecksilbersäule in Transsilvanien oder der Moldau selten solche Spitzenwerte wie in Bukarest, wo 40-50°C keine Seltenheit sind. Wer an einem heißen Tag aus dem Haţeger-Land zum Bucura-See im Retezat aufsteigt oder die Distanz Olt-Tal – Făgăraş-Kamm zurücklegt, muß aber außer den Höhenmetern auch Temperaturdifferenzen von 20-25°C verkraften können. Ausreichende Akklimatisierung vor Antritt einer größeren Tour ist deshalb immer unbedingt zu empfehlen!

Mehrtägige Kammwanderungen, die in den Alpen meistens den geübten Bergsteigern mit entsprechender Ausrüstung vorbehalten bleiben, sind in den rumänischen Karpaten dagegen jedem gut trainierten Touristen möglich. Die Unerschlossenheit vieler Gebirge sorgt bis heute dafür, daß man trotzdem noch stunden- oder auch tagelang alleine laufen kann, ohne einer Menschenseele zu begegnen. Hotelburgen, vom Tal bis hinauf in die Gipfelregionen, fehlen in Rumänien noch immer weitgehend. Selbst solche Skizentren wie Sinaia und Predeal im Prahova-Tal oder Poiana Braşov auf dem Postăvarul nehmen sich noch relativ bescheiden aus. Die wenigsten Bewohner der Bergdörfer beschäftigen sich mit Zimmervermietung und Restauration wie in vergleichbaren Gegenden Österreichs oder der Schweiz, sondern arbeiten in der Land- und Forstwirtschaft oder nahegelegenen Industriegebieten. Auch das Drahtgeflecht aus Seilbahnen, Sessel- und Skiliften kennt man hierzulande nicht.

Sicherlich sind lange Anmarschwege durch das Unterholz nicht jedermanns Geschmack – Rumäniens Bergwälder kann man aber schon als Sehenswürdigkeit bezeichnen und vor allem im Herbst unbedingt empfehlen. Besonders sind uns immer wieder die prächtigen Eichen- und Buchenbestände in der kollinen und submontanen Stufe aufgefallen, die dann in ausgedehnte Fichtenwälder übergehen, welche in manchen Gebirgen mit Tannen, Lärchen oder Zirbelkiefern durchsetzt sind. Ab 1800 m endet der Bergwald und die Latschen (sprich Krüppelkiefern oder Krummholz) beginnen. Besonders schön ist es in dieser Gegend im Juni, wenn die Siebenbürgische Alpenrose (Rhododendron kotschyi) zur Blütezeit die Hänge rot färbt. Viel Wald und leider auch Gebirgsflora ist dem Weidebetrieb zum Opfer gefallen, aber an abgelegenen oder geschützten Plätzen finden sich noch immer typische Vertreter wie Eisenhut, Tüpfelenzian, Siebenbürgisches Habichtskraut, Alpenastern, viele Steinbrech-Arten, und natürlich entdeckt man auch hier mit viel Glück den Stengellosen Enzian und Edelweiß – oder bekommt sie leider von den Dorfkindern in getrockneter Form zum Kauf angeboten.

Wer einmal bei einem Schafhirten übernachtet, wird auch erfahren, wieviele "gefährliche" Tiere noch in den Bergwäldern hausen und hört bestimmt wenigstens eine dramatische Bärengeschichte. Der hohe Wildbestand lockt jährlich zahlreiche Jäger aus dem In- und Ausland in die rumänischen Berge. Von den gefürchteten Bären über Wildkatzen, Wildschweine, Dam- und Rotwild und den Gemsen in den Gipfellagen gibt es so ziemlich alles, bis hin zu den Wölfen, die man manchmal in klaren Winternächten heulen hört... Wenigstens in diesem Punkt hat Bram Stoker in seiner Karpatenbeschreibung recht behalten.

Reisetips

In einem Land in "tranziţie" – wie der rumänische Begriff für "Übergang" lautet – verändern sich viele Dinge nur sehr langsam, andere – den Touristen unmittelbar betreffende – dagegen sehr rasch, wie z.B. Wechselkurse, Preise, Fahrpläne etc. Alle Angaben, die hier zusammengestellt wurden, waren im Zeitraum 1993/94 gültig, sollten vor Ort zur eigenen Sicherheit also immer mal wieder überprüft werden.

Einreise/Visaformalitäten

Reisende müssen sich den Eintritt ins Land immer noch durch ein Visum erkaufen. Keine sehr populäre und tourismusfördernde Maßnahme, bezahlt man doch generell eine Gebühr zwischen 50-60 DM, egal, ob die Reise nur eine Woche oder einen Monat dauern soll. Das Visum kann gegen Einsendung des Reisepasses schon vor der Abreise bei der rumänischen Botschaft in Bonn bestellt werden:

- Rumänische Botschaft, Legionsweg 14, 53117 Bonn, Tel.:0228/ 55 58 60

Man erhält den notwendigen Stempel aber ohne Probleme direkt bei der Ankunft im Transitraum des Bukarester Flughafens Otopeni und an jedem Grenzübergang bei der Einreise mit dem Zug oder dem eigenen Fahrzeug. An der Grenze wird ein Visum mit einer Gültigkeit von maximal 30 Tagen ausgestellt. Es kann bei Bedarf auf jedem größeren Polizeirevier bzw. beim "Serviciul Paşaporte" in einer Großstadt um nochmals zwei Monate verlängert werden, selbstverständlich gegen Bezahlung. Das Touristenvisum ist nur für die einmalige Einreise ins Land gültig. Achten Sie darauf, daß der kleine "Talon de Ieşire" (Ausreisebon) nicht abhanden kommt, der Ihnen in den Paß gelegt wird. Man wird Sie auch ohne ihn wieder ausreisen lassen, aber je nach Gemütslage des Beamten mit mehr oder weniger großem Theater.

Verkehrsmittel

Verkehrsverbindungen, An- und Abfahrtszeiten, die in den einzelnen Kapiteln erwähnt werden, sind nur Richtwerte aus den Jahren 1993-95, und können sich zum Erscheinen des Reiseführers bereits wieder verändert haben!

Flugzeug

Der Flug nach Rumänien ist relativ teuer, das Angebot an Fluggesellschaften relativ gering.

Stellvertretend sei hier die Adresse der TAROM, der rumänischen Fluggesellschaft angegeben, die außer Bukarest auch Timişoara anfliegt:

- TAROM – Rumänische Fluggesellschaft, Zeil 13, 60313 Frankfurt/Main, Tel.: 069/295270, Fax.: 069/292947. TAROM-Flugtikkets können nur über Reisebüros bezogen werden, wie z.B.:
- O.-Ivan-Tours, Raimundstraße 33, 60431 Frankfurt/Main, Tel.: 069/ 51 52 11/12, Fax.: 069/ 51 44 81; in Bukarest: ONT Carpaţi S.A., Bulevardul Magheru 7, Tel.: 01/ 614 51 60
- Reisebüro Mariana Butnaru, Kaiserstraße 79, 60329 Frankfurt/Main. Tel.: 069/ 23 63 05-06, Fax.: 069/ 23 91 48

Die Flugpreise innerhalb Rumäniens liegen für Ausländer so hoch, daß man sich besser auf dem Erdboden fortbewegt.

Bahn

Die Anfahrt mit dem Zug ist ebenfalls nicht billig, innerhalb Rumäniens allerdings mühelos zu bezahlen. (Für 20 DM quer durchs ganze Land.) Auf der Bahn verbringt man die geringste Zeit an der Grenze, dafür wartet man manchmal auf Umsteigebahnhöfen im Landesinneren um so länger auf den Anschlußzug. Auch wenn die Waggons längst nicht mehr so überfüllt sind, wie vor der mehrfachen Anhebung der Fahrpreise, muß man sich doch darauf gefaßt machen, hautnahen Kontakt mit den Mitreisenden zu schließen. Jedem aufgeschlossenen Menschen, der etwas Zeit mitbringt und gerne Einheimische kennenlernen möchte, ist die Bahnfahrt deshalb nur zu empfehlen. Sensiblere Naturen reisen besser mit der ersten Klasse.

Fahrkarten für Expreß- (Rapid) und Schnellzüge (Accelerat) werden auf den Bahnhöfen in der Regel erst 2 – 1½ Stunden vor Abfahrt des Zuges verkauft. Um sich auf Großstadtbahnhöfen die Suche nach dem richtigen Fahrkartenschalter und das Warten in langen Schlangen zu ersparen, sollte man besser ein CFR-Büro der Eisenbahngesellschaft aufsuchen. Eine Platzkarte (Tichet de Loc) wird meistens zu der Fahrkarte automatisch dazugegeben.

Bei der Rückreise ins Ausland und sei es nur bis zur ersten ungarischen Stadt hinter der Grenze, bezahlt man als Ausländer erneut einen gewaltigen Aufpreis.

Bus

Auch mit dem Bus gelangt man nach Rumänien – und zwar binnen 24 Stunden und relativ preiswert.

Die Firma O-Ivan-Tours bietet z.B. wöchentlich Fahrten ab Frankfurt und München über verschiedene Städte in Deutschland bis nach Rumänien und zurück an, ebenso das Reisebüro Butnaru ab Frankfurt oder Nürnberg (Adressen im Abschnitt Flugzeug).

In viele Regionen Rumäniens, besonders die uns interessierenden Gebirge, gelangt man nur mit dem Bus (oder Auto). Größere Busbahnhöfe befinden sich deshalb meistens unmittelbar neben den CFR-Bahnhöfen. Je nach Abgelegenheit des Fahrziels verkehrt eine Linie zwei- bis dreimal am Tag, manchmal auch nur am Wochenende. Die Busse sind altersschwach, laut, überfüllt und pflegen auf schönen Bergpässen oder an Quellen meistens eine halbstündige traditionelle Ruhepause einzulegen. Pannen sind keine Seltenheit. Auf alle Fälle immer ein Erlebnis!

Auto

Vor- und Nachteile einer Autoreise in rumänische Gebirge halten sich ungefähr die Waage. An der Grenze kann sich die Wartezeit leicht von einer bis auf vierundzwanzig Stunden ausdehnen. Damit muß man vor allem an den großen Grenzübergängen wie Artand/Borş (Oradea) und Nagylak/Nădlac (Arad) rechnen. Schneller geht es sicherlich an den Stationen Csengersima/Dorolt (Satu Mare), Vamospercs/Valea lui Mihai (zwischen Oradea und Carei), Gyula/Vărşand (zwischen Oradea und Arad).

Die Horrorberichte, die Touristen gerne über den Zustand der rumänischen Straßen weiterverbreiten, sind übertrieben. Durchaus akzeptable Asphaltierung wechselt mit erbarmungswürdigen Passagen ab. Verläßt man die auf den Karten meistens rot eingezeichneten Europa- und Nationalstraßen, muß sich in der Regel auf eine Verschlechterung der Fahrbahn bis hin zum ungepflasterten Feldweg eingestellt werden. Manchmal bieten kleine Nebenstraßen aber auch angenehme Überraschungen, weil ihre Asphaltdecke weniger abgenutzt ist als die der großen Durchgangsstraßen.

Unfallgefahren gibt es reichlich: fehlende Fahrbahnmarkierungen, Kriechspuren am Berg, die plötzlich ohne Vorankündigung enden, Schlaglöcher von der Größe eines Wagenrades, spielende Kinder, unbeleuchtete Pferdegespanne, Kuh-, Schaf- und Gänseherden, der rumänische Überholstil... Sofern es sich vermeiden läßt, sollte man auf Nachtfahrten verzichten. Für Reifenpannen gibt es reichlich "Vulcanizare"-Werkstätten fast in jedem Dorf; für aufwendigere Reparaturen muß man viel Zeit, Nerven und vor allem am besten die eigenen Ersatzteile mitbringen.

Das rumänische Tankstellennetz ist inzwischen dichter geworden, es gibt bereits viele private Anbieter, in Großstädten kann es durch Versorgungslücken trotzdem immer wieder zu sehr langen Schlangen kommen. Eine leere Tankstelle sollte man deshalb immer ansteuern, auch wenn der Tank noch halbvoll ist. Bleifreies Benzin ist eine Rarität, Diesel bekommt man dagegen überall, ebenso Motorenöle und Bremsflüssigkeiten westlicher Herkunft.

Auch wenn man für eine Tankfüllung nur ein Viertel des deutschen Preises bezahlt, ist das Auto in Rumänien die teuerste Fortbewegungsart. Abgesehen davon, kann das eigene Fahrzeug auf längeren Gebirgstouren zum Klotz am Bein werden, wenn man sich immer wieder vor der Wanderung um einen sicheren Parkplatz bemühen und Gedanken um die Rückkehr zu seinem Wagen machen muß. Als westlicher Autoreisender werden Sie auch wesentlich öfter angebettelt werden, als in öffentlichen Verkehrsmitteln. Die ständige Versuchung, sich hinter sein Lenkrad zurückzuziehen und gegen die oft so befremdende Außenwelt abzuschotten, sollte man nicht unterschätzen. So bringt man sich leicht um die interessantesten Urlaubserlebnisse.

Trampen

Wer als Anhalter durchs Land reist, hat in Rumänien relativ gute Chancen, mitgenommen zu werden – auch ohne großes Pappschild... An den Ausfallstraßen der großen Städte wird man allerdings selten alleine stehen. Um sich gegen die Rücksichtslosigkeit durchsetzen zu können, mit der zehn Personen auf ein Auto zustürmen, bedarf es als Ausländer schon etwas Courage und eines Minimums an Sprachkenntnissen. Ersparen Sie sich lange Standzeiten in häßlichen Industriegebieten voll von Abgas- und Staubwolken – kaufen Sie lieber ein Zugticket. Weil die Benzinpreise für die Einheimischen unverschämt teuer sind, bieten sich als Mitfahrgelegenheiten auf langen Strecken fast nur LKWs an. Es gehört sich, daß man für die Fahrt etwas bezahlt.

Fahrrad

Radwege gibt es keine in Rumänien, dafür aber jede Menge schwach befahrene Landstraßen, die durch die schönsten Gegenden führen. Wer seine Bergtouren gerne mit einer Radwanderung verbinden möchte, sollte wegen Straßenzuständen und Landschaftsprofil besser ein Mountainbike benutzen. Sämtliche wichtigen Ersatzteile müssen natürlich mitgeführt werden, im Land bekommt man so gut wie nichts davon. Fahrradverleihe existieren noch nicht.

Geld

Übersetzt bedeutet "Leu" – Löwe (Plural "Lei") und sollte einst die Stärke der rumänischen Währung demonstrieren. Leider ist der Löwe sehr altersschwach geworden und wird vom Dollarkurs gehetzt. Im Zeitraum Juli 1993 – Januar 1995 stieg der Wechselkurs von 450 auf 1300 Lei für 1 DM!

Bei der Ein- und Ausreise darf der Besucher nur 5000 Lei mit sich führen. Der Umtausch im Land ist aber ohnehin günstiger. Man sollte vor allem in den kleinen Wechselstuben (Casă de Schimb) oder bei Privatbanken tauschen, da der Kurs dort wesentlich höher liegt als bei staatlichen Banken und dem Tourismusbüro ONT. Der Umtausch auf der Straße ist riskant und – gemessen an den Gewinnchancen gegenüber der Wechselstube – unnötig. Ausländer werden unweigerlich erkannt und gerne über den Tisch gezogen. Die größte Banknote ist derzeit der 10.000 Lei-Schein, außerdem gibt es noch 5000er,1000er und 500er-Scheine, den letzteren in zwei Varianten, beide mit einem Porträt Constantin Brâncuşis. Reiseschecks in jeder Form sind Verlustgeschäfte, da ihr Wechselkurs von der Staatsbank bestimmt und außerdem eine unverschämte Umtauschgebühr erhoben wird. Auch mit seiner EC-Karte kann man in Rumänien noch nicht besonders viel anfangen.

Versorgung/Unterkunft – Preise

Für eine Rumänienreise muß man nicht mehr drei Dosen Margarine einpacken – holländische Markenbutter gibt es inzwischen auch dort zu kaufen. (Aber die rumänische ist trotzdem viel besser.) Lebensmittelkauf ist also kaum noch ein Problem, vor allem nicht auf den zahlreichen Märkten, wo man bessere und billigere Waren erhält als in den Kaufhallen. Wie Fleisch und Käse gelagert und verkauft werden, darüber muß man gelegentlich hinwegsehen oder lieber auf Konservennahrung umsteigen. Alle Lebensmittel sehen nicht so attraktiv aus wie in Deutschland. Mir ist aber kein Reisender bekannt, der nicht sein rumänisches "Schlüsselerlebnis" bei echten Tomaten oder einem guten Stück Räucherkäse gehabt hätte. Danach stellt man fest, daß die überbordende "Vielfalt" geschmacksneutraler Produkte in einem deutschen Supermarkt nicht unbedingt das Non-Plus-Ultra an Lebensqualität darstellen muß. Die Frage "Rumänien – ja gibt's denn da was zu essen?", wird ohnehin von niemandem mehr gestellt werden, der einmal bei einer Familie eingeladen und bewirtet worden ist.

Urlaub in Rumänien ist für Westeuropäer manchmal schon fast erschreckend billig. Besonders Studenten wissen das zu schätzen. Die finanzielle Überlegenheit der Gäste gegenüber den Einheimischen führt in der Regel zu zwei extremen und unnötigen Reaktionen – entweder ständig verklemmt und mit schlechtem Gewissen darauf hinzuweisen, daß man ja nichts dafür könne, aus einem reichen Land zu kommen, oder sich wie "Gott in Frankreich" zu fühlen und dementsprechend aufzuführen. Die staatlichen Hotels und Museen beugen diesem Zustand etwas vor, indem für Ausländer grundsätzlich höhere Tarife gelten. Private Übernachtungen – gegen entsprechende Aufmerksamkeiten oder Bezahlung – sind, wenn sich die Möglichkeit dazu bietet, immer den wenig einladenden Hotels vorzuziehen. Der Preisunterschied zwischen einem "hotel de stat" (staatliches Hotel), und einem "han particular" (private Herberge), kann leicht bei 10 - 30 DM liegen. Die offiziellen Campingplätze sind ebenfalls selten empfehlenswert, vor allem die sanitären Anlagen lassen zu wünschen übrig. Zelten in freier Natur wird überall praktiziert.

Empfehlenswerte Übernachtungstips bzw. -adressen stehen in den einzelnen Kapiteln.

Alle aufgeführten Preise sind nur Richtwerte aus dem Jahr 1993/94 und werden zum besseren Vergleich in DM angegeben. Die Inflationsrate seit Erscheinen dieses Buches muß man dementsprechend immer dazurechnen.

Reisegepäck

Besonders "Rucksack-Touristen" tun sich vor einer Reise in unbekannte Länder etwas schwer mit der Auswahl: Genauso "heavy" ist dann oft ihr Gepäck, was wenig zur Wanderfreude beiträgt. Wie schon weiter oben kurz bemerkt: Dutzende Konservendosen, Dauerkekse etc. können zu Hause gelassen werden. Lebensmittel kauft man preiswert auf den Märkten und in jedem größeren "Alimentara"-Laden. Lediglich gerne verwendete Wegzehrung in Form von Schokolade, Rosinen, Nüssen oder Fruchtschnitten sollte sich im Rucksack befinden. Die Gipfelzigarette muß auch nicht mehr aus dem Ausland mitgebracht werden; alle vertrauten Marken gibt es billiger in Rumänien. (Der Umgebung angemessen, kann man sich natürlich auch mal probehalber auf die berüchtigten "Carpaţi" einlassen.)

Wichtigere Grundausstattung für Bergtouren sind – je nach Gebirge leicht differierend – Bergzelt, Isomatte, Daunenschlafsack, knöchelhohe Wanderschuhe mit Profilsohle, zwei Pullover, eine Windjacke (Anorak), kleiner Benzin-Kocher mit Blechnapf (letzterer wird gerne vergessen), Taschenlampe, Taschenmesser, Reiseapotheke (besonders wichtig: Antibiotika, sterile Spritzen, Binden, Pflaster, Magen-, Kreislauf-, Erkältungs-, Fieberpräparate).

Filmmaterial aller bekannten Marken ist in jeder Großstadt erhältlich, allerdings sollte man nicht nach Fotogeschäften, sondern kleinen "consignaţie"- bzw. "import-export"-Läden suchen. In vielen Zentren gibt es inzwischen auch schon einen Express-Service, wo die Fotos wesentlich preiswerter als in Deutschland abgezogen werden – Farbqualität sehr unterschiedlich. Diafilme sind oft schwerer zu bekommen und teuer.

Wertvolle Ausrüstungsgegenstände wie Fotoapparate, Miniradios, Walkman, Trekkingrucksäcke etc. können unbesorgt mitgenommen werden, solange man sie im Auge behält und nicht am falschen Ort zur falschen Zeit auspackt. Mir persönlich wurde bisher auf keiner Reise etwas gestohlen, anderen Touristen alles – von der Kamera bis zum kompletten Zelt.

Sprache

"Oh dio", stöhnt ein Gast aus Milano in einem Hotel in Sinaia, nachdem es ihm mal wieder nicht gelungen ist, sich mit der Kellnerin zu verständigen, "ohne die vielen Slawismen wäre es ein italienischer Dialekt!" Womit angedeutet wäre, daß der Reisende mit Vorkenntnissen einer lebenden romanischen Sprache Chancen hat, sich in Rumänien etwas besser zurechtzufinden – aber eben auch nur "etwas".

Wie die alten Daker gesprochen haben, die vorwiegend im Raum des heutigen Transsilvaniens hausten, ist kaum überliefert. Nachdem der legendäre König Decebal 106 n.Chr. von den Truppen Kaiser Trajans besiegt worden war, begann eine über 160 Jahre dauernde Romanisierung der Daker, an deren Ende sozusagen der lateinische Grundstock für die rumänische Sprache gelegt war. Als sich die Römer 271 aus ihrer Provinz zurückgezogen hatten, setzte sich, beginnend mit der Völkerwanderung, besonders der Einfluß der slawischen Sprachen durch. Bis ins 19. Jahrhundert hinein wurde Rumänisch mit kyrillischen

Buchstaben geschrieben. Viele Neologismen entlehnte man schließlich dem Französischen.

Die so entstandene Sprache ist relativ einfach erlernbar, wenigstens sollte man sich als Reisender die Mühe machen, die Ortsnamen richtig aussprechen zu können. Allein dieses kleine Entgegenkommen gegenüber der Landbevölkerung, die gewöhnlich keine Fremdsprachenkenntnisse besitzt, wird von den Einheimischen durch besondere Freundlichkeit und Hilfsbereitschaft honoriert. Man kann sich natürlich auch darauf verlassen, zumindest in Siebenbürgen Rumänen zu treffen, die durch den Kontakt mit ihren sächsischen Nachbarn etwas Deutsch gelernt haben. Ein wenig irritierend sind für den Reisenden – wie auch für die Rumänen selbst – die Regionen, in denen überwiegend ungarisch gesprochen wird, besonders entlang der Grenze und im ehemaligen "Szekler-Land" in den Bezirken Mureş, Harghita und Covasna.

Ein kurzer Rumänisch-Schnellkurs mit Aussprachehilfen und dem Nötigsten, was man für Anreise und Gebirgswanderung braucht, findet sich zum schnelleren Nachschlagen am Ende des Buches.

Reiseliteratur und Karten

Wer in Rumänien nicht nur durchs Gebirge wandern will und ausführlichere Informationen zur Landesgeschichte, Kultur und anderen Sehenswürdigkeiten wünscht, dem sei an dieser Stelle der im gleichen Verlag erschienene Führer "Reiseland Rumänien" von Stephan Hoffstadt und Edgar Zippel empfohlen (Edition Aragon, 2. Auflage 1994).

Zur großräumigen Orientierung ist "Die große Shell Autokarte", Maßstab 1:750.000 sehr geeignet. Noch wesentlich exakter, aber erst in Rumänien erhältlich, ist der 1993 erschienene "Atlas Turistic şi Rutier", Maßstab 1:300.000, aus dem Flomarco-Verlag.

Gute Wanderkarten erhält man momentan durch den Abeona-Verlag Bukarest:

- Casa editoriala pentru turism şi cultura "Abeona", Bd. Magheru, nr. 7, et. III, Bucureşti

Von den hier beschriebenen Gebirgen wurden aber nur zwei Karten über das Bucegi- und das Piatra-Craiului-Massiv herausgegeben und sind gelegentlich in Buchhandlungen aufzutreiben. Vom gleichen Verlag erschien eine Buchreihe, die sich "Monografii montane" nennt. Zum Preis von umgerechnet ca. 50 Pfennigen kann man den Band auch nur wegen der darin enthaltenen Karte kaufen. Leider werden zur Zeit lediglich die Titel über das Ceahlău und das Oaş- und Ţibleş-Gebirge verkauft. Die sehr guten Piatra Craiului- und Bihor-Führer findet man nur noch antiquarisch. Genauso verhält es sich mit der Reihe "Munţii noştri" – "Unsere Berge" aus dem Sport- und Tourismus-Verlag Bukarest, die teilweise sogar deutschsprachig erschien und jeden kleinen Gebirgszug detailiert beschreibt.

Ein deutschsprachiger Reise-Almanach aus rumänischer Produktion unter dem Titel "Komm mit" informiert über Sehenswürdigkeiten und gibt ebenfalls gute Anregungen für Wanderungen.

Munţii Apuseni

Das Westgebirge

Als wir nach elfstündiger Wartezeit am Grenzübergang Borş endlich ins Land einreisen dürfen, riskiere ich vorsichtig einen Blick in den Rückspiegel und sehe die müden, enttäuschten Gesichter meiner Beifahrer: "Das also ist Rumänien...?" – Eine schnurgerade Straße, die durch plattes Land auf die Industriekulisse von Oradea zuführt; ein stechender Geruch in der Luft und eine fahle Morgensonne, die mit Mühe ihre Strahlen durch die Dunstglocke über der Ebene hindurchschickt ? Aber nachdem wir die Stadt – mit ihrem durchaus sehenswerten Zentrum – hinter uns gelassen haben, geht die Fahrt bald durch kleine Dörfer und am Horizont tauchen die ersten blauen Bergketten auf: Munţii Apuseni.

Der Name ist etwas irreführend und eigentlich nur ein Oberbegriff für 13 kleine Gebirgsstöcke, die zusammen ein stattliches Gebiet von 20.000 km^2 einnehmen. Das Westgebirge ist kein Reiseziel für Gipfelstürmer. Die vor uns liegenden Kämme erreichen eine Höhe von maximal 1600-1800 m. Den Reiz dieser Landschaft machen vor allem die engen und wilden Flußtäler aus, die weitverstreuten Bergsiedlungen und die oftmals endlos scheinenden Wälder. All das läßt sich auf der Fahrt nach Cluj oder Deva vom Auto aus betrachten.

Um besondere Entdeckungen zu machen, muß man schon etwas tiefer in die Berge eindringen und "tief" ist hier oft ganz wörtlich zu nehmen. Wir befinden uns in der interessantesten geologischen Region der rumänischen Karpaten, mit einer unglaublich reichen Gesteinspalette aller Typen und Erdzeitalter.

Zwei Gebirgszüge sollen hier näher vorgestellt werden, in deren Kalkmassiven wunderbare Karstphänomene jedem gut trainierten Wanderer zugänglich sind: **Munţii Bihor** und Munţii Trascăului.

Munţii Bihor

Höhlen und Wälder

Wie es in der Bergliteratur immer so schön heißt: Auf dem Vârtop-Paß (1160m) haben wir das "Herz" der Munţii Apuseni erreicht. Vor uns erstreckt sich das Arieş-Tal, flankiert von den Berghängen des Nord- und Südbihors.

Im Biharia-Massiv, rechts der Straße, liegt der höchste Gipfel des Westgebirges, der Bihor oder auch Corcubata Mare (1849m). Seine "Spitzenstellung" verdankt er den über 500 Millionen Jahre alten Schiefern und Graniten, die der Erosion getrotzt haben. Durch Erdbewegungen und Schichtenüberlagerungen trifft man in diesem Massiv die ungewöhnliche Situation an, daß die ältesten Gesteine den Kamm bilden, während wir mit dem Abstieg ins Tal in immer jüngere Erdzeitalter vorstoßen, bis bei Arieşeni fast das Mesozoikum erreicht ist.

Trotzdem liegt das Südbihor eher im Schatten seines viel niedrigeren nördlichen Nachbarn, in dessen Karstgebiet man gelegentlich den Eindruck bekommt, es würde mehr unterirdisch gewandert.

Das schnell an der Oberfläche versickernde Niederschlagswasser hat dort den Kalk im Erdinneren aufgelöst und Höhlen mit einzigartigen Tropfsteinformationen, Eisgrotten, Seen und Bächen entstehen lassen. Mitten im Wald trifft der Wanderer plötzlich auf riesige Dolinenschlünde – ehemals gewaltige Höhlen, deren Decken eingestürzt sind – oder er läuft über Bergwiesen, auf denen breite Bäche spurlos verschwinden. In tiefen Schluchten kann man sich an heißen Tagen an Wildbächen aalen oder auf den weiten Matten des Karstplateaus in der Sonne liegen und die schwarzen Büffel bewundern.

Die Wege zu diesen Naturschönheiten sind lang und fordern eine ganze Menge Orientierungssinn. Markierungen im Westgebirge tauchen gewöhnlich dann auf, wenn der Waldweg breit und eindeutig ist. Steht der ratlose Wanderer auf einer großen Bergwiese und sucht verzweifelt nach einem Hinweis, fehlen sie gewöhnlich. Das mache für ihn den "suspense" in diesen Bergen aus, erklärte mir ein rumänischer Freund. Auf die Spannung, im dichten Wald plötzlich nicht mehr zu wissen, wo man sich eigentlich befindet, muß jeder Eindringling also vorbereitet sein.

Anfahrt

Mit dem eigenen Fahrzeug: Von Oradea aus über die gut ausgebaute E 79 ca. 73 km bis in die Ortschaft Ştei. (Auf den meisten Landkarten und Straßenschildern erschien im Sommer 93 noch immer der an den ersten Präsidenten der Volksrepublik Rumänien erinnernde Name Dr. Petru Groza.) Auf dem Weg zweigen die Straßen zur Meziad-Höhle, in den Luftkurort Stâna de Vale und zur Bärenhöhle von Chişcău ab (s.S. 39ff). Von Ştei aus über die Nationalstraße DN 75 bis ins Arieş-Tal.

Mit öffentlichen Verkehrsmitteln

Die Zuganfahrt nach Beiuş oder Ştei (Dr. Petru Groza), ist seit Inkrafttreten des Fahrplans 1994/95 komplizierter geworden. Es gibt nur noch zwei Verbindungen täglich:

Oradea –	Ciumeghiu –	Holod //	Holod –	Beiuş –	Ştei
7.48	9.19	10.48	11.30	12.32	12.59
15.30	16.44	18.16	18.57	20.00	20.27

Von den Busbahnhöfen in Beiuş oder Ştei (Dr. Petru Groza) verkehren 1-3 mal täglich Linien zu den erwähnten Reisezielen. Die Busse der Fernlinie Oradea – Alba Iulia halten ebenfalls in den meisten Dörfern entlang der Europa- und Nationalstraße.

Als Ausgangspunkte für Wanderungen in das Bihor-Gebirge bieten sich die Meziad-Hütte, Stâna de Vale, das Dorf Pietroasa neben Chişcău, die Gemeinden Arieşeni und Gârda de Sus an.

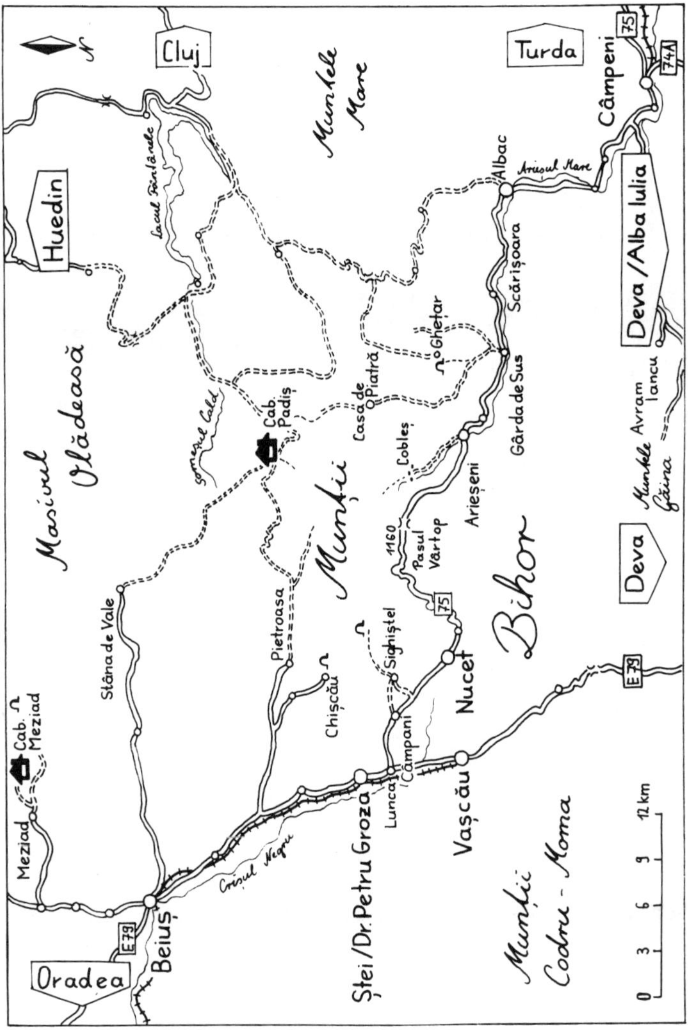
Cluj
Turda
Huedin
Muntele Mare
Câmpeni
75
74A
Albac
Arieșul Mare
Deva / Alba Iulia
Lacul Fântânele
Scărișoara
Ghețar
Gârda de Sus
Casa de Piatră
Cab. Padiș
Cobleș
Arieșeni
Avram Iancu
Muntele Găina
Masivul Vlădeasa
Someșul Cald
Munții Bihor
1160
Pasul Vârtop
Deva
Stâna de Vale
Pietroasa
Sighiștel
Chișcău
Nucet
Câmpani
Cab. Meziad
Meziad
E79
Lunca
Vașcău
Ștei / Dr. Petru Groza
Crișul Negru
Beiuș
Oradea
Munții Codru - Moma
0
3
6
9
12 km

Im Massiv selbst gibt es bis heute nur eine einzige Bergbaude auf dem Padiş-Plateau, die nicht unter sechs Stunden Fußmarsch zu erreichen ist.

Höhlenexpeditionen im Bihor-Gebirge

Ich stehe mit dem Wagen auf einem Dorfanger, eine Gänseherde spiegelt sich begeistert in den Radkappen und ein Bauer, der sich in der Mittagshitze auf die Straße wagt, fragt mich verwundert, welche Höhle ich hier suche. Rumänische Freunde haben mir von der Măgura-Höhle in der Nähe des Dorfes Sighiştel vorgeschwärmt, die bis zur Entdeckung der Peştera Urşilor als die schönste Schauhöhle der Region galt. "Ja, ja", sagt der Mann, "zur Măgura-Höhle. Da müssen sie nach Sighiştel fahren! Das hier ist Seghişte." Ich quäle mein Auto über den steinigen Feldweg zurück zur Hauptstraße und stelle Betrachtungen darüber an, wie irritierend die mitunter sehr ähnlich klingenden Ortsnamen auf den Ausländer wirken.

Im nächsten Dorf, Câmpani (nicht zu verwechseln mit der noch weit entfernten Kleinstadt Câmpeni), zweigt die richtige "Straße" ab. Wieder vorsichtiges Manövrieren um riesige Schlaglöcher und Bodensenken bis zur Holzbrücke, die in Sighiştel über den Dorfbach führt. Ein paar Balken fehlen bereits, also setze ich den weiteren Weg lieber zu Fuß fort.

Die Einheimischen sitzen in der Abendsonne auf den Bänken vor ihren Häusern und mustern den Fremden, der da mit seiner großen Taschenlampe in der Hand durch den Ort marschiert. Am Dorfende hat man den Bach zu einem kleinen Bassin aufgestaut, wo sich die Gänse und Kinder gemeinsam laut spektakelnd ihren Badefreuden hingeben. Frauen sitzen am Ufer und unterhalten sich, stricken dabei oder sind mit dem Auswringen der frischgewaschenen Wäsche beschäftigt. Hinter den letzten Häusern beginnt ein paradiesischer Hain mit ausgedehnten, sanftgewellten Wiesenflächen. Links und rechts des Baches einige bunte Berg-

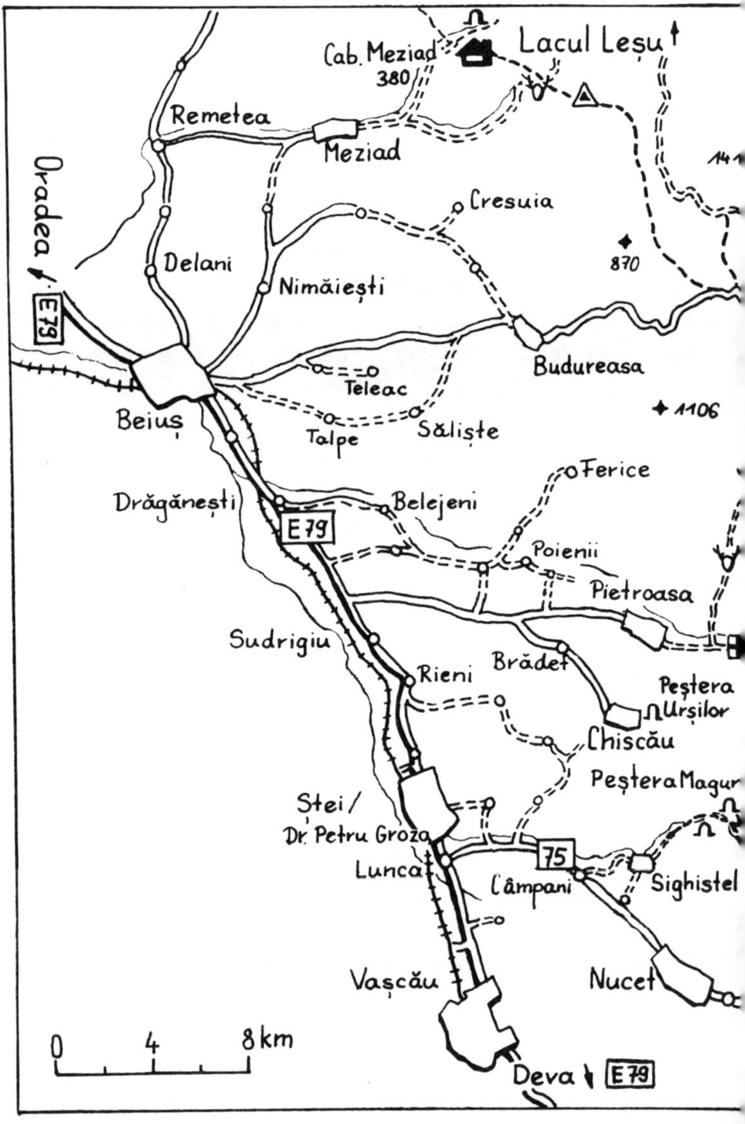
Cab. Meziad
380
Lacul Leşu
Remetea
Meziad
Oradea
E79
Cresuia
870
Delani
Nimăieşti
Budureasa
Teleac
Beiuş
Talpe
Sălişte
1106
Ferice
Drăgăneşti
Belejeni
E79
Poienii
Pietroasa
Sudrigiu
Rieni
Brădet
Peştera Urşilor
Chiscău
Stei/
Dr. Petru Groza
Lunca
75
Câmpani
Sighistel
Vaşcău
Nucet
0
4
8 km
Deva
E79

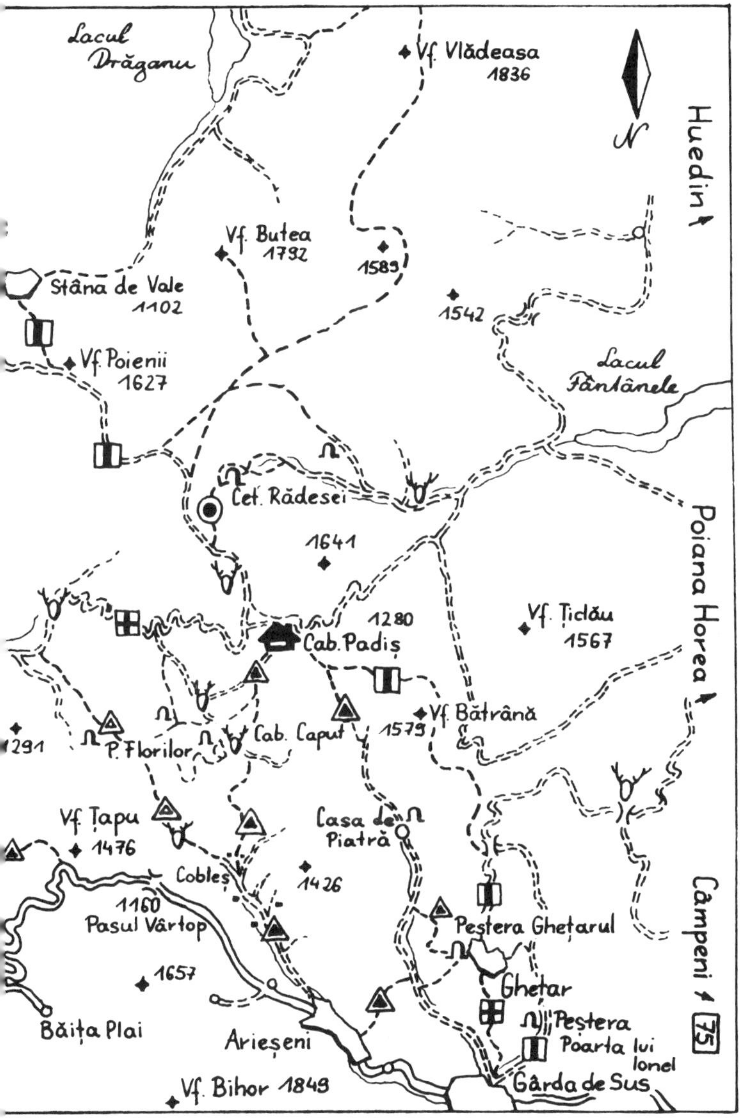

Lacul Drăganu
Vf. Vlădeasa 1836
N
Huedin
Vf. Butea 1792
1589
Stâna de Vale 1102
1542
Vf. Poienii 1627
Lacul Fântânele
Cet. Rădesei
1641
Poiana Horea
Vf. Ticlău 1567
1280
Cab. Padiș
Vf. Bătrână
1579
1291
P. Florilor
Cab. Caput
Vf. Țapu 1476
Casa de Piatră
Cobleș
1426
Câmpeni
1160 Pasul Vârtop
Peștera Ghețarul
Ghețar
1657
Băița Plai
Arieșeni
Peștera Poarta lui Ionel
75
Vf. Bihor 1849
Gârda de Sus

zelte im Grünen. Hier befindet sich das "Basislager" derjenigen, die für mehrere Tage die vielen Höhlen des Sighiştel-Tales erkunden möchten.

Das Tal verengt sich immer mehr, der Pfad wird immer schlechter erkennbar, wechselt einige Male von einem Ufer zum anderen; man holt sich leicht nasse Füße. Und hier soll es eine Höhle geben, die einmal mit Führer zu besichtigen war? Auf einer kleinen Grasinsel, die vom Bach umspült wird, breitet sich eine Wochenendidylle aus: Neben einem roten Dacia (Wie ist er nur bis hierher gekommen?) dösen zwei Frauen in ihren Liegestühlen, ein Kind spielt am Wasser mit einer Colaflasche, daneben brät das Familienoberhaupt Mititei (rumänische Hackfleischröllchen). Wo die "Peştera Măgura" liegt, kann keiner von ihnen genau sagen. Irgendwo weiter oben im Tal...

Mißtrauisch spähe ich in mehrere Felslöcher und treffe nach einer Stunde auf eine Gruppe Ungarn, die den Hang hinaufschauen, einen schwarzen Schlund taxierend, aus dem ein kleiner Wasserfall geschossen kommt. Und das soll die Măgura-Höhle sein? Glauben sie jedenfalls... Drei Meter tappe ich mit der Taschenlampe ins Dunkel und stehe bereits im Wasser. Ich ziehe die Schuhe aus und wate weiter, bis es unangenehm kühl an die Waden wird. Vor mir hängt ein gewaltiger Stalaktit von der Decke und weckt die Hoffnung auf weitere Attraktionen, also kehre ich nochmals um, entledige mich meiner Hose und tauche erneut ins eiskalte Naß ein. Wie muß es wohl gewesen sein, als sich hier große Touristengruppen entkleideten und mit spitzen Begeisterungsschreien durch den Höhlenbach gekämpft haben...? Bereits ziemlich sicher, daß dies nicht die Măgura-Höhle ist, stehe ich nach wenigen Metern auch ganz richtig vor einer Wand, deren Öffnungen zwar das Wasser, aber keinen Besucher hindurchlasssen. Zähneklappernd wate ich nach draußen.

Den Wegweiser zur Peştera Coliboaia links im Wald übersieht man fast. Ein Späologe hat mich darüber aufgeklärt, diese Höhle sei "sowieso nur eine mit Wasser gefüllte Grotte". Davon hatte ich heute schon genug und entschließe mich lieber zum weiteren

Aufstieg. Das Tal endet in einer beeindruckenden Klamm, an deren schmalster Stelle die nassen bemoosten Wände auf Schulternähe zusammenrücken. Aus einem glitschigen Felskessel führt schließlich kein Weg mehr hinaus.

Obwohl bereits die Dämmerung hereingebrochen ist, kann ich es mir beim Abstieg doch nicht verkneifen, in ein weiteres Tor zur Unterwelt hineinzulaufen. Wie breit wird wohl die Eingangshalle sein? 10-20 m? Der Boden ist so plattgetrampelt, als seien hier schon tausende Personen vor mir gewesen. Spuren von Massentourismus? Sollte das etwa..?! Aber schon falle ich von einem Loch ins nächste. Der Untergrund nimmt das Profil einer rumänischen Dorfstraße an, und bald steht man auch hier an dem Punkt, wo es nicht mehr weitergeht. Enttäuscht kehre ich um.

In einem Späologenlager erklärt mir ein kleiner Junge, ich hätte nur dem Wegweiser zur Coliboaia-Höhle folgen und dann auf einem Pfad links abbiegen müssen – dann wäre ich schon zur Peştera Măgura gekommen. Ich ziehe die Nacht in einem warmen Bett den feuchten Tropfsteinen vor und verlasse das Tal. Aber vielleicht haben sie ja Lust bekommen, die Măgura-Höhle zu entdecken?

Die schönsten und größten Höhlen des Bihor-Gebirges sind in der Regel leichter zu finden und zu erreichen als das schlecht ausgeschilderte oben erwähnte Beispiel. Auch wenn man nur auf der Durchreise ist und sich nicht zu einer Wanderung durch die Berge entschließt, lohnt ein kurzer Abstecher zu einer Höhlenbesichtigung:

Peştera Meziad

Die Meziad-Höhle liegt am westlichsten Ausläufer des Bihor-Vlădeasa-Massivs und gehört eigentlich noch zum Padurea-Craiului-Gebirge. Sie wurde als "monument al naturii" deklariert und kann deshalb nur mit einem Führer besichtigt werden, den man an der kleinen Cabana Meziad findet.

Nach den letzten späologischen Untersuchungen beträgt die Gesamtlänge der Höhle 4750 m, von denen der "Normaltourist" aber nur einen Bruchteil zu sehen bekommt. Überraschend sind die gewaltigen Ausmaße, bereits das Portal mißt 15 m Höhe. Dahinter betritt man den Großen Saal (Sala Mare), der durch das einfallende Licht eines Seiteneingangs schwach beleuchtet wird. In der Höhle entspringen zwei Bäche, die vor allem in den wasserreicheren Monaten die Finsternis mit einem unheimlichen Rauschen beleben. Über sich hört man öfter schrilles Pfeifen: Im Sala Liliecilor haust eine große Fledermauskolonie. Wie in den meisten Höhlen des Bihor-Gebirges wurden auch in Meziad Überreste der Höhlenbären gefunden, nach denen der Knochensaal (Sala Oaselor) benannt wurde. Die Tropfsteinformationen sind bescheidener, aber auch von großer Schönheit, besonders der weiße Pyramidenkegel im gleichnamigen Saal.

Ausgangspunkt

Von Beiuş über die Gemeinde Remetea ins Dorf Meziad (ca. 15 km). Hier endet die asphaltierte Straße; man sollte sein Fahrzeug lieber stehen lassen und zu Fuß weiterlaufen. Im Ort zweigt ein markierter Forstweg zur Cabana Meziad ab, die man nach 1-1½ Stunden Fußmarsch erreicht hat. Hier kann in den Sommermonaten auch übernachtet werden. 600 m oberhalb der Baude liegt auf der linken Talseite der Höhleneingang.

Wanderwege

Wer das Bihor-Vlădeasa-Massiv in seiner gesamten Länge durchqueren möchte, kann Meziad als Ausgangspunkt wählen.

Cabana Meziad (380m) – Luftkurort Stâna de Vale (1102m), blaues Dreieck, 6½-7 h.

Der Weg beginnt an der Baude und ist relativ dürftig markiert. Achtung! Nicht irrtümlich dem blauen Dreieck folgen, welches an der Höhle vorbei zum Leşu-See führt! Man beachte den beträchtlichen Höhenunterschied der überwunden werden muß!

Der höchste Punkt der Tour wird erst am Dealu Mare (1210m), noch eine Stunde von Stâna de Vale entfernt, erreicht.

Wer die Wanderung von Stâna de Vale zur Padiş-Baude (1280m) fortsetzt, orientiert sich an der Markierung rotes Band. Die Strecke wird zum überwiegenden Teil auf Forstwegen zurückgelegt, Marschdauer ca. 6½-7 h.

Peştera Urşilor

Die Bärenhöhle von Chişcău wurde erst am 17.9.1975 entdeckt. Bei einer Sprengung in dem über ihr gelegenen Steinbruch entstand ein Riß in der Decke, durch den sich der Sprengmeister Traian Curta zwölf Meter an einem Seil in die Tiefe hinabließ. Die Stelle, an der zum erstenmal ein Mensch den Höhlenboden betrat, ist noch heute markiert und wird den Besuchern gleich im Eingangsbereich zusammen mit der Entstehungsgeschichte präsentiert.

Freunde des Sprengmeisters aus einem Späologenverein untersuchten die Höhle gründlicher und entdeckten neben dem unglaublichen Reichtum an Tropfsteinen auch das vollständige Skelett eines Höhlenbären. In der ganzen Welt existieren nur sechs Höhlen, in denen ein solcher Fund gemacht wurde. Vor allem den Bemühungen des Instituts für Höhlenkunde "Emil Racoviţă" aus Cluj und einem militärischen Aufgebot zum Schutz der Höhle ist es zu verdanken, daß sie bis heute weitgehend in ihrem Originalzustand zu bewundern ist. Nur zwei Jahre zuvor wurde die in der Nähe gelegene neuentdeckte Buchenhöhle (Peştera Fagului), in der die seltenen Aragonitkristalle auftauchen, von "Hobbygeologen" ausgeraubt und zerstört.

Die Bärenhöhle ist über zwei Kilometer lang und erstreckt sich auf zwei Etagen, von denen die untere zur wissenschaftlichen Schutzzone von 521m Länge erklärt wurde. Die obere Schicht gab man ab 1980 für den Touristenstrom frei.

Vom Eingang aus geht es an den Knochenfunden vorbei durch die nach ihnen benannte Bärengalerie, in der die Stalaktitenvorhänge immer prächtiger werden, bis wir in einen großen Saal gelangen, voll der wunderbarsten Tropfsteingebilde, die der Phantasie freien Lauf lassen. Da gibt es einen "Mädchen"- und einen "Knabenkopf", den "Denker" oder die "Pagoden". Hier wächst auch seit tausenden von Jahren der größte Stalakmit der Höhle, zur Zeit bei 2,70 m angelangt. Der längste Stalaktit mißt drei Meter und heißt "Damoklesschwert". Saal und anschließende Galerie tragen den Namen des Wissenschaftlers Racoviţă, der 1920 in Cluj das erste späologische Institut der Welt gründete.

Die Bezeichnung Sala Macaroanelor bedarf wohl keiner weiteren Übersetzung und verweist auf die besondere Beschaffenheit der von der Decke hängenden Kalknadeln. Wenn der Führer bei Laune ist, wird die "Höhlenglocke" geläutet, ein ebenfalls hohler Stalaktit, der beim Anschlagen dröhnende Klänge von sich gibt. Von nicht ganz unfreiwilliger Komik ist im Sala Cosmosului die unterirdisch startende "racheta", die auch noch von innen beleuchtet wird.

Der Weg endet in einem großen Raum, in dessen Verlängerung das wissenschaftliche Reservat beginnt. Die Besucher versammeln sich andächtig um die letzte Ruhestätte eines Höhlenbären (ursus spelaeus), dessen Spezies vor ca. 10-15.000 Jahren infolge der Klimaveränderungen der letzten Eiszeit ausstarb. In diesem konkreten Fall muß das Ende aber bereits vor mehr als 17.000 Jahren unter recht dramatischen Umständen stattgefunden haben – sagen die Wissenschaftler. Ein Erdrutsch versperrte damals die Eingänge, so daß im Inneren der Höhle, den Knochenfunden nach zu urteilen, angeblich 140 (!) Bären gefangen saßen. Den darauf einsetzenden Existenzkampf hat schließlich der Stärkste überlebt. Das Tier maß 3 m Länge und wog ca. 600 kg. Seine Knochen wurden exakt in der Stellung gefunden, in der es verendete.

In den Racoviţă-Saal zurückgekehrt, wird abschließend links in die Kerzengalerie eingebogen. Der Ideenreichtum der Entdekker reichte hier von der "Schwiegermutter mit drei Töchtern", über das "Mädchen über dem Spiegel des Seerosenteiches" bis zum "Greisenrat", der ältesten Kalkformation der Höhle.

Ausgangspunkt

9 km hinter Beiuş Richtung Ştei biegt die Landstraße nach Pietroasa ab und von dieser der unübersehbar markierte Abzweig ins Dorf Chişcău. Die Straße endet genau auf dem großen Parkplatz unterhalb des Eingangsgebäudes zur Höhle.

Übernachtungsmöglichkeit im privaten Camping "Fluturi" 100 m vom Parkplatz entfernt. Der Preis im Sommer '93 lag für Touristen nicht höher als für Einheimische (3 DM für zwei Betten). Den Schlüssel für ein Zimmer im Hauptgebäude oder einer "căsuţă" bekommt man an der Theke. Musikbeschallung bis Mitternacht ist garantiert.

Wanderwege

Von Chişcău führen keine markierten Routen ins Gebirge. Über den Berg oder auf der Straße muß bis ins Nachbardorf Pietroasa gelaufen werden.

Pietroasa – Poiana Florilor – Arieşeni, blaues Kreuz bis "Între Râuri" ("Zwischen den Bächen"), gelbes Dreieck, 8 h

Der Forststraße entlang des Baches Crişu Pietros bis zur Verzweigung der Täler Bulzu und Galbena folgen. Das blaue Kreuz führt links den Fahrweg hinauf zur Padiş-Baude, das gelbe Dreieck weiter Richtung Arieşeni. Nach ca. 3½-4 h rechts Abzweig zur Peştera Virseci. Nach 10 min an der Poiana Florilor wieder ein Abzweig zum Padiş-Plateau über die Eishöhle Focul Viu (rotes Band, 4½h) und zur Cheile Galbene (gelber Punkt; bis zur Padiş-Baude durch die Galbena-Klamm noch 6 h). Nach Arieşeni weiter auf dem gelben Dreieck das Luncşoara-Tal hinauf und durch das Cobleş-Tal absteigen.

Valea Sighiştelului

Im Tal von Sighiştel wurden bislang mehr als 75 Höhlen, Grotten und Schächte entdeckt; der überwiegende Teil ist aber nur geübten Späologen zugänglich. Der Besuch lohnt sich für den Amateur trotzdem, besonders die Wanderung bis zur Sighiştel-Schlucht, wo das Tal endet. Der Besuch der Măgura- und Coliboaia-Höhle sollte möglichst mit einem einheimischen Führer unternommen werden, sowohl aus Gründen der Orientierung als auch des Naturschutzes. Im Sommer wird man hier meistens Hobbyspäologen verschiedener Höhlenforschersektionen antreffen, die – wie in Rumänien üblich – den Fremden sicherlich gerne zu einer Exkursion einladen. Mir wurde das Angebot mehrere Male gemacht. (Ausführlichere Beschreibung eines Alleingangs am Anfang des Abschnitts "Höhlenexpeditionen im Bihor-Gebirge".)

Ausgangspunkt

Hinter der Kleinstadt Ştei (Dr. Petru Groza) auf die DN 75 Richtung Câmpeni/Turda abbiegen. In der ersten Gemeinde, Câmpani, in der Ortsmitte einem verbogenen Wegweiser links nach Sighiştel folgen. Das Dorf bietet keine Übernachtungsmöglichkeiten an. Für einen längeren Aufenthalt im Sighiştel-Tal sind ein Zelt und ausreichende Verpflegung unbedingt notwendig, außerdem ein großer Müllbeutel und etwas Umweltbewußtsein für das Campieren in noch weitgehend unverschandelter Natur.

Wanderwege

Eine kaum noch erkennbare Markierung führt in das Tal; Verlaufen ist aber praktisch unmöglich, solange man sich immer an den Bach hält. Bis zur Sighiştel-Klamm wandert man ungefähr 1½-2 Stunden.

Der Pfad zu den Höhlen verläßt das Tal vor dem Klammeingang auf der linken Seite an einem Wegweiser. Weiter oben verzweigt sich der Weg. Links liegt über einer Geröllhalde der Eingang zur Peştera Măgura, zur Rechten die Coliboaia-Höhle. Von hier aus kann man den Weg über den Ţapu-Gipfel (1476m) bis an die DN 75 Richtung Arieşeni fortsetzen, allerdings wegen der dürftigen Markierung (blaues Dreieck) nicht besonders empfehlenswert. Ohne Besichtigung der Höhlen läuft man vom Dorf Sighiştel bis zur Nationalstraße Nähe Vârtop-Paß ca. 6 h.

Peştera Gheţar

Gheţarul de la Scărişoara

Im Bihor-Gebirge sind bis heute fünf Eishöhlen bekannt; die von Scărişoara ist die größte und schönste. Die Höhle ist täglich von 10.00-18.00 Uhr geöffnet. Vom Kassierer erhält man ein Karbidlämpchen, mit dem auf nassen Stiegen in die Tiefe abgestiegen wird.

Im Großen Saal betritt man den über 3500-4000 Jahre alten Eispanzer, mit einem Volumen von 75.000 m^3. Das besondere Mikroklima der Höhle sorgt dafür, daß das Eis entsteht und auch erhalten bleibt. Die kalte Luft, die in den Wintermonaten in den 48 m tiefen Schacht herabsinkt, bleibt wegen ihrer Schwere auf dem Grund "gefangen" und erwärmt sich im Sommer auf höchstens 1°C. Links des großen Saals befindet sich ein bis heute nicht zugängliches Reservat, in dem besonders schöne Tropfsteine zu besichtigen sein sollen. Aber auch der Abstieg in die 12 m tiefer gelegene "Kirche" ("Biserica") ist ein irreales Naturerlebnis. Hier haben sich im Lauf der Zeit meterhohe Stalagmiten gebildet, aber nicht aus Kalk, sondern ebenfalls aus Eis.

Ausgangspunkt

Die Gemeinde Gârda de Sus liegt im Arieş-Tal an der DN 75, die von Ştei (Dr. Petru Groza) nach Câmpeni führt. Der Weg zur Eishöhle, die nur zu Fuß zu erreichen ist, wird im Zentrum durch ein auffälliges Schild markiert. Unterkünfte bieten die Zeltplätze am oberen Ortsende von Gârda oder Arieşeni. Mit etwas Glück kann man auch eine "căsuţă" mieten. Achtung! Die auf vielen Karten eingezeichnete Cabana Scărişoara existiert nicht mehr!

Eis-Stalagmiten in der Peştera Gheţarul de la Scărisoara

Wanderwege

Gârda de Sus (ca.830m) – Gheţarul de la Scărişoara (1165m), rotes Band, rotes Kreuz, roter Punkt – Cheile Ordincuşei – Gârda de Sus, blaues Band, ca. 6 h.

Vom Wegweiser in der Ortsmitte von Gârda Aufstieg über die Markierungen rotes Band bzw. rotes Kreuz in den Weiler Gheţar. Vor dem "magazin sătesc" (einem kleinen "Tante-Emma-Laden") dem Wegweiser und roten Punkt nach links bis zur Höhle folgen. Für den Rückweg empfehle ich den Besuch der Ordincuşi-Schlucht (siehe Beschreibung S. 61f).

Wanderungen im Motzenland

Vier Tage durch den Bihor-Karst

An der Eishöhle von Scărişoara komme ich genau fünf Minuten nach 18 Uhr an. Der Pförtner verschließt gerade die Gittertür im Zaun, der den unheimlichen Krater umgibt. Ob ich die Höhle denn unbedingt noch heute sehen wolle? Er muß nämlich dringend nach Hause und sein Schwein füttern... Die letzten Besucher, die neben ihm stehen, lachen und bieten mir sofort ein Nachtquartier im Dorf an. Der Mann beschreibt mir, wo ich das Haus seines Vaters finde; ich soll schon vorausgehen, er käme später mit Frau und Kindern nach. Ich laufe über die Wiesen zwischen Heuhaufen, Kühen und kleinen Holzhäusern hindurch, muß über ein paar Weidezäune springen, aber daran gewöhnt man sich hier schnell.

Die alten Herrschaften sitzen vor ihrem Haus auf einer Bank und begrüßen mich, als sei ich ein lang erwarteter Gast. Endlich mal ein Ausländer, der rumänisch spricht. Das 90-jährige Familienoberhaupt will alles ganz genau wissen – wie man denn jetzt so in Deutschland nach der Vereinigung leben würde? Mit großer Befriedigung hört er, daß auch dort nicht alles so "bine" ist, wie es aus der rumänischen Distanz erscheint. Besonders die Lebensmittelpreise erstaunen ihn sehr. "Hörst du Nicu", ruft er dem eintreffenden Sohn entgegen, "für ein deutsches Brot arbeitest du bei uns zwei Tage!"

Hier im Dorf bäckt noch jede Familie selbst. Unter freiem Himmel, in uralten Steinöfen, die seit Generationen benutzt werden. Auch die Küche befindet sich in einem kleinen Schuppen vor dem Haus, wo gerade ein Topf frischgemolkene Kuhmilch auf dem Feuer aufgewärmt wird. "Für mich als Kind war das hier ein Paradies", sagt der Sohn, aber wie sein älterer Bruder, der mit seiner Frau bei den Eltern wohnt und diese betreut, könnte er doch nicht mehr leben: "Kein Strom, nur Petroleumlicht. Im Winter Massen von Schnee, in denen das Dorf versinkt. Im Sommer Trockenheit – wir befinden uns schließlich im Karstgebiet – jeder Wassertropfen muß in den zwei Regenfässern aufgefangen werden, die an den Hausecken stehen."

Die Motzen, wie die alteingesessene Bevölkerung zwischen der Arieş-Quelle und Câmpeni genannt wird, waren schon immer ein sehr bescheidenes Volk. Trotz der schlechten Lebensbedingungen haben die wenigsten ihre Berge verlassen. Ihre Siedlungen gehören zu den höchstgelegenen des Landes. Bis in 1200 m Höhe stößt man immer wieder auf kleine Gehöfte mit den charakteristischen hohen Dächern, die an die großen Pelzmützen erinnern, die hier im Winter getragen werden. Man betreibt vor allem Viehzucht und baut Kartoffeln an, andere Kulturen läßt die rauhe Witterung kaum zu. Wenn es etwas reichlich gibt, dann vor allem Wald. So ziemlich alles hier wird aus Holz gebaut, und der Böttcher- und Faßbinderberuf sind traditionelle Gewerbe im Bihor-Gebirge. Die Schnitzkunst ist berühmt und lockt immer wieder Volkskundler an, genauso wie die archaischen Lebensformen und Bräuche, deren bekanntester wohl der "Târgul Fetelor" ist. Dieser "Mädchenmarkt", der jährlich am Wochenende, welches dem Feiertag des Sfântul Ilie (20. Juli) am nächsten liegt, auf dem nahegelegenen Găina-Berg gefeiert wird, diente in der Vergangenheit dazu, den Inzest in den kleinen, voneinander weitentfernten Siedlungen zu reduzieren und Paare im heiratsfähigen Alter zusammenzuführen. Heute ist die Veranstaltung etwas zur Folkloreschau verkommen, aber immer noch ein riesiges Volksfest.

Ob ich denn auf meiner Wanderung die Cetăţile Ponorului besichtigt hätte, werde ich gefragt. Aber selbstverständlich! Sie zählen zu den größten Attraktionen des Bihor-Karsts. Drei gewaltige Felskessel, von denen die erste und zweite Doline durch ein 70 m hohes Felstor verbunden sind. Oder die Bergwiese Poiana Ponor, auf der sich nach starken Regenfällen ein kleiner See bildet, gewöhnlich aber ein mäanderförmiger Bach in ein paar Trichtern leise glucksend im Erdreich verschwindet. Mit einem rumänischen Freund, den ich unterwegs kennenlernte, bin ich über das öde Padiş-Plateau zur Cetatea Rădesei gewandert, wo der Weg 260 m entlang des Höhlenbaches durch den Berg in die Someşul-Cald-Klamm führt. An nassen Felswänden haben wir uns über dem Wildwasser entlanggehangelt, bis wir schließlich doch bis zum Bauchnabel eintauchen mußten.

Alle diese Naturwunder kann man auf einer drei- bis viertägigen Tour kennenlernen und außerdem mit so freundlichen Menschen wie meinen Gastgebern aus Gheţar Bekanntschaft schließen.

Ausgangspunkt

Die Nacht vor dem Beginn der Wanderung verbringt man am besten auf dem Zeltplatz in Arieşeni, den man über die DN 75 von Ştei (Dr. Petru Groza) kommend, am Ortseingang auf der rechten Straßenseite findet. Ein kleiner Bungalow kann am Bufet des Restaurants gemietet werden. Ausweichmöglichkeit: Zeltplatz Gârda de Sus.

Wer mit dem eigenen Fahrzeug angereist ist, kann dieses notfalls von freundlichen Nachbarn auf dem Camping bewachen lassen oder stellt es sicherer in einem Bauernhof gegen eine kleine Aufmerksamkeit ab.

Da es in der Padiş-Baude gerade an den Wochenenden sehr eng werden kann und die Übernachtung in der Gemeinde Gheţar

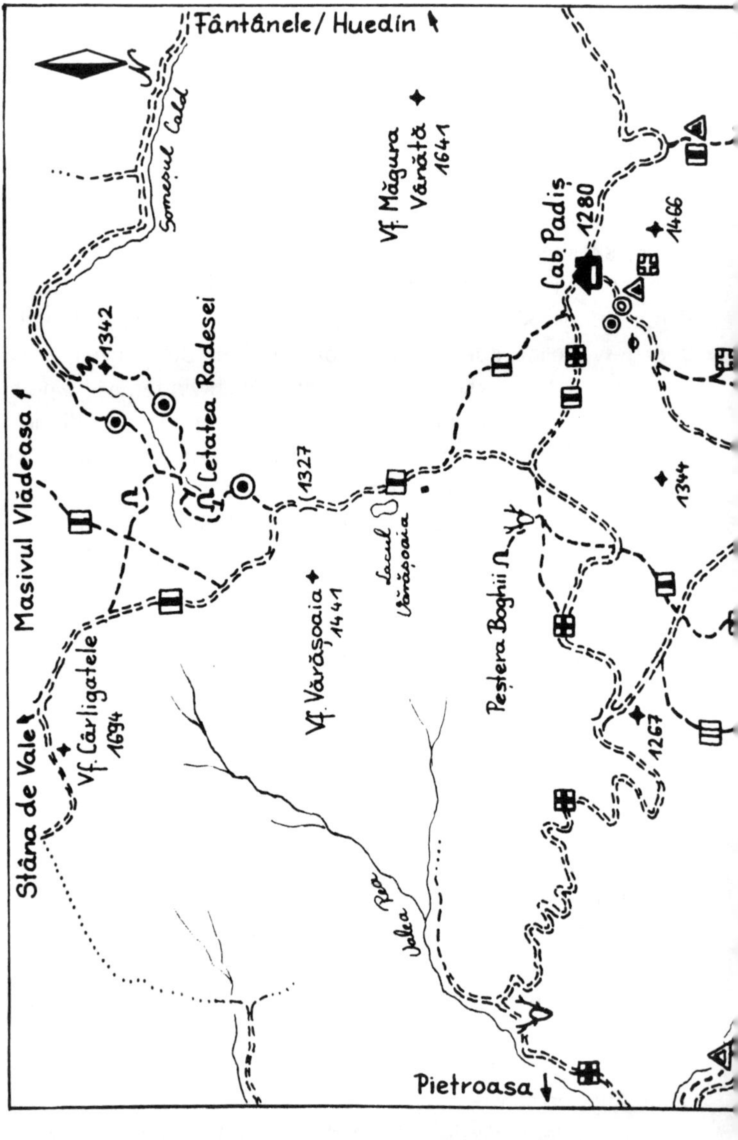

Fântânele/ Huedin
Someșul Cald
Vf. Măgura Vânătă 1641
Cab. Padiș 1280
1466
1342
Cetatea Radesei
Masivul Vlădeasa
1327
Lacul Vărășoaia
Peștera Boghii
1344
Vf. Vărășoaia 1441
Stâna de Vale
Vf. Cârligatele 1694
1267
Valea Rea
Pietroasa

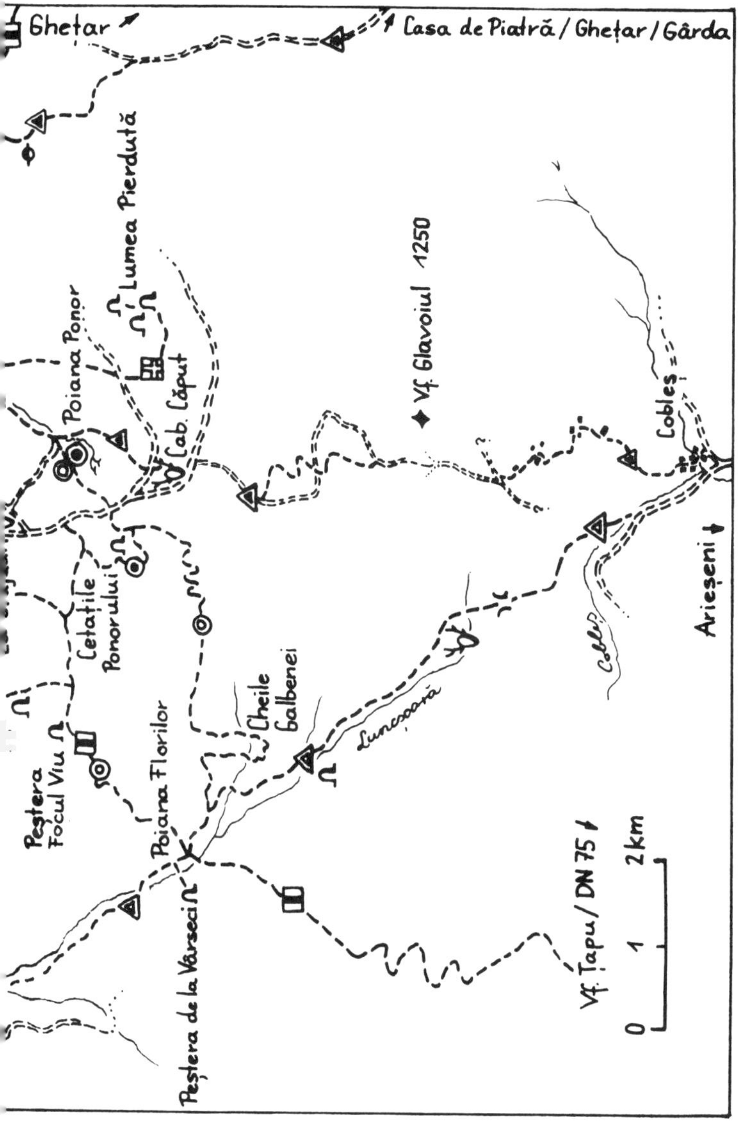
Ghețar
Casa de Piatră / Ghețar / Gârda
Lumea Pierdută
Poiana Ponor
Cab. Căput
Vf. Glavoiul 1250
Cobles
Cetățile Ponorului
Arieșeni
Cheile Galbenei
Luncșoara
Peștera Focul Viu
Poiana Florilor
Peștera de la Vârseci
Vf. Țapu / DN 75
0
1
2km

vom Organisationstalent und der Kontaktfreudigkeit jedes Wanderers selbst abhängt, empfehle ich, das eigene Zelt mitzunehmen, Verpflegung für notfalls vier Tage, einen Kompaß und vor allem eine starke Taschenlampe mit Ersatzbatterien für diejenigen, die gerne tiefer in die Höhlen eindringen möchten. Ohne den Besuch der Someşul-Cald-Klamm und der Eishöhle von Scărişoara, kann die Wanderung auch auf zwei Tage verkürzt werden.

1. Tag: Arieşeni (850m) – Cabana Căput (ca.1050m), rotes Dreieck – Circuitul Cetăţile Ponorului – Poiana Ponor (ca.1050m) – Cabana Padiş (1280m), blauer Punkt, 7- 8 h

An diesem Morgen sollte man nicht zu spät aufbrechen, da die mehrfachen Auf- und Abstiege relativ anstrengend sind, die Orientierung im Gelände trotz dieser Wegbeschreibung schwierig werden kann und man sich genügend Zeit für den Dolinenrundweg der Cetăţile Ponorului nehmen sollte.

Ausgangspunkt ist der Wegweiser im Zentrum von Arieşeni, genau vor dem "Alimentara"-Geschäft. Dem roten Dreieck Richtung Norden folgend, läuft man in das Cobleş-Tal hinein. Auf den ersten 5 Kilometern wechselt die Markierung gelegentlich mit dem gelben Dreieck ab, das zur Poiana Florilor führt. Also nicht irritieren lassen! Ca. 1½ Stunden geht es auf einem breiten Fahrweg den Bach entlang, alle Abzweigungen ignorierend, bis an einem Schuppen rechts der Straße ein gelber Pfeil anzeigt, daß man hier die scharfe Linkskurve zu nehmen hat, anstatt weiter geradeaus zu laufen.

Nach 5 -10 min steht man wieder an einer Weggabel. Hier treffen sich zwei Bachtäler: rechts Valea Ponoraşului, nach links führt der gelb markierte Weg über eine Brücke hinweg durchs Cobleş-Tal via Poiana Florilor in die Gemeinde Pietroasa, nahe der Bärenhöhle von Chişcău (ca. 6-6½ h). Auf der Wiese zwischen den beiden Bächen stehen ein paar Häuser der Streusiedlung Cobleş. Rechts hinter dem großen Holzschuppen mit der Aufschrift: "Ocol Silvic Gârda / punct de achiziţii" ("Forstbezirk Gârda / Einkaufspunkt Cobleş") führt ein schmaler Steg über den Bach.

Anschließend zwischen den Häusern hindurch und den Berg hinauf, wo an einzelnen Fichtenstämmen wieder das rote Dreieck auftaucht. Geradeaus läuft man über die folgende Wegkreuzung in ein Buchenwäldchen und gelangt nach 15-20 min auf einer Bergwiese zu einem von großen Bäumen umgebenen Gehöft, durch das der Weg mitten hindurchführt. Ein roter Pfeil am letzten Schuppen gibt die Richtung an – immer gerade den Berg hinauf, an einem Weidezaun entlang.

Von hier oben bietet sich eine der wenigen weiten Aussichten nach Südwesten auf das Biharia-Massiv jenseits des Arieş-Tals und auf die typische Westkarpatenlandschaft: riesige Nadelwälder und Almwiesen, die sich bis auf die Bergkämme hinaufziehen. Bunt über die Hänge verteilt: ein paar kleine Bauernhöfe, Schafherden, Pferde, Kühe... und üppige Blumenwiesen im Frühjahr. Über uns liegt ein weiteres Anwesen, bewacht von einem grimmigen schwarzen Vierbeiner. Zwischen oberstem Wohnhaus und Hühnerstall biegt der Weg nach links ab und verläuft parallel zum Hang, entlang der Weidezäune bis zu einer Viehtränke. Der Pfad trifft dort auf einen Sandweg, dem man den Berg hinauf folgt. Zwei Abzweigungen lassen wir rechts liegen und kommen nach 5 -10 min an einen kleinen Zaun, vor dem ein großer Stein mit Markierung liegt.

Auf das von hier aus sichtbare Gehöft oben am Berghang zugehen und über den Zaun klettern. Auch wenn man sich dabei ein wenig wie ein Einbrecher vorkommt – der Weg führt hier tatsächlich hindurch. Hinter dem Bauernhaus klettern wir erneut über den Zaun, überqueren eine Wiese parallel zum Hang, steigen wieder über einen Holzbalken und anschließend 30 m den Berg hinauf, wo uns die nächste Weggabel aufwärts in eine Fichtenschonung leitet. Dahinter erreichen wir einen breiten Forstweg am Waldrand.

Ein paar Meter müssen geradeaus durchs Dickicht zurückgelegt werden, um auf einen zweiten Fahrweg zu gelangen, wo endlich wieder in reicher Fülle das rote Dreieck auftaucht. 10 -15 min bereitet die Orientierung kein Problem, bis wir einen kleinen

Bach überquert haben und wieder auf einer großen Wiese stehen, wo sich der Weg auffächert.

Dem breitesten Pfad zum gegenüberliegenden Waldrand folgen, dort wird ein zweiter Bach gekreuzt und den inzwischen wieder gut erkennbaren Fahrweg entlanggelaufen, bis in einer Rechtskurve ein markierter Trampelpfad nach links steil den Hang hinab ins Unterholz führt.

20 min bahnt man sich den Weg durchs Dickicht. Der Forstweg wird in dieser Zeit nocheinmal überquert und wenn wir ihn zum zweitenmal erreicht haben, nach rechts in eine Bachsenke hinuntergelaufen. Neben uns im Wald gähnen ein paar große Felslöcher, sicheres Zeichen, daß wir endlich mitten im Karstgebiet sind. Noch ca.10 min durch den Wald und über eine Lichtung auf die Forststraße in der Nähe der Cabana Căput.

Diese dient nur als Forsthaus und Späologenunterkunft – keine Übernachtungsmöglichkeiten für Touristen! Bis zur Padiş-Hütte läuft man von hier aus noch ca. 1½-2 Stunden. Der Rundweg durch die Cetăţile Ponorului nimmt ungefähr 2½ Stunden in Anspruch. Wem das alles an einem Tag zuviel ist, der sollte auf den Dolinenrundweg verzichten und der roten Dreiecksmarkierung zur Bergwiese Poiana Ponor folgen. (Fortsetzung der Wegbeschreibung von dort aus auf S. 56f).

Zu den Cetăţile Ponorului (den Ponoren-Burgen), dem eigentlichen Höhepunkt der Wanderung, laufen wir zuerst 15-20 min weiter die Straße hinauf, bis ein Wegweiser links in den Wald hineinzeigt.

Die zwei Markierungen verlaufen ca. 5 min zusammen, bis sie sich an einer Weggabel trennen: der gelbe Punkt führt in ca. 3 Stunden zur Cheile Galbenei – einer ebenfalls sehenswerten Schlucht, die vom Weg allerdings nur stellenweise berührt wird – bzw. in 3½ Stunden zur Poiana Florilor.

Blauem Punkt und Trampelpfad nach rechts folgend, gelangen wir an einen Steilhang. Der Wald lichtet sich und gibt den Blick auf die erste Doline frei. Uns gegenüber das gewaltige Felstor von 70 m Höhe, zu dem auf mehreren glitschigen Leitern

70 m hoher Eingang in die Unterwelt – Cetăţile Ponorului

abgestiegen werden muß. Klettert man über ein paar morsche Holzleitern und nassen Fels tiefer, gelangt man an den Eingang der Peştera Cetăţilor in der sich die Gewässer der Hochebene vereinigen und auf zwei Kilometer Länge einen unterirdischen Bach, Wasserfälle und insgesamt 14 Höhlenseen bilden. Das unheimliche Rauschen aus der Tiefe sollte eigentlich jeden Neugierigen bereits abschrecken, hier einzudringen. Es sei trotzdem nochmals betont, daß sich eine Besichtigung der Höhle ohne die Begleitung eines geübten Späologen und ohne die entsprechende Ausrüstung von selbst verbietet.

Durch das Felstor kann man in die zweite Doline gelangen, einen völlig geschlossenen Kessel, der auf dem gleichen Weg wieder verlassen werden muß, auf dem er betreten wurde. Aus einem schwarzen Höllenschlund zur Linken hört man Wassergurgeln und mitunter menschliche Stimmen heraufschallen.

In die erste Doline zurückgekehrt, folgt man der Markierung in den dritten Felskessel, den der Weg im Halbrund durchquert. Auch hier kann sich an heißen Tagen an den eisigen Nebeln erfreut werden, die vor dem dritten Höhleneingang schweben. Um so schweißtreibender der anschließende Aufstieg zum Dolinenrand, wo wir dem Hinweis "Cetăţile Ponorului (spre balcoane)" folgen und den Abzweig zur Cheile Galbenei links liegen lassen.

Der breite Waldweg, den man gleich darauf nach rechts einschlägt, erreicht nach hundert Metern ein Wegdreieck, wo links erneut ein Wegweiser zur Cheile Galbenei auftaucht, während wir uns an den blauen Punkt halten, der direkt an den Rand des Abgrunds führt. Hier hat der schaudernde Wanderer noch einmal Gelegenheit, von vier Holzbalkonen aus in die bis zu 150 m tiefen Dolinen hinunterzuschauen. Der steinige Pfad mündet auf einen breiten Waldweg und dieser nach 10 -15 min wiederum auf der Forststraße, die uns zum Ausgangspunkt unseres Rundwegs zurückführt. Gegenüber dem Wegweiser verläuft der gelb/blau markierte Pfad durch den Wald über eine Bergkuppe hinweg.

Bereits nach einer Viertelstunde stehen wir am Rand der Poiana Ponor, rechts von uns die Erdtrichter (Ponoren), in denen der

Bach verschwindet, der in großen Mäandern über die Wiese läuft. Nach starken Regenfällen, wenn das Wasser in den unterirdischen Kanälen nicht mehr schnell genug ablaufen kann, bildet sich auf der Poiana Ponor auch zeitweilig ein großer See. Wer hier zeltet, sollte solche Überraschungen mit einkalkulieren. Auf der Alm stehen zwei Orientierungspfähle, an denen sich die Markierungen gelber und blauer Punkt mit dem roten Dreieck treffen, welches direkt von der Cabana Căput hierherführt.

Nach zwanzig Minuten Aufstieg durch das sich immer weiter verengende Tal, vereinigt sich mit unserem Weg eine gelbe Kreuzmarkierung, die nach rechts zu den Schächten mit dem grausigen Namen Lumea Pierdută (Die verlorene Welt) abbiegt (2 Stunden Marsch). Alle Wegzeichen verlaufen nun gemeinsam zum Padiş-Plateau, das man nach zehn Minuten erreicht. Über eine große Wiese, in deren Mitte ein Wegweiser steht, erreichen wir einen Fahrweg, dem wir nach rechts in 20-30 min bis zur Cabana Padiş folgen.

Übernachtungsmöglichkeiten auf dem Padiş-Plateau: Bereits in Sichtweite der Padiş-Hütte kommen wir an der Cabana Agricultura links des Weges vorbei. Sie scheint vorwiegend als Unterkunft für angemeldete Gruppen (Religionscamps etc.) zu dienen. Im grünen Wohngebäude kann man den freundlichen Wirt trotzdem um ein Quartier bitten, sollte die Padiş-Hütte bereits belegt sein. Außerdem kann man auch versuchen, eine der zahlreichen kleinen "căsuţe" zu mieten.

2. Tag: Cabana Padiş (1280m) – Cetatea Rădesei (ca.1290m) – Circuitul Someşul Cald – Cabana Padiş, rotes Band, roter Punkt, 5-6 h

Wichtigster Ausrüstungsgegenstand für diese Tour ist eine Taschenlampe, ohne die man die unterirdische Wegstrecke durch die Cetatea Rădesei zwar auch zurücklegen kann, sich aber mit großer Wahrscheinlichkeit nasse Füße holt.

Von der Padiş-Hütte aus laufen wir den Fahrweg in Richtung Nordwesten bis zum Waldrand, wo wir nach rechts der roten Bandmarkierung folgen. Die Orientierung ist nicht schwierig. Unser Waldweg trifft sich nach einer halben Stunde in der Nähe einer geologischen Sonde mit einer Forststraße, die bis in den 5-6 Stunden entfernten Luftkurort Stâna de Vale führt. Die Straße nach rechts weiterlaufend, überqueren wir die Poiana Vărăşoaia und einen kleinen Bergsattel, wo eine Viehtränke auch dem durstigen Wanderer nicht unwillkommen sein dürfte.

In der sich anschließenden Senke steht in einer weiten Linkskurve ein Wegweiser, an dem wir nach rechts in den Wald laufen. Von nun an markiert der rote Punkt die Route. Links von uns beginnt der Waldboden immer steiler in die Schlucht abzufalllen, in die wir 20 min später hinuntersteigen. Unten angekommen, laufen wir am Bach entlang und treten unsere unterirdische Wanderung durch die Rădesei-Höhle an. Nach 20-minütigem Tasten durch feuchtes Dunkel, das nur schwach von den fünf "Fenstern" über uns in der Felsdecke beleuchtet wird, und über glitschige und schiefe Holzleitern gelangt man wieder ans Tageslicht und zum Eingang der Someşul-Cald-Klamm.

Der Wegweiser kündigt einen 3½-stündigen Rundweg an, der aber nur um die Schlucht herumführt und eigentlich nicht sehr lohnend ist. In 1½ Stunden kann man aber eine Talseite und den unmarkierten Rückweg durch die Klamm bewältigen. Der Weg ist wegen des steilen Auf- und Abstiegs und der Rückkehr durch den kalten Wildbach anstrengend und auch nicht ganz ungefährlich! Keine Tour, die man mit kleinen Kindern unternehmen sollte!

Wir sind der Markierung folgend den rechten Berghang hinaufgeklettert, über den man nach einer halben Stunde auf den Felskopf Belvedere (1342m) gelangt: Unter uns die 100 m tiefe Schlucht, gegenüber bewaldete Steilhänge, aus denen einzelne Felsen und weiter oben der kahle Bihor-Kamm ragen. Nach einer wilden Rutschpartie ins Tal kann am Schluchteingang zwischen der Rückkehr über den Gegenhang oder dem Abenteuer Klammdurchquerung gewählt werden.

Wer sich für die zweite Möglichkeit entscheidet und keine halsbrecherische Kletterei riskieren will, sollte schon am Anfang seine Schuhe ausziehen; an den engsten Stellen bleibt einem sowieso nur der Gang durchs Wasser. Vorsicht! Die Steine sind mitunter glatter, die Strömung heftiger und die dunkelgrünen Wasserbecken tiefer als erwartet!

Am Ausgang der Klamm folgen wir dem Pfad rechts der Cetatea Rădesei über den Berg, bis unser Weg wieder zum Höhleneingang hinunterführt. Rückweg zur Padiş-Baude über die Anmarschroute.

3. Tag: Cabana Padiş (1280m) – Valea Gârda Seacă – Casa de Piatră – Peştera Gheţarul de la Scărişoara – Gheţar (1150m), blaues Dreieck, 6-6½ h

Von der Padiş-Baude aus nehmen wir diesmal den Weg nach Osten. Hinter einem Bergsattel unterhalb des Gipfels der Biserica Moţului (Motzenkirche, 1456m) bietet sich ein schöner Blick Richtung Nordosten in das Bătrâna-Tal, in das die Straße Richtung Fântânele-Stausee hinunterführt. Dieser ist von hier ca.15 km entfernt, aber nicht zu sehen.

In der ersten Serpentine hinter dem Sattel verlassen wir den Fahrweg. An einem Trafohäuschen neben einer geologischen Sonde leuchtet das blaue Dreieck. Über die Wiese folgen wir dem Trampelpfad in den nächsten kleinen Sattel, in dem ein Orientierungspfahl steht . Vor uns liegt ein kleiner Talkessel mit einer uralten Almhütte (stâna) in der Mitte. Hier verzweigt sich der Weg.

Die Markierung blaues Band führt geradeaus durch den Kessel und am Gegenhang den Berg hinauf weiter Richtung Bătrâna-Berg (1579m) über die Poiana Urşoaia zum Weiler Ocoale und in das Dorf Gheţar an der Eishöhle (ca.6 h).

Das blaue Dreieck umgeht den Kessel am rechten Hang, allerdings finden wir nur einen schmalen Trampelpfad vor, die nächste Markierung taucht nach ca.10 min an einem dicken Buchenstamm auf, kurz bevor eine Almwiese erreicht wird. Hundert Meter links von uns ein geodätischer Punkt, rechts eine schmale Talsenke mit drei kleinen "stâne", auf die wir zulaufen.

Oberhalb der Hütten steht am Weg auch wieder ein Orientierungspfahl, hinter dem sich wenig später der Weg gabelt.

Wir laufen in eine bewaldete Senke hinunter, an einem Einsturztrichter vorbei, richten uns am nächsten Markierungspfahl nach links und gelangen so in das enge Gârdişoara-Seacă-Tal auf einen nicht besonders schönen Forstweg.

Nach 10 min kommen wir zu einem "loc pentru odihnă şi fumat" (Rast- und Raucherplatz), neben dem aus einer Höhle ein eiskalter Bach entspringt, dessen Wasser unbesorgt getrunken werden kann. Eine Dreiviertelstunde lang geht es etwas eintönig die Straße hinab, bis wir die kleine Siedlung Casa de Piatră erreichen – eines der am nördlichsten gelegenen Motzendörfer. Links der Straße liegt oberhalb der Häuser die Eishöhle von Vârtop, rechter Hand Peştera Coiba Mare und Peştera Oilor (die Schafshöhle) – alle nur in späologischer Begleitung zu betreten.

Weitere 45 min bis eine Stunde talwärts den Bach entlang, bis endlich eine Brücke über das Wasser führt, während wir am linken Ufer bleiben und den kleinen Trampelpfad geradeaus wählen, der uns in einer Viertelstunde steil durch den Wald bergauf zu einem Forstweg leitet. Dieser wird überquert, und wir betreten erneut eine ländliche Bilderbuchidylle.

Am ersten Gehöft vorbei gelangen wir zwischen die Weidezäune; an der nächsten Weggabel wird der obere Weg genommen, an der darauffolgenden der untere. Man läuft durch einen Obstgarten mit uralten Apfelbäumen und über herrliche Blumenwiesen, dann geht es 50 m durch einen Waldzipfel, hinter dem wir den Weg nach links einschlagen und auf die Häuser am Waldrand zulaufen, nicht ohne zwischendurch zur Auflockerung mal wieder über einen Zaun zu springen. Um das Grundstück herum steigen wir rechts zum Waldrand hinauf.

Jetzt wird es wieder etwas schwieriger mit der Orientierung: Nach 5 min eine Weggabel, an der wir weiter geradeaus laufen, Kreuzung mit einem Forstweg, weiter dem Pfad folgen, bis wir nach ca. 10 min eine Wiese betreten, die sich zu beiden Seiten eines Fahrwegs die Hänge hinaufzieht. Am gegenüberliegenden

Hang zwei kleine Hütten und neben ihnen ein Baum, an dem das blaue Dreieck auftaucht. Dort steigen wir bis zum Ende des immer schmaler werdenden Wiesenstreifens hinauf, durchqueren ein steiles Waldstück und gelangen auf die nächste Alm. Über uns eine Baumruine, an der vorbei bis zum Kamm gekraxelt wird, der mit vielen kleinen Steinhaufen verziert ist, welche die Bauern hier zusammengetragen haben, um ungestört mähen zu können. Von hier aus sieht man schon die Berghänge oberhalb Scărişoaras und im Südwesten wieder das Biharia-Massiv.

Der Weg ist jetzt besser erkennbar. Wir laufen 5-10 min durch den Laubwald und steigen auf der nächsten Wiese über den Weidezaun, der genau oben auf dem Kamm steht. Diesen nach rechts entlang, bis der Pfad auf einen breiteren Waldweg trifft, dem wir ebenfalls nach rechts bis zu einem Stacheldrahtzaun folgen, hinter dem man im Dickicht einen Abgrund erahnt. Wir sind am "**Gletscher von Scărişoara**" (Gheţarul de la Scărişoara) angekommen (Beschreibung s. S. 45).

Nach Besichtigung der Höhle kann sich je nach Tageszeit und Kondition an der nächsten Wegkreuzung entschieden werden, ob man heute noch wieder ins Tal hinabsteigt oder versucht, ein Nachtlager im Dorf Gheţar aufzutreiben. (Die auf alten Wanderkarten eingezeichnete Cabana Scărişoara existiert nicht mehr!) Rechts führt die Markierung rotes Dreieck in 2½ Stunden zurück nach Arieşeni, allerdings muß man nocheinmal bis hinunter ins Gârda-Seacă-Tal absteigen und einen weiteren Bergrücken überqueren. Nach links läuft man an einer verfallenen Hütte vorbei, die notfalls auch als Schlafplatz für ganz Anspruchslose dienen kann; dann werden die ersten Häuser des Dorfes erreicht.

4. Tag: Gheţar (1150m) – Cheile Ordincuşei – Gârda de Sus (ca. 820m), blaues Band, 3 h

Neben dem "magazin sătesc" in Gheţar steht ein Wegweiser, der uns zwei Möglichkeiten zum Abstieg nach Gârda anbietet: rotes Band, 2 Stunden durch den Wald hinunter ins Gârda-Seacă-Tal oder auf dem blauen Band durch die Ordincuşei-Schlucht. Letzterer ist der schönere Weg, der auch noch eine weitere Höhlenbesichtigung beinhaltet.

Auf dem Fahrweg talwärts laufend, biegen wir hinter dem letzten Grundstück links ab, während das rote Band weiter geradeaus führt. Über den Platz, auf dem die Cabana Scărişoara stand, laufen wir in den Wald hinein und wählen an der ersten Verzweigung den linken Weg, der mit blauem Band bzw. mit blauem Dreieck markiert ist. Nach einer Viertelstunde, in der eine Wiese und zwei Kreuzungen überquert wurden, muß links auf den markierten Pfad abgebogen werden. Hinter der nächsten Wiese folgt ein steiler Abstieg ins Ordincuşei-Tal, wo man nach einer Viertelstunde an einem hübschen Bauernhof auf den leider asphaltierten Fahrweg trifft.

Eine Dreiviertelstunde läuft der Weg immer tiefer in die Schlucht hinein, und die Felsen rücken auf Fahrbahnbreite zusammen. Dann erreicht man eine Brücke, die rechts über den Bach führt. Eine Treppe erleichtert den Aufstieg über einen Geröllhang zum 15 m hohen Portal, welches der Höhle Poarta lui Ionel auch ihren Namen gegeben hat. Zwar verwehrt eine kleine Tür im Stacheldrahtverhau den Zutritt, aber mit etwas Glück ist ein Führer anwesend. Große Rucksäcke läßt man am besten am Eingang stehen, denn hinter der riesigen "Empfangshalle" werden die Gänge sehr eng und der Höhlenlehm sehr klebrig.

Von der Höhle bis zur Wegkreuzung, an der unsere Route mit den Markierungen rotes Band und Kreuz zusammentrifft, laufen wir noch 20 min; bis an die Hauptstraße nach Gârda nochmals 10 min. Bis nach Arieşeni müssen acht Kilometer Straße zurückgelegt werden, für die man aber sicher ein Fahrzeug findet. Rucksacktouristen, die weiter Richtung Trascău-Gebirge/Alba Iulia reisen wollen, können an der Haltestelle in Gârda auch auf den Nachmittagsbus von Oradea nach Alba Iulia warten (ca.15.00 Uhr im August '93).

Munţii Trascăului

Felsspitzen und Schluchten

Dieses Gebirge ist die letzte Bastion der Munţii Apuseni gegenüber dem östlich gelegenen Transsilvanischen Becken. Es besteht zum überwiegenden Teil aus mesozoischen Sedimentgesteinen, und natürlich sind auch hier wieder die Regionen, in denen sich schroffe Kalkmassive gebildet haben, die schönsten und eindrucksvollsten. Auf der Fahrt von Turda nach Alba Iulia sieht man rechts der Straße in der Ferne beeindruckende Felswände und -spitzen aus den Wäldern auftauchen: Cheile Turzii, Vârful Trascău und Cheile Râmeţului, Piatra Ceţii... Besonders die elegante Pyramide der Piatra Craivii von Alba Iulia aus im Morgennebel betrachtet, täuscht ein wenig über ihre wahre Größe hinweg und erinnert an ein Matterhorn "en miniature". Der höchste Berg ist der Dâmbău (1369m) oberhalb der Stadt Zlatna. Auch wenn wir hier ein ähnlich wildes Relief wie im Bihor antreffen, stellt sich beim Wandern doch seltener jenes Gefühl von Einsamkeit und Verlassenheit ein, wie es uns manchmal in den großen Wäldern rund um das Padiş-Plateau überkam. Das Trascău-Gebirge ist viel dichter besiedelt, der Wald oft stark gelichtet zugunsten großer Almwiesen. Fast immer entdeckt man von einer Bergkuppe aus eine kleine Ortschaft, und von irgendwoher dringt Schafblöken oder Kuhglockengeläut durch die Stille. Viel stärker als die Gipfel haben uns aber auch hier zwei Karstphänomene angezogen: Die Schluchten von Turda und Râmeţ.

Anfahrt

Mit dem eigenen Fahrzeug: Das Gebirge wird von drei Hauptverkehrsstraßen "eingeschlossen", welche die Städte Turda – Alba

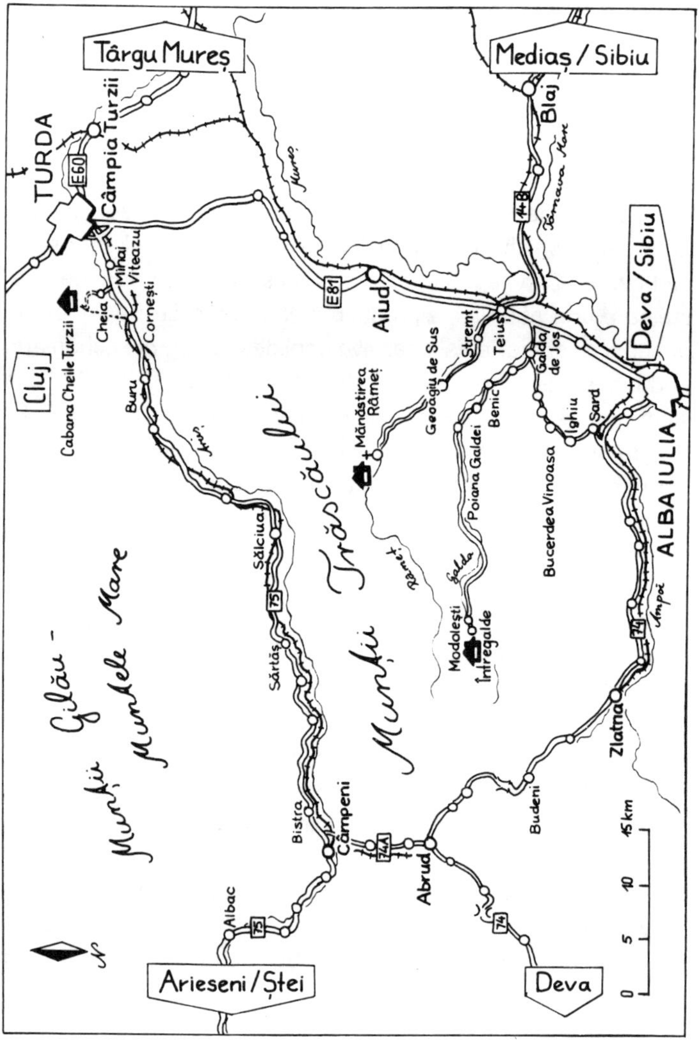

Târgu Mureș
Medias / Sibiu
TURDA
Câmpia Turzii
E60
Mihai Viteazu
Cheia
Cornești
Cabana Cheile Turzii
Cluj
Buru
Arieș
Mureș
Aiud
E81
Blaj
14B
Târnava Mare
Deva / Sibiu
Teiuș
Stremț
Geoagiu de Sus
Mănăstirea Râmeț
Galda de Jos
Benic
Poiana Galdei
Ighiu
Sard
Bucerdea Vinoasa
ALBA IULIA
Munții Trăscăului
Munții Gilău - Muntele Mare
Sălciua
75
Sărtăș
Râmeț
Galda
Modolești
Întregalde
74
Ampoi
Zlatna
Budeni
Câmpeni
Bistra
74A
Abrud
Albac
Arieseni / Ștei
Deva
N
0
5
10
15 km

Iulia – Câmpeni miteinander verbinden. Schnellste Anfahrt über die E 60 Oradea – Cluj – Turda und weiter über die E 81 nach Alba Iulia; landschaftlich wesentlich reizvoller, wenn auch schwieriger zu fahren, ist die Strecke durch das Bihor-Gebirge und das Arieş-Tal auf der DN 75, bzw. auf der DN 74 durch die Flußtäler des Abrud und des Ampoiul.

Mit öffentlichen Verkehrsmitteln: Alle Züge, die von Oradea kommend via Cluj – Sighişoara nach Bukarest oder umgekehrt verkehren, halten an den Bahnstationen Câmpia Turzii und Teiuş, die für unsere Touren als Ausgangspunkte dienen.

Mit der Buslinie Oradea – Alba Iulia kann derjenige fahren, der unterwegs das Bihor-Gebirge kennenlernen möchte. Von Câmpeni aus bietet sich neben der Busverbindung nach Turda auch die Möglichkeit, mit der zweimal täglich verkehrenden Schmalspurbahn bis zu den Haltestellen Plăieşti (Dorf Corneşti) bzw. Sânmihaiu de Sus (Dorf Mihai Viteazu) zu fahren, wenn man zur Turda-Klamm gelangen möchte.

Câmpeni	Plăieşti	Sânmihaiu d. S.	Turda
6.50	10.50	11.01	11.10
13.43	17.27	17.38	17.47
Turda	Sânmihaiu d. S.	Plăieşti	Câmpeni
6.35	6.46	6.57	10.45
16.58	17.09	17.35	21.26

(Fahrplan 1994/95)

Cheile Turzii

Es war einmal ein Riese, der wollte auf dem Bergrücken oberhalb der Gegend, wo heute das Städtchen Turda und seine qualmende Zementfabrik stehen, Kartoffeln pflanzen. Die Berggnome verwandelten die Knollen aber aus Schabernack in kleine Steine, die wuchsen und wuchsen, und als der Riese zur Erntezeit im Morgengrauen sein Feld betrat, stolperte er nur über große Felsbrocken und konnte keine einzige Frucht finden. Wie er nun so von tief unten leises Kichern hörte, war ihm sofort klar, wer diesen Streich gespielt hatte. Da Riesen ziemlich humorlos sind, hieb der Koloß einmal mit der rechten Handfläche kräftig ins Erdreich hinein und teilte den Berg. Die Gnome rannten schreiend auseinander und keiner ward mehr in der Gegend gesehen. Auch der Riese hat künftig seine Kartoffeln woanders angebaut. Der Steinacker und die gewaltige Schlucht sind aber heute noch zu sehen... – Ungefähr so könnte eine Sage über die Entstehung der Turda-Klamm berichten. Wer den Hăşdate-Bach entlangläuft und zu den weiß leuchtenden Kalkwänden hinaufschaut, dem fallen bestimmt noch ein Dutzend Märchen ein, die in dieser Landschaft spielen könnten.

Mit leicht zitternden Knien auf einer Felskanzel stehend und ins Tal hinunterschauend, fühle auch ich mich wie ein "Berggnom", und die Wanderer, die uns beim Klettern beobachten, sehen ebenfalls recht zwergenhaft aus. Für sie ist die bis zu 300 m tiefe Schlucht eine schöne Rundwanderung, die man an einem Tag mühelos bewältigt – für Bergsteiger ein Eldorado an Kletterrouten aller Schwierigkeitsgrade, die für mehrere Sommermonate ausreichen. Man sollte sich vor dem Aufstieg aber genau ansehen, wie man wieder zum Bach hinunterkommt; die mit Buschwerk und Gestrüpp dichtbewachsenen Hänge können dabei zum undurchdringbaren Hindernis werden, wie wir feststellen mußten.

Eine üppige Vegetation und zahlreiche Höhlen bieten 67 registrierten Vogelarten Behausung. Ebenso sind uns die vielen Schmetterlinge aufgefallen, die man auf den Bergwiesen des Trascău-Gebirges immer wieder antrifft, wo sich in die Begeisterung über die farbenfrohen Blumenteppiche das schmerzhafte Bewußtsein mischt, wie eintönig dagegen die meisten Wiesen bei uns zu Hause aussehen. Allein in der Turda-Klamm zählte man 997 Pflanzenarten, einige davon endemisch, d.h. sie treten nur in diesem Gebiet auf. Wegen ihres Naturreichtums wurde die Schlucht 1938 zur Reservation erklärt, allerdings wird der

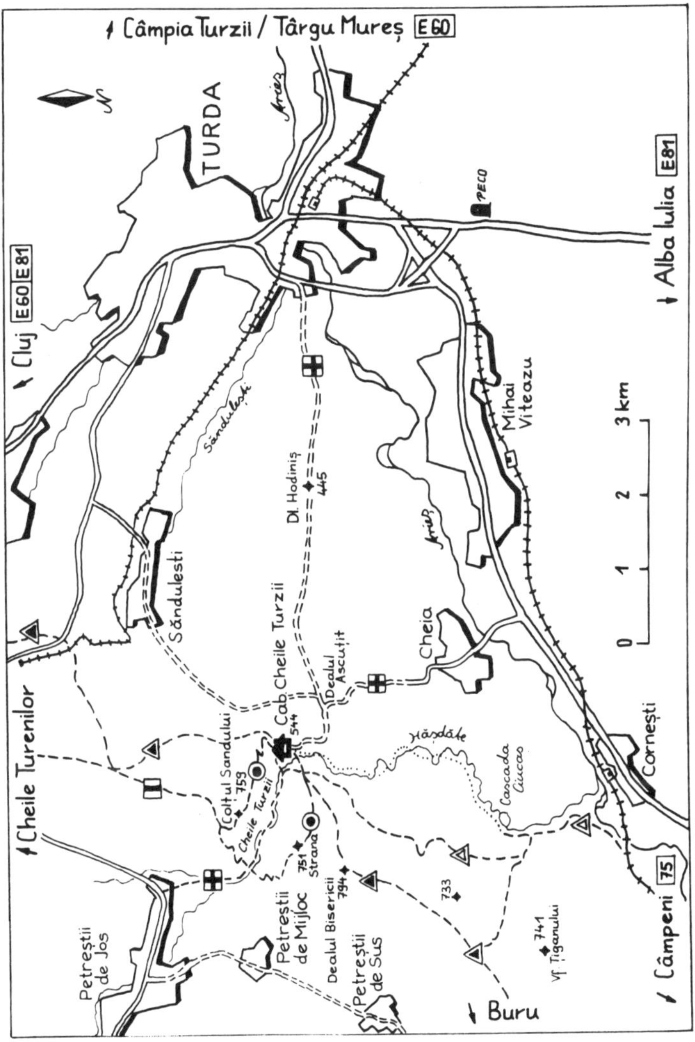
Câmpia Turzii / Târgu Mureș E60
TURDA
Arieș
Cluj E60 E81
Alba Iulia E81
PECO
Mihai Viteazu
0 1 2 3 km
Sândulești
Sandulesti
Dl. Hodiniș 445
Cab. Cheile Turzii 544
Dealul Ascuțit
Cheia
Hășdate
Cascada Ciucaș
Cornești
Câmpeni 75
Cheile Turenilor
Colțul Sandului 759
Cheile Turzii
Strana 751
Dealul Bisericii 794
733
Vf. Țiganului 741
Petreștii de Jos
Petreștii de Mijloc
Petreștii de Sus
Buru

Wanderer darauf kaum mit Nachdruck hingewiesen. Dies soll hiermit geschehen sein.

Ausgangspunkt Cabana Cheile Turzii

Am Ortsausgang der Gemeinde Mihai Viteazu an der DN 75 (Richtung Câmpeni) steht ein Wegweiser, der das Dorf Cheia anzeigt, das auf der anderen Flußseite des Arieş liegt. Wer motorisiert angereist ist, läßt den Wagen am besten im Dorf stehen. Hartgesottene können aber auch eine Betonstraße weiter bergauf fahren, mit dem Risiko ihren Auspuff zu verlieren. Die Piste verwandelt sich hinter einem Gipssteinbruch links der Straße in einen wilden Feldweg, der auf den Ascuţit-Hügel hinaufführt. Von hier kann man bereits einen ersten Blick auf die Steilwände der Schlucht werfen. Nur noch Dacia- oder Jeep-Inhabern ist die ausgewaschene Fahrrinne zuzumuten, die sich zur Turda-Baude ins Tal hinunterschlängelt. Man muß ja nicht immer bis vor die Hüttentür fahren...

Mit dem Bus oder der Schmalspurbahn fährt man von Turda oder Câmpeni bis zur Haltestelle Sânmihaiu de Sus/Dorf Mihai Viteazu und läuft von hier aus in 1-1½ Stunden die Straße über Cheia bis zur Turda-Baude bzw. steigt in Plăieşti/ Dorf Corneşti aus, wo folgender Wanderweg beginnt:

Corneşti (ca.340m) – Cascada Ciucaş – Cabana Cheile Turzii (450m), gelbes Dreieck, 3-3½ h.

Am besten hält man sich neben den Bahnschienen und überquert den Arieş auf der Eisenbahnbrücke zwischen Corneşti und Moldoveneşti. Am anderen Ufer führt der Pfad zurück bis zur Mündung des Hăşdate-Baches in den Arieş und dann den Hăşdate talaufwärts bis zum einen Kilometer entfernten Ciucaş-Wasserfall. Auf unmarkiertem, aber eindeutigerem Weg kann man dem Bachlauf weiter durch das Tal folgen, bis die Turda-Baude nach ca. einer Stunde erreicht wird.

Variante: Vor dem Wasserfall links den mit gelbem Dreieck markierten Weg entlang des Arinul-Baches aufsteigen und dann

Richtung Norden abbiegen. Nach ca. 1½-2 Stunden endet der Weg an der Metallbrücke, die am Eingang der Turda-Klamm über den Bach zur Baude führt.

Wer den zu etwas ungünstigen Zeiten verkehrenden Zug (6.35 Uhr u. 16.58 Uhr) von Turda nach Câmpeni verpaßt haben sollte, kann auch folgenden Weg benutzen:

Turda (340m) – Cabana Cheile Turzii (544m), rotes Kreuz, 2-2½ h

Vom Kreisverkehr an der Piaţa Ecaterina Varga läuft man die Strada Aroneanu Richtung Bucureşti/Câmpeni entlang. Der roten Kreuzmarkierung nach rechts durch die Strada Cheii folgend, gelangt man auf einen Fahrweg, den sogenannten Drumul Domnilor (Herrenweg), der durch keine besonders aufregende Landschaft, aber immer mit Blick auf die Turda-Felsen bis zur Baude führt.

Die Cabana Cheile Turzii sieht wie ein bescheidenes Waldschlößchen aus und bietet Unterkunft in 2-4 Bett-Zimmern (2,50 DM) oder in den "căsuţe" vor der Baude (1,50 DM). An einem Kiosk mit lauter Musikbeschallung Tag und Nacht (der Wirt hat eine unglückliche Vorliebe für "Modern Talking") kann man sich mit Brot, Konserven, Getränken etc. versorgen.

Circuitul Cheile Turzii, roter Punkt, 5 h

Durch die Schlucht führt ein schöner Wanderweg, der nicht mehr als einen Nachmittagsspaziergang in Anspruch nimmt. Ein breiter Pfad begleitet den Hăşdate-Bach, mal über den weichen Uferboden, gelegentlich auch in den Fels gehauen; es empfiehlt sich, auf alle Fälle festes Schuhwerk anzuziehen, um nicht auszurutschen.

Wer steile Auf- und Abstiege nicht scheut, sollte aber eine ausgedehntere Tour unternehmen und sich die Blicke in den Abgrund von beiden Seiten der Schlucht gönnen. Natürlich kann genausogut auf dem Talweg zur Baude zurückgekehrt werden.

Wir haben die rechte Talseite gewählt und sind an der Hütte dem roten Punkt folgend einen gut ausgetretenen Pfad den Berg hinaufgeklettert. Nach 20-30 min gelangt man oben auf der Hochfläche auf eine mit Steinen übersäte Wiese und läuft immer

am Rand der Schlucht entlang. Der Blick reicht weit hinaus ins Vorland und auf die uns gegenüberliegende Adlerwand (Peretele Vulturilor) in welcher der Eingang zur Peştera Ungurească liegt – die größte von insgesamt 14 Höhlen in der Turda-Schlucht, allerdings sind die wenigsten davon der Öffentlichkeit zugänglich.

Nach ca. 50 min (von der Baude aus), erreicht man die Felsen und das Gipfelkreuz am Colţul Sândului (750m). Der Trampelpfad hinüber zum Kreuz über einen schmalen Grat ist ungefährlicher, als er aussieht. Von dort blickt man direkt hinunter auf den Turnul Ascuţit (Spitzer Turm) – eine der wildesten und schroffesten Felsnadeln, die allerdings nur vom Tal aus imposant wirkt. Auf der anderen Seite der Schlucht erheben sich links einer großen Geröllhalde die Felsen des Colţul Crăpat (Gespaltene Zacke), rechts davon der Colţul Şansil. Am Talausgang im Nordwesten liegt die Gemeinde Petreştii de Jos, in die der Weg durch die Klamm führt.

Weiter über das Plateau, an einer kleinen Dolinensenke vorbei, erreichen wir nach 10 min einen Wegweiser des "Montan Club Turda". (Hier zweigt ein Weg nach Norden ab, zur Cheile Turului – oder auch Cheile Turenilor – die aber nicht die gewaltigen Ausmaße der Turda-Klamm hat, (blaues Band, 1½-2 h).

Wir beginnen auf unserer Markierung den Abstieg ins Tal, der nach einer halben Stunde oberhalb der Ruine einer alten Mühle endet. Der Anblick der Felslandschaft von dieser Seite aus ist fast noch eindrucksvoller, als wenn man die Schlucht von der Turda-Baude kommend betritt.

Für den Rückweg auf der anderen Talseite müssen nochmals 2 Stunden veranschlagt werden; auch dort gelangt man an einige schöne Aussichtspunkte, wie den Capul Cheii (748m) oder Străna (751m). Der Aufstieg beginnt am anderen Bachufer gegenüber der Ruine.

Die Wanderung durch die Schlucht und über ihre vier Brücken (Vorsicht in der Dämmerung – es fehlen einige Balken!) beansprucht nicht mehr als eine halbe Stunde, allerdings wird sich die Zeit dehnen, wenn man immer wieder stehenbleibt, um die

Kletterkünste der Bergsteiger zu bewundern, die hier im Sommer fast täglich anzutreffen sind.

Cheile Râmeţului

Wenn von einem "Wasserwanderweg" die Rede ist, denkt man gewöhnlich an die Beschreibung einer Bootstour. In der Schlucht von Râmeţ wird dagegen wirklich gewandert. Zu Fuß. Durchs Wasser. Knietief, bauchtief, brusttief... – je nachdem, wie groß die Teilnehmer der "Expedition" sind und in welche der grünschäumenden Wasserwannen sie hineinfallen. Was hier so abenteuerlich nach "Einbruch in unberührte Natur" klingt, ist eine markierte Touristentrasse und schon lange kein Geheimtip mehr. Für den blaumarkierten Weg vom Râmeţ-Kloster zur Întregalde-Klamm sollte man also als wichtigste Gepäckstücke Badehose und Plastikbeutel für die kostbare Fotoausrüstung einpacken. Düstere Felswände und das Rauschen des Baches machen jedoch den geringsten Teil dieser Wanderung aus. Hinter der Schlucht empfängt uns eine unglaubliche Stille, die Landschaft verwandelt sich in leuchtende Blumenwiesen, runde Bergkuppen, sanfte Bachauen und kleine Weiler, deren Bewohner die Ruhe ihrer Umgebung ausstrahlen. Natürlich gelangt man hierher auch über andere Wege; wer dagegen durch die Râmeţ-Klamm gekommen ist, kann sich dem Traum hingeben, zufällig das Schlupfloch in vergangene Zeiten gefunden zu haben. – Eine Illusion, die sich spätestens mit den Staub- und Abgaswolken des Autobusses von Întregalde nach Alba Iulia in Luft auflöst.

Ausgangspunkt Mănăstirea Râmeţ

Teiuş ist ein uninteressanter kleiner Ort an der E 81 von Turda nach Alba Iulia, der höchstens mit seinem verdächtig neu aussehenden Gedenkstein für die Weltkriegsgefallenen zu schok-

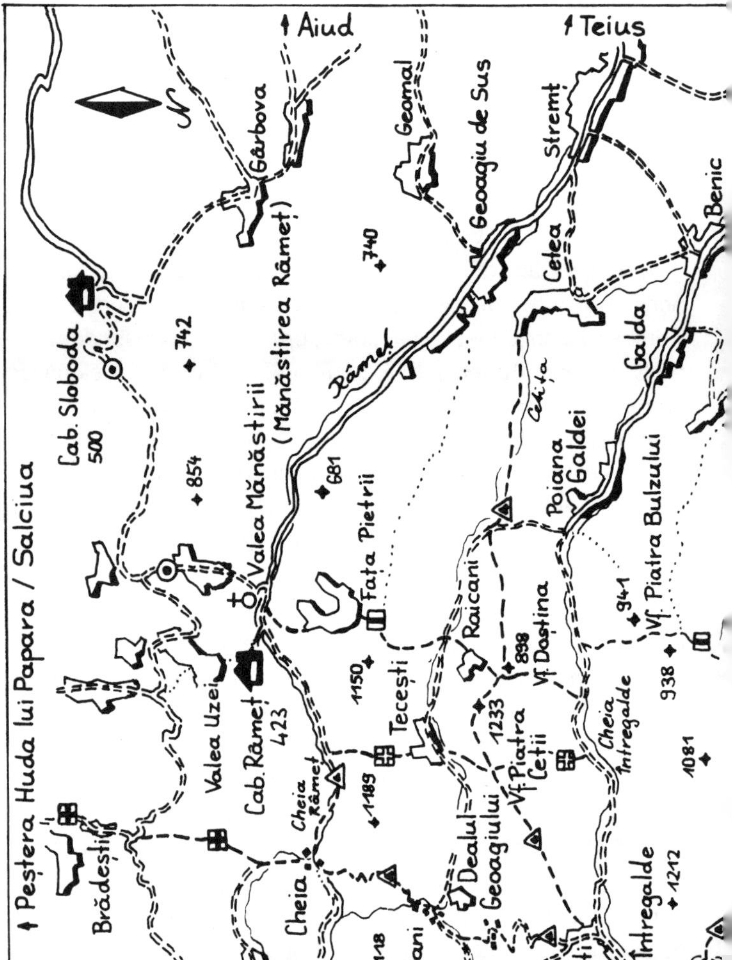
Peștera Huda lui Papara / Salciua
Aiud
Teiuș
Abrud
Cab. Sloboda
500
Gârbova
Geomal
Geoagiu de Sus
Stremț
Benic
Valea Mănăstirii
(Mănăstirea Râmeț)
Râmeț
742
740
854
681
Cetea
Galda
Cetita
Poiana Galdei
Fața Pietrii
Valea Uzei
Cab. Râmeț
423
1150
Tecești
Raicani
Vf. Dostina
898
941
Vf. Piatra Bulzului
938
Cheia Întregalde
1233
Vf. Piatra Cetii
1081
Cheia Râmeț
1189
Dealul Geoagiului
Brădești
Cheia
Întregalde
1212
Botani
1118
965
Modolești
Ponor

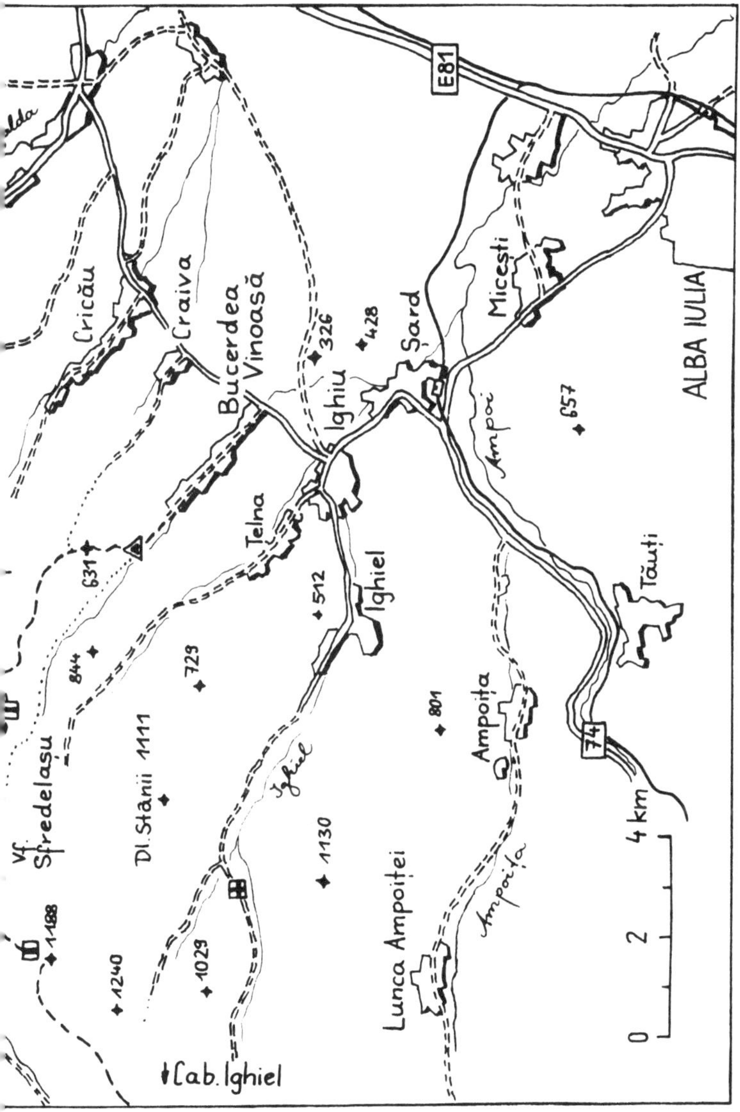
Cricău
Craiva
Bucerdea Vinoasă
Ighiu
Șard
Micești
ALBA IULIA
E81
Telna
Ighiel
Țăuți
Ampoița
Ampoi
74
Vf. Sfredelașu
Dl. Stânii 1111
Lunca Ampoiței
Cab. Ighiel
326
428
657
631
512
844
729
801
1130
1188
1240
1029
0
2
4 km

kieren vermag ("Rumänien den Rumänen..." usw.). Eine auffällige Hinweistafel auf beiden Seiten der Hauptstraße zeigt den Abzweig zum Mănăstirea Râmeţ an. Die 16 km lange Straße bis zum Kloster ist ohne Probleme befahrbar.

Wer mit der Bahn in Teiuş eintrifft, hat zweimal täglich vom Bahnhof aus Busverbindung zum Râmeţ-Kloster (ca.7.30 Uhr u. 16.00 Uhr) bzw. kann man die Straße in die Ortsmitte hineinlaufen, wo von der kleinen CEC-Filiale schräg gegenüber der Kirche ebenfalls Busse abfahren. (8.30 Uhr, 16.00 Uhr, in der Schulzeit zusätzlich nachmittags 14.00 Uhr, Stand 1993).

Die Übernachtung im Kloster ist nur den Pilgern gestattet, der unorthodoxe Tourist schläft in der Cabana Râmeţ, eine Viertelstunde talaufwärts rechts des Baches gelegen. Die 38 Betten, die in Zimmern und "căsuţe" zur Verfügung stehen, sind an Wochenenden wahrscheinlich ständig voll belegt, was man bei seiner Tourenplanung einkalkulieren sollte. Niemand hat etwas dagegen, wenn am Bach ein Zelt aufgeschlagen wird, ein beliebter Platz liegt direkt am Eingang der Schlucht. Das Campen in unmittelbarer Nähe des Klosters ist verboten.

Das Kloster gehört zu den ältesten in Transsilvanien und wurde von Historikern ursprünglich dem 15. Jh. zugeordnet, bis man bei Restaurierungsarbeiten in der Kirche die Inschrift eines Malers entdeckte, der sein Werk genau auf das Jahr 6885 (d.h.1377), den 2. Juli datierte. Unter dieser Malerei befindet sich jedoch eine noch ältere vom Anfang des 16 Jh. Insgesamt acht Gemäldeschichten bedecken die Innenwände des Bauwerks, das die zweimalige Zerstörung des Klosters überlebte.

Die katholischen Habsburger ließen 1762 ca.150 orthodoxe Kirchen und Klöster in ihrem Herrschaftsbereich bis auf die Grundmauern abreißen, um die Rumänen auf diese Weise zum "wahren Glauben" zu bekehren; 1785 wiederholte sich dieser traurige Vorgang in Râmeţ noch einmal. Nicht nur die bis zum Letzten ausgebeuteten Leibeigenen beteiligten sich an dem großen transsilvanischen Bauernaufstand von 1784, dessen Anführer Horea, Cloşca und Crişan im nahen Alba Iulia aufs Rad gepflochten wurden. Auch einige Priester nahmen an der Erhebung teil und wurden mit der Einäscherung ihrer Kirchen bestraft.

Râmeț gilt deshalb heute als eine Stätte geistigen Widerstands der Rumänen in den Zeiten der österreichischen bzw. ungarischen Herrschaft über Transsilvanien und ist ein Ort, an dem die kulturellen Bindungen und das Zusammengehörigkeitsgefühl der orthodoxen Christen zu beiden Seiten des Karpatenbogens beschworen werden. Diese Beziehungen soll auch die zwischen 1982-87 neuerbaute Klosterkirche symbolisieren. Eine architektonische "Synthese traditioneller Stile aus der Țara Românească (Walachei) und der Moldau" hat sich so nach Transsilvanien verirrt und wird von den einen bewundert und von den anderen als "maßloser Kitsch" bezeichnet.

Die Râmeț-Klamm ist vom Kloster aus in einem Tagesausflug zu besichtigen; man kann die Tour aber auch bis zur Întregalde-Klamm fortsetzen und einen Tag später über die Berge bzw. mit dem Bus zurückkehren oder auch von Întregalde bis nach Alba Iulia weiterlaufen. Im folgenden Text wird die Route von Râmeț nach Întregalde ausführlicher beschrieben und auf die entsprechenden Abzweigungen hingewiesen:

Mănăstirea Râmeț (ca. 400m) – Cabana Râmeț (423m) – Cheile Râmețului – Cheia (ca.600m) – Boțani (ca.750m) – Dealu Geoagiului (ca.850m) – Întregalde (ca.600m), blaues Dreieck, 5 h

Vom Kloster aus laufen wir das Tal aufwärts durch die Cheile Mănăstirului, deren Kalkspitzen zu beiden Seiten des Baches aufragen. Nach 800 m gelangt man zur Brücke, die ans andere Ufer zur Râmeț-Baude führt. Der Weg Richtung Klamm folgt aber weiter der Fahrstraße. Es geht an vielen kleinen Häusern und Stallgebäuden vorbei, mit den für das Apuseni-Gebirge so typischen hohen Dächern. Auf einer breiten Lichtung am Eingang zur Schlucht zweigt die gelbe Kreuzmarkierung links über den Berg nach Întregalde via Tecșești ab (ca. 4 h).

Unser Wegzeichen – blaues Dreieck oder blaues Kreuz – taucht auf dem weiteren Weg nur spärlich auf, aber vorerst können wir nicht viel falsch machen, sondern nur dem rauschenden Bach in die immer enger werdende Râmeţ-Schlucht folgen. Bald erreicht man die ersten drahtseilgesicherten Wände – wem diese zu gefährlich sind, der sollte bereits hier die Schuhe ausziehen und ins Wasser springen. Spätestens nach dem großen Felstor bleibt kein anderer Ausweg mehr. Von dem "Portal" wird angenommen, daß es in grauer Vorzeit den Eingang zu einer gigantischen Höhle bildete, deren Decke schließlich durch die Wasserausspülungen einstürzte. An der engsten Passage der Klamm werden wir gezwungen, über eine schräge Felsplatte zu klettern, um nicht brusttief ins Wasser zu müssen, das hier besonders wild durch "die Röhre" ("La Cuptor") schäumt. Die Schlucht verbreitert sich wieder, und nach einer letzten Bachüberquerung erscheint rechts an einem Baum – kaum noch erkennbar – die Markierung, der wir über eine Geröllhalde und durch Uferdickicht auf eine kleine Wiese folgen, wo zwei verfallene Hütten stehen. Nach 2 Stunden Marsch ab Klammeingang erreicht man unterhalb einer kleinen Kirche die weite Bachaue des Weilers Cheia.

Wer von hier aus zum Kloster zurückkehren möchte, läuft das Tal rechts hinauf, der spärlich auftauchenden Kreuzmarkierung folgend, in einer Stunde bis ins Dorf Brădeşti. (Das blaue Kreuz führt von dort aus weiter zur Huda-lui-Păpară-Höhle und in die Gemeinde Sălciua im Arieş-Tal.) Über die Fahrstraße gelangt man von Brădeşti aus durch die Dörfer Valea Uzei und Râmeţ zum Ausgangspunkt der Wanderung (ab Cheia ca. 3½ – 4 h).

In Richtung Întregalde laufen wir über den Steg, der an der Kirche über den Cheia-Bach führt, umgehen einen kleinen Acker und stoßen auf einen Wegweiser mit dem blauen Dreieck. Nun wird der Râmeţ-Bach überquert und am anderen Ufer an einem Gehöft und weiter über eine große Wiese aufgestiegen, an deren Ende ein Obstgarten liegt. Oberhalb davon windet sich der Trampelpfad in ein paar großen Kurven einen Bergfuß empor, von dem sich eine immer schönere Aussicht auf den stillen Talkessel unter uns bietet. Das Dreieck erscheint manchmal auf großen Steinen, die in den prächtigen Blumenwiesen liegen. Nach ca. einer Dreiviertelstunde laufen wir an zwei Bauernhöfen vorbei; hinter dem zweiten Gehöft eine Tränke, die in der Sommerhitze sehr willkommen ist. (Zwar versuchen zwei zum Hof gehörende Hunde, uns diese Freude zu vergällen, aber sie sollten einfach ignoriert werden.) Auf einem mühelos erkennbaren Weg geht es den Berg hinunter in den Weiler Boţani.

Ein paarmal überqueren wir den Bach Pârâul Pravului; am letzten Anwesen auf einem Hügel zwischen den sich vereinigenden Bachläufen wählen wir den rechten Weg, laufen durch ein kleines Waldstück und betreten ein weites Tal. Am Bachufer stehen ein paar Weidenbäume, auf den vierten Stamm ist – kaum noch sichtbar – das blaue Dreieck nebst dem Pfeil gemalt, der uns nach links über das Wasser queren läßt. Von den drei Trampelpfaden, die sich am anderen Ufer anbieten, nehmen wir den rechten. Bergauf über eine große Wiese taucht zu unserer Orientierung an einem alleinstehenden Baum erneut die Markierung auf. Kurz darauf erreichen wir eine Kreuzung, an der sich fünf Wege treffen. Der zweite von links führt an einem kleinen mit Dreieck versehenen Bäumchen vorbei hinauf zum Kamm, wo wir gut 2 Stunden nach unserem Abmarsch in Cheia an den Häusern von Dealul Geoagiului eintreffen.

Dem Weg nach rechts zwischen den Gehöften hindurch folgend, steigen wir nach Süden auf der anderen Seite des Bergrückens den Fahrweg ins Gâlcer-Tal hinunter. Problemlos gelangt man so in einer halben Stunde ins Dorf Modoleşti am oberen Eingang der Întregalde-Klamm.

Wer die Wanderung hier abbrechen möchte, kann nach einer Übernachtung in der Cabana Întregalde (in 1,5 km Entfernung am oberen Ortsende von Întregalde) mit dem Früh- oder Mittagsbus (5.00, 6.30, 12.30, So 13.00 Uhr, Stand 1993) nach Alba Iulia fahren und von dort per Bahn oder Bus nach Teiuş bzw. Râmeţ zurückkehren, falls das Auto dort abgestellt worden ist.

Für den Rückweg nach Râmeţ bietet sich aber auch folgender Fußweg an:

Cabana Întregalde (700m) / Modoleşti – Vf. Piatra Ceţii (1233m) – Vf. Doştina (898m), rotes Dreieck – Răicani (ca.850m) – Faţa Pietrii (ca.750m) – Mănăstirea Râmeţ (ca.400m), rotes Band, 7-8 h
Von Modoleşti aus geht es sehr steil in 1½ Stunden über eine Bergkuppe und einen kleinen Sattel auf den Felsengipfel der Piatra Ceţii hinauf, von dem die Aussicht bis weit ins Mureş-Tal und hinüber zu den Felsen der Piatra Craivei über Alba Iulia reicht. Am Doştina-Gipfel beginnt der mit rotem Band bezeichnete Abstieg nach Norden. Über das Dorf Răicani gelangt man hinunter zum Eingang der Cheile Tecşeştilor und steigt am Berghang des Prisăcii-Gipfels wieder aufwärts nach Faţa Pietrii. Von dort kann man schon das Râmeţ-Tal sehen, in dem unser Weg oberhalb des Klosters endet.

Um die Wanderung nach Alba Iulia fortzusetzen, wird folgende Route gewählt:

Cabana Întregalde (ca.700m) – Cheile Găldiţei – Vf .Dragului (1177m) – Vf. Sfredelaşu (1133m) – Piatra Craivei (1078m) – Bucerdea Vinoasă (ca.400m) – Ighiu – Şard, rotes Dreieck, 7 h
Von der Baude bis hinauf zum Kamm zwischen Dragului- und Sfredelaşu-Gipfel begleitet uns die Markierung rotes Dreieck, dann trifft man auf die rote Bandmarkierung, der ebenfalls bis zur Piatra Craivii gefolgt werden kann. Am Gipfel – einem der schönsten Aussichtspunkte des Trascău-Gebirges – sind noch Überreste einer dakischen Festung erkennbar, die im Mittelalter weiter ausgebaut wurde. Vor uns im Tal liegt das "municipiul" (Bezirksstadt) Alba Iulia, an dem sich der Mureş vorbeischlängelt. Ohne größere Orientierungsprobleme wird in 1½ Stunden ins Dorf Bucerdea Vinoasă abgestiegen und auf der Landstraße das letzte Wegstück über Ighiu zum Bahnhof nach Şard zurückgelegt. Von Şard nach Alba Iulia fährt viermal täglich ein Zug, der letzte um 18.13 Uhr (Fahrplan 1994/95).

Alba Iulia

Wer seine Wanderung durch das Trascău-Gebirge in Alba Iulia abschließt, sollte nicht sofort zum Bahnhof eilen, sondern einer für rumänische Historie besonders bedeutsamen transsilvanischen Stadt etwas Zeit widmen.

In seiner achtbändigen "Geographike hyphegesis" wird von Claudius Ptolemäus (um 100-160) die Festung "Apulon" erwähnt, die er zu den 40 wichtigsten Orten in Dazien zählte. Überreste davon sind heute noch auf der Kalkspitze der Piatra Craivii (1078m) 16 km von Alba Iulia entfernt zu besichtigen. Aus "Apulon" wurde "Apulum" – Castrum und bedeutendes Zentrum des nun von Römern besetzten und als "Provinz" einverleibten dakischen Reiches. Die Überreste der römischen Zeit (105-271) sind heute nur noch im archäologischen Museum zu besichtigen. Mit Beginn der Völkerwanderung hatten die Römer immer größere Probleme, das besetzte Gebiet gegen die vielen Eindringlinge zu verteidigen, und zogen sich unter Kaiser Aurelian zurück.

Unter den neuen Gästen hielten sich die Slawen am hartnäkkigsten in der Region und beeinflußten auch am stärksten die rumänische Sprache, was sich dem in Slawismen unkundigen Ausländer zumindest sehr anschaulich in der kyrillischen Beschriftung der meisten orthodoxen Kirchen darstellt. Alba Iulia ist die rumänische Übersetzung des slawischen Namens Balgrad , der "weißen Stadt", wie sie in dieser Zeit genannt wurde.

Die Ungarn besetzten Transsilvanien im 11. Jh. etappenweise. Es wird vermutet, daß bereits der erste ungarische König Stephan der Heilige in Gyulafehervar, wie der magyarische Name lautet, ein Bistum gründete. Nach dem Türkeneinfall im 16.Jh. wurde Alba Iulia Hauptstadt des autonomen Fürstentums Transsilvanien unter Regierung des Woiwoden Zapolya.

Einer der ganz großen Nationalhelden Rumäniens ist der walachische Fürst Mihai Viteazu (Michael der Tapfere), dem am Ende des 16. Jahrhunderts für sehr kurze Zeit das gelang, was erst über dreihundert Jahre später endgültig politische Wirklichkeit wurde: Die Vereinigung der drei Fürstentümer Moldau, Walachei und Transsilvanien. Der Fürst regierte von Alba Iulia aus, gründete ein orthodoxes Bistum und hielt hier auch zwei Landtage ab, deren Entscheidungen den Adligen anscheinend wenig gefielen. Obwohl Mihai Viteazu gar nicht daran dachte, an den Grundfesten feudaler Ordnung zu rütteln, wurde er schon 1601 durch eine Verschwörung umgebracht.

1688 eroberten die Truppen des Hauses Habsburg Alba Iulia. An der heute noch zu besichtigenden Festung mit sieben Basteien und einer Mauerlänge von 12 km, der die Vorgängerbauten weitgehend zum Opfer fielen, arbeiteten ab 1714 vierundzwanzig Jahre lang 20.000 Leibeigene.

In der Burg stehen der römisch-katholische Dom und die orthodoxe Kathedrale unmittelbar nebeneinander. Der Dom hat eine komplizierte Baugeschichte: Auf römischen Ruinen errichtete man erst eine Kapelle, riß diese dann ab, baute Anfang des 12. Jahrhunderts den ersten Dom, von dem nach dem Tatarensturm von 1241 nicht mehr als das Tympanonrelief übrigblieb und begann 1246 mit dem Bau einer dreischiffigen Basilika mit Querschiff, wie wir sie heute sehen. Der Figurenschmuck und die Ornamentik an den Portalen und Kapitellen zeigen viele Parallelen zu mitteleuropäischen Sakralbauten, die in derselben Zeit erbaut wurden, wie z.B. dem Wiener "Steffl", dem Magdeburger Dom, u.a. In den folgenden Jahrhunderten wurden natürlich weitere Um- und Anbauten vorgenommen, wie am Westportal, im Chor oder an der nördlichen Vorhalle zu erkennen ist. Die Familie Hunyadi, deren Stammsitz im 90 km entfernten Hunedoara besucht werden kann (s.S. 107), wurde hier beerdigt, ihre Gräber mit aufwendigen Sarkophargen geschmückt. Vom Turm des Doms bietet sich eine schwindelerregende Aussicht. Hinter der orthodoxen Kathedrale sieht man auf die Gebäude des "Muzeul Unirii", eine der bedeutendsten nationalen Gedenkstätten.

Die große Volksversammlung zu Alba Iulia, an der am 1.Dezember 1918 ca. 100.000 Menschen teilgenommen haben sollen, beschloß "endgültig und unwiderruflich (...) die Vereinigung

Transsilvaniens mit der gesamten Dacoromania". Der Entschluß wurde im "Sala Unirii", dem ehemaligen K.u.K.-Offizierskasino verlesen. Als einer der großen Verlierer des 1.Weltkriegs mußte sich das Königreich Ungarn fügen und Transsilvanien sowie Teile des Banats an Rumänien abtreten. Nach der Vereinigung wurde in Alba Iulia ein neues orthodoxes Bistum gegründet und 1921/22 die Kathedrale mit ihrem 58 m hohen Glockenturm erbaut.

Eine der ganz besonderen Sehenswürdigkeiten der Stadt versteckt sich in einem ehemaligen Klostergebäude am Rand der Festung. Wer nach dem "Batthyaneum" fragt und dem examinierenden Leiter etwas historische und Sprachkenntnisse demonstriert, bekommt vielleicht ein paar Schätze der 1772 gegründeten Bibliothek gezeigt, unter ihnen den "Codex aureus", das berühmte Evangeliar aus der Zeit Karls des Großen.

Munţii Retezat

Bergpyramiden und Gletscherseen

Strenggenommen hieße das Gebirge, das sich über dem Haţeger-Land auftürmt, in der deutschen Übersetzung ganz schlicht "abgehackt". Der Name ist zwar unpoetisch, trifft aber den Charakter dieser Landschaft genau. Wer auf den Geröllgipfel des Vârful Retezat, der "abgehackten Spitze", steigt oder, von einem Felsblock zum nächsten springend seinen Weg durch das Tal Valea Rea sucht, wird verstehen, wie die Bauern und Schafhirten auf die Bezeichnung gekommen sind. Viele Gipfel im Retezat ragen trotzig aus ihren Schutthalden heraus, als letzte Überreste einst stolzer Bergriesen, die den Erosionsfolgen der letzten Eiszeit nicht standgehalten haben. Trotzdem gehört das Retezat-Godeanu-Massiv zu den "ganz Großen" der rumänischen Karpaten und kann gleich mit mehreren Superlativen aufwarten, wie den meisten 2000ern, den typischsten glazialen Formen und den meisten Gletscherseen, die als Spuren des gewaltigen Eispanzers übrigblieben, der die Gegend im Pleistozän bedeckte.

Wer sich an einen Bergsommer im Retezat zurückerinnert, dem fallen wohl als erstes die über 80 "Meeraugen" ein, die den besonderen Reiz dieses Gebirges ausmachen und die grauen Felskessel mit ihren Lichtreflexen und Wolkenspiegelungen beleben. Also sicher kein Zufall, daß der größte natürliche Karpatensee, der selbstverständlich auch im Retezat liegt, "Bucura" heißt. Sich freuen, erfreuen, Freude bereiten – "a bucura" verrät unser Wörterbuch dazu. Tatsächlich ist der Bucura-See dank seiner zentralen Lage stärkster Anziehungspunkt und "Freudenbringer" für alle Wanderer, die in jedem Sommer am Seeufer ihre Zelte aufstellen und von hier aus zu ihren Expeditionen aufbrechen.

Die mächtigsten Gipfel des nördlichen Hauptkamms sind überwiegend aus Granitdiorit und kristallinem Schiefer aufgebaut, während sich an den südlichen Kamm im Kleinen Retezat eine reizvolle Zone aus Jura-Kalk anschließt, in der sich zahlreiche Höhlen und Schächte befinden – die meisten für den Tourismus aber unzugänglich. Überhaupt ist es in diesem Gebiet ruhiger als auf den ausgetretenen Trassen zum Retezat-, Bucura- oder Peleaga-Gipfel, mit 2509 m die höchste Erhebung des Gebirges.

Sicher gehört diese Spitze an schönen Juli- und Augusttagen zu den meistbesuchten der rumänischen Karpaten, obwohl der breite Waldgürtel, der das Gebirge umgibt, bis heute zu Fuß durchquert werden muß. Dieser Fakt spricht aber wahrscheinlich nur für die Schönheit des Retezat- Massivs, das bereits 1935 zum ersten rumänischen Nationalpark erklärt wurde. Seit 1980 steht er auch auf der UNESCO-Liste der Naturschutzgebiete – die sich daraus ergebenden Konsequenzen scheinen jedoch minimal zu sein. Lediglich in das wissenschaftliche Reservat oberhalb des Râul-Mare-Tals ist der Eintritt (ohne Passierschein) untersagt. In allen übrigen Gebirgsteilen wird nach Herzenslust gezeltet, Holz für Lagerfeuer geschlagen, häufen sich die Müllberge, und auch die Schaf- und Kuhhirten ziehen ungestört ihrer Wege, wenn auch vielleicht nicht in so extremem Ausmaß, wie in anderen Bergregionen Rumäniens.

Anfahrt

Mit dem eigenen Fahrzeug: Nach Haţeg, der letzten Kleinstadt am Fuß des Retezat, gelangt man auf der E 79 vom Grenzübergang Borş über Oradea, Deva, Simeria durch das Strei-Tal. Schneller reist man von Ungarn aus über die Grenzstation Nădlac und die E 68, allerdings darf der Straßenzustand zwischen Arad und Deva getrost als "katastrophal" bezeichnet werden. Mit Ausnahme der Cabana Gura Zlata müssen alle Berghütten im Retezat "erwandert" werden (Anreise ab Haţeg im Abschnitt "Bergbauden").

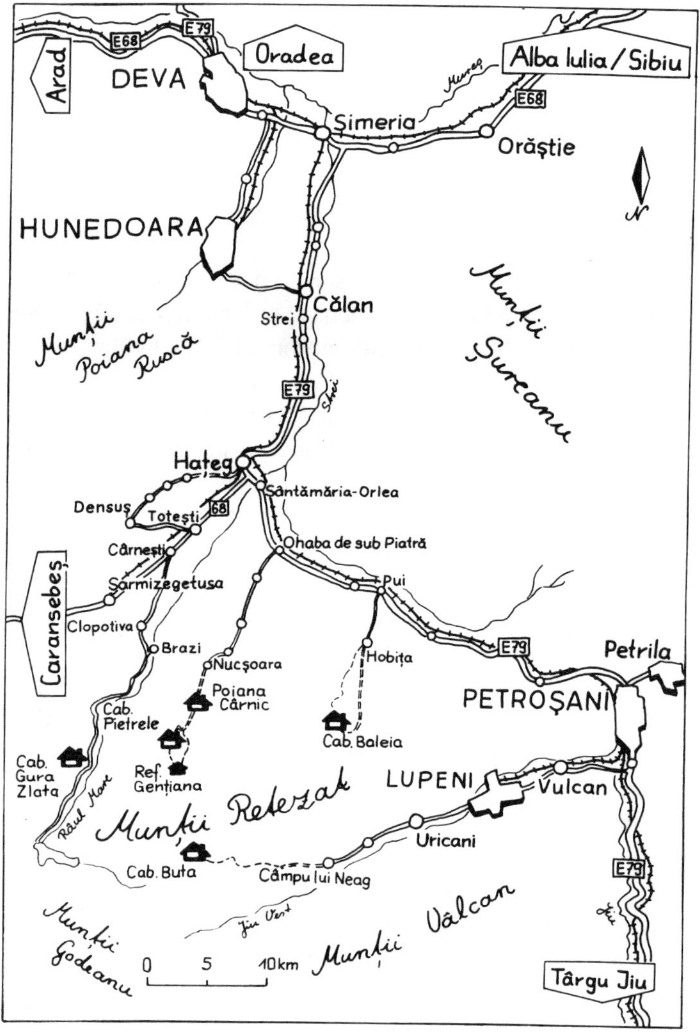

E68
E79
Arad
Oradea
Alba Iulia / Sibiu
DEVA
Simeria
E68
Orăştie
HUNEDOARA
N
Călan
Strei
Munţii Poiana Ruscă
Munţii Şureanu
E79
Haţeg
Sântămăria-Orlea
Densuş
Toteşti
68
Cârneşti
Ohaba de sub Piatră
Caransebeş
Sarmizegetusa
Pui
Clopotiva
Brazi
Nucşoara
Hobiţa
E79
Petrila
Poiana Cârnic
PETROŞANI
Cab. Pietrele
Cab. Baleia
Cab. Gura Zlata
Ref. Genţiana
LUPENI
Vulcan
Munţii Retezat
Uricani
Cab. Buta
Câmpu lui Neag
E79
Munţii Vâlcan
Munţii Godeanu
0 5 10km
Târgu Jiu

Mit öffentlichen Verkehrsmitteln: In Simeria halten alle Züge auf der Strecke vom Grenzübergang Curtici/Arad – Braşov. Von hier in das noch ca. 40 km entfernte Gebirge verkehrt mehrmals täglich ein Zug, wobei sich je nach Bergbaude entschieden werden muß, ob man an den Haltestellen Subcetate, Ohaba de sub Piatra, Pui oder erst in Petroşani aus- und umsteigt. (Nähere Informationen ebenfalls im anschließenden Abschnitt.)

Bergbauden und Aufstiege

In West-Ost-Richtung gruppieren sich vier Bergbauden um das Retezat-Gebirge: Gura Zlata, Pietrele, Baleia und Buta.

Die Pietrele-Baude (1480m) liegt am zentralsten, hier treffen sich viele Wanderwege und demzufolge auch die meisten Touristen. Man kann in der Hütte, aber auch in kleinen Bungalows übernachten, das Angebot reicht vom billigen über 8-Personen-Nachtlager (2,80 DM) bis hin zum verhältnismäßig "teuren" Zweibettzimmer (5,10 DM). Wer mag, kann in der Nähe der Baude sein Zelt aufschlagen (0,30 DM). Die Verpflegung ist besser als in manch anderen rumänischen Bergbauden; wer kein Brot mehr hat, kann mit der Küchenfrau verhandeln bzw. am Buffet Kekse, Schokolade etc. kaufen (meist ausländischer Produktion und zu deutschen Supermarktpreisen).

Eine ruhigere Übernachtungsalternative bietet die Schutzhütte Refugiul Genţiana, ca.45 min von der Baude entfernt im Pietrele-Tal gelegen (siehe Aufstiegsroute S. 89).

Mit dem Auto fährt man von Haţeg aus auf der DN 68 Richtung Petroşani, durchquert die Dörfer Sântămăria Orlea (s.S. 112) und Ciopeia und biegt in der Ortschaft Ohaba de sub Piatră (Ohaba unter dem Stein) rechts ab auf die Nebenstraße, die notfalls noch 11 km bis Nucşoara zu befahren ist. Man sollte den Wagen in einem Dorf bei einem Bauern abstellen und von dort aus weitertrampen bzw. laufen.

Alle Personenzüge, die von Simeria aus nach Petroşani fahren, halten in Ohaba de sub Piatra. Besonders auf die Frühzüge warten dort Arbeiterbusse oder Baufahrzeuge bzw. "Sammeltaxis", die Wanderer gegen Bezahlung bis zur Poiana Cârnic mitnehmen. Von dort beginnt der Aufstieg zur Pietrele-Baude.

Wer im Schnellzug sitzt, muß an der Station Subcetate in den Anschlußbus nach Haţeg umsteigen. Vom "autogară" (Busbahnhof) Haţeg aus verkehren täglich Buslinien in Richtung Petroşani/Târgu Jiu, die in Ohaba de Sub Piatră halten. Ein Früh- und zwei Nachmittagsbusse fuhren im Sommer '93 direkt bis nach Nucşoara, dem letzten Dorf vor dem Gebirge. Von hier bis zur Waldarbeitersiedlung Poiana Cârnic sind es noch ca. 4 km.

Wer erst spät am Abend im Retezat eintrifft, kann auch in der privat bewirtschafteten Cârnic-Baude in Zwei-/Dreibettzimmern übernachten.

Poiana Cârnic (1000m) – Cabana Pietrele (1480m), blaues Band, 1½-2 h

Dem Fahrweg folgend, kann in der ersten Kurve eine Abkürzung entlang der Stromleitung genommen werden, etwas irritierend mit blauem Dreieck markiert. Nachdem man die Straße wieder erreicht hat, geht es immer am Nucşoara-Bach bergauf. Nach 10-15 min links ein Abzweig zum Wasserfall Lolaia. Weiter oben im Tal kommt man an einer Baustelle vorbei, deren Aussehen an aufgegebene Goldgräberstädte aus der Pionierzeit des amerikanischen Westens erinnert. Nach ca. einer Stunde Marsch von Cârnic aus beschreibt die Straße am Eingang des Pietrele-Tals eine scharfe Kurve. Genau in der Wegbiegung verschwindet ein Trampelpfad im Wald, durch einen halb zugewachsenen Felsblock mit der Aufschrift "spre Genţiana" und blauem Dreieck markiert.

Wer sich den Touristenrummel an der Pietrele-Baude ersparen möchte, kann hier direkt zum Refugiul Genţiana aufsteigen (Beschreibung s.u.). 50 m weiter die Straße hinauf, biegt an einer überdachten Bank der Weg zur Pietrele-Hütte links in den

Wald ab. Nach steilem Anstieg wird eine Lichtung mit dem verheißungsvollen Namen "noch 10 Minuten" ("încă zece minute") erreicht. In der angegebenen Zeitspanne läuft man auf dem Fahrweg bis zur Pietrele-Baude. (Aufstiegsroute Pietrele-Baude -Genţiana – Bucura-See, s.S. 91ff)

Die Schutzhütte Refugiul Genţiana (1670m) wird zur Zeit durch den Bergverein Petroşani auf ehrenamtlicher Basis bewirtschaftet. Die Hütte verfügt über 50 Plätze in Betten und auf Lagern, für die – egal ob Rumäne oder Ausländer – ein Einheitspreis bezahlt wird (0,25 DM). Es gibt keine Verpflegung, aber einen phantastischen Tee aus Tannennadeln, Himbeeren, Blaubeeren und Alpenrosen. Im Sommer '93 wurden gerade ein Speisesaal und ein weiterer Schlafraum angebaut; Elektrifizierung geplant. Die Hütte ist für die Einheimischen eines der letzten billigen Quartiere in den Bergen. Ihr droht aber der Verkauf an einen privaten Besitzer, weil der Bergverein Probleme hat, die Jahresmiete zu bezahlen. (1993 – 63.000 Lei = 63 DM) Bitte unterstützen sie die Bemühungen des Vereins durch eine Spende! Aufstieg zum Refugium:

Eingang Pietrele-Tal (ca.1370m) – Refugiul Genţiana (1670m), blaues Dreieck, ca. 45 min – 1 h

Ein schöner Waldpfad führt die meiste Zeit über weichen Nadelboden am wildschäumenden Pietrele-Bach aufwärts. Er wird von zwei anderen Wanderwegen gekreuzt: nach ca. 10-15 min Cabana Pietrele – Lacul Galeş, rotes Dreieck, nach weiteren 15 min Cabana Pietrele – Valea Rea, gelbes Dreieck. 10 min später vereint sich unser Pfad mit dem Weg, der von der Pietrele-Baude zum Refugiu Genţiana führt, wo wir in einer Viertelstunde eintreffen.

Wer ganz bequem bis vor die Baudentür fahren möchte, kann die Cabana Gura Zlata (775m) als Ausgangspunkt seiner Bergtour wählen. Die Baude liegt zwischen Ţarcu-Gebirge und Retezat im Râul-Mare-Tal, am Rande des wissenschaftlichen Reservats. Von hier führt nur ein Wanderweg in den Retezat, dafür ist er einer der schönsten, die es gibt. Die Gura-Zlata-Baude ist ruhiger und komfortabler als die Pietrele-Hütte, die Übernachtung im Zweibettzimmer oder einer "căsuță" billig und das Essen sehr gut.

Mit dem Auto fährt man von Hațeg aus auf der DN 68 Richtung Caransebeș, durch die Ortschaften Totești (Abzweig nach Densuș beachten – s.S. 109) und Păclișa und biegt dann links nach Cârnești ab. Der asphaltierten Straße ins Râul Mare-Tal Richtung Gura Apei folgen, durch die Dörfer Ostrov, Ostrovu Mic und Clopotiva. Ca. 2 km vor dem Ziel führt die Straße mitten durch ein Kinderferienlager. Die Gura-Zlata-Baude liegt rechts der Straße, der Wagen kann im Hof geparkt und unbesorgt einige Tage dort stehengelassen werden.

Derzeit verkehren von der Bahnstation Subcetate lediglich zwei Züge (5.12, 17.10 Uhr) in Richtung Sarmizegetusa (s.S. 111), die über Hațeg bis zur Haltestelle Cârnești Retezat 40 Minuten Fahrzeit benötigen. Von dort aus muß bis nach Gura Zlata weitergetrampt wetrden.

Auch die Busverbindungen von Hațeg bis nach Brazi am Eingang des Râul-Mare-Tals sind dünn gesät (6.20, 11.30, 16.00 Uhr, Stand 1993), bis nach Gura Zlata verkehrt angeblich kein Bus mehr. Am Abend fährt noch der sogenannte "Nutznießerbus" von der Hauptstraße im Neubaugebiet ab (Ortsausgang Richtung Simeria), der die Bauern und Arbeiter auf die Dörfer zurückbringt. (Fragen Sie jemanden: "De unde pleacă beneficiarul spre Gura Zlata?" Wahrscheinlich begleitet er Sie direkt bis dorthin.) Der Bus fährt leider nur bis zum E-Werk an der Straßengabel hinter Clopotiva und Brazi. 16 km müssen zu Fuß oder per Anhalter zurückgeklegt werden. Tagsüber finden sich immer Pferdefuhrwerke oder Lastwagen, die bis zur Baustelle des Gura-Apei-Stausees hinauffahren. (Aufstiegsroute von Gura Zlata zum Bucura-See, s.S. 98ff)

Die Baleia- und Buta-Hütte halte ich persönlich für weniger empfehlenswert.

Cabana Baleia (1410m) ist nur zu Fuß vom Dorf Hobița aus in ca. 4-5 Stunden auf einem mit blauem Dreieck markierten Weg erreichbar bzw. auf dem Forstweg durch das Tal des Râul Bărbat,

wo evtl. die Möglichkeit besteht, von einem Fahrzeug bis zum Forsthaus Murguşa mitgenommen zu werden.
Die Baude liegt auf einem Nordostausläufer des Gebirges, von wo man einen sehr langen Weg bis ins "Herz" des Retezat vor sich hat. Der Bucura-See ist nur mit großer Anstrengung an einem Tag erreichbar, die Pietrele-Baude über den Galeş-See in ca. 8 Stunden (rotes Dreieck), die Buta-Baude in 9 Stunden (blaues Dreieck).

Die Buta-Baude (1580m) empfiehlt sich eigentlich nur als Ausgangspunkt für Wanderer, die von Bukarest kommend mit dem Zug über die Strecke Filiaşi – Târgu Jiu – Petroşani anreisen. Bis nach Câmpu lui Neag verkehren Busse. Von dort ca. 6 Stunden Aufstieg bis zur Cabana, Markierung rotes Kreuz. Autofahrer müssen vor der Straße im Jiu-Tal gewarnt werden, sie ist eine der schlechtesten, die ich im Lande angetroffen habe. Von der Buta-Baude bis zum Bucura-See läuft man auf einem sehr schönen Weg ca. 4-5 Stunden.

Wanderwege

Cabana Pietrele (1480m) – Refugiul Genţiana (1670m) – Curmătura Bucurei (2206m) – Lacul Bucura (2041m), blaues Band, ca. 3 h

An der Pietrele-Hütte überquert man den Stânişoara-Bach und richtet sich am Waldrand nach dem Wegweiser "spre lacul Bucura". (Nach 200 Metern kommt man an dem Abzweig vorbei, der nach links zum Galeş-See führt und mit dem roten Dreieck markiert ist, siehe Rundweg S. 98. 10-15 min später zeigt ein mit gelbem Dreieck markierter Wegweiser den Pfad ins Valea-Rea-Tal an.) Gleich darauf wird eine Lichtung erreicht, auf der eine Rastbank steht und von wo aus bereits die Berghänge des Pietrele-Tals zu sehen sind. Nach 25-30 min, in denen auf recht steinigen Wegen durch den Wald aufgestiegen werden muß, gelangt man zur Bergwiese, auf der das Refugiul Genţiana steht (ausführlicher S. 89).

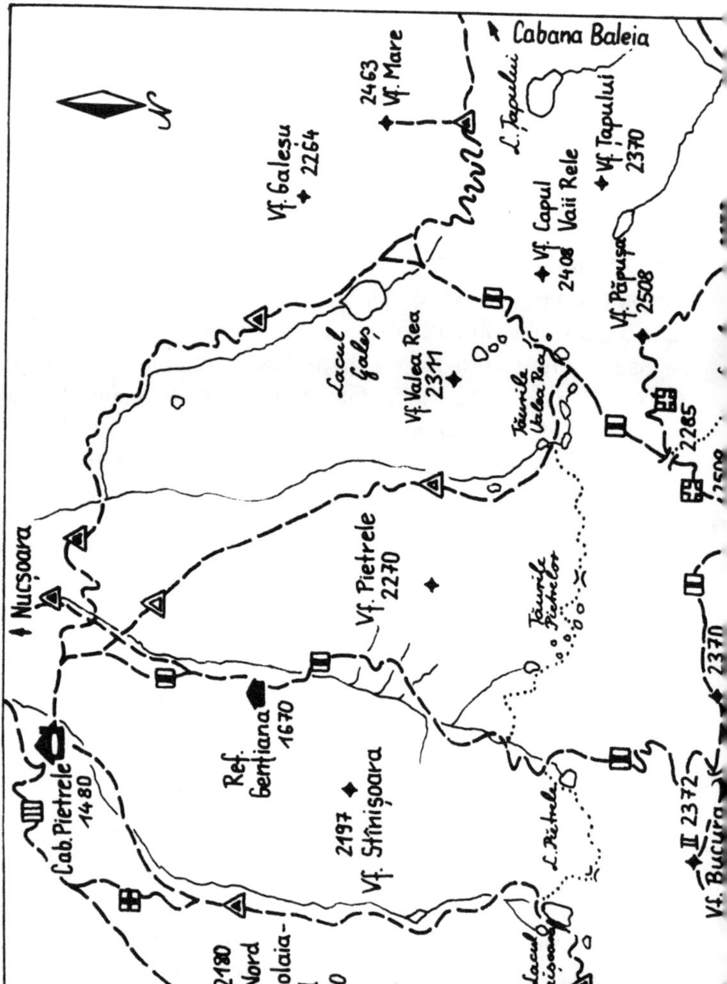

Cabana Baleia
2463 Vf. Mare
Vf. Galeșu 2264
L. Țapului
Vf. Țapului 2370
Vf. Capul Vaii Rele 2408
Vf. Păpușa 2508
Lacul Galeș
Vf. Valea Rea 2311
Nucșoara
Vf. Pietrele 2270
Ref. Gențiana 1670
Cab. Pietrele 1480
2497 Vf. Stînișoara
L. Pietrele
2285
2370
2372
Vf. Bucura
2180 Nord
Lolaia-
Sud 2270
Vf. Retezat 2482
Lacul Stînișoara
Șaua Retezat 2252

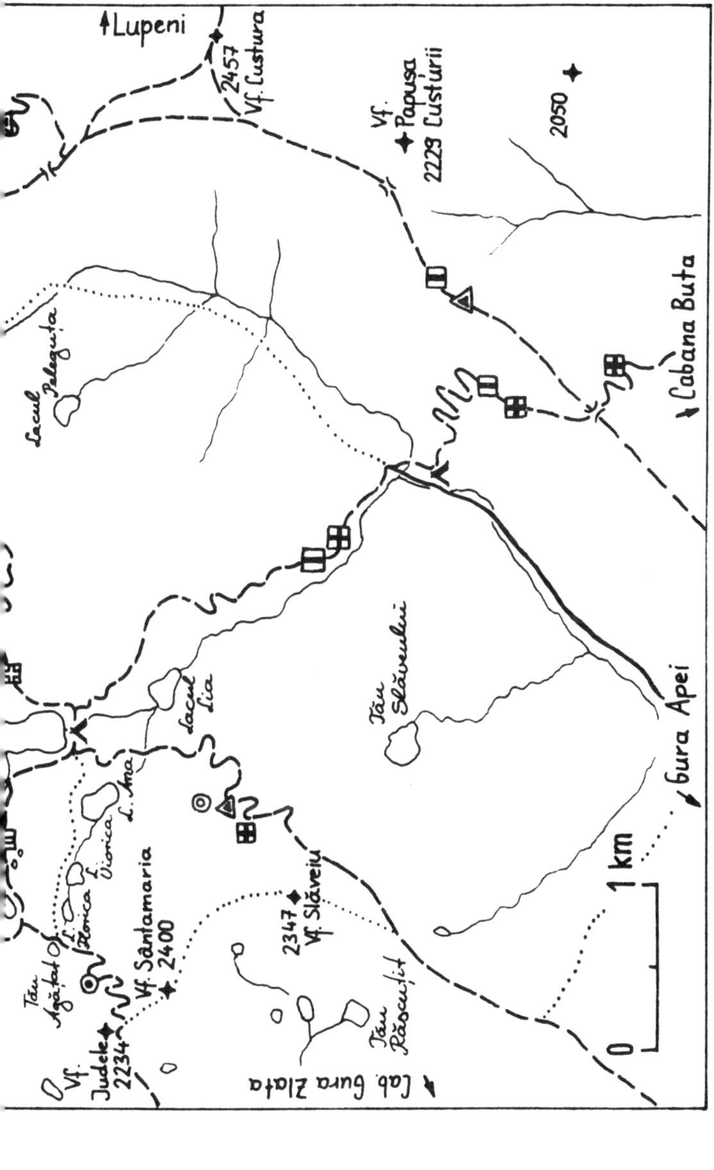
Lupeni
2457
Vf. Custura
Vf.
Papuşa
2229
Custurii
2050
Cabana Buta
Lacul Peleguţa
Tău Slăveului
Gura Apei
Lacul Lia
L. Ana
L. Viorica
L. Florica
Vf. Sântamaria
2400
2347
Vf. Slăveiu
Tău Agăţat
Vf. Judele
2234
Cab. Gura Zlata
0
1 km

Auf beiden Talseiten erheben sich jetzt die felsigen Hänge des Pietrele- und Stânişoara-Kamms, der Wald lichtet sich, und bald geht es nur noch durch die Latschenzone. Nach einer halben Stunde, in der man eine Gletscherstufe überwindet, führt der Weg an einem großen Felsblock vorbei, dem Bordu Tomii (1890m). Im Sommer liegen hier meistens Schaffelle und Decken der Hirten ausgebreitet, die sich unter dem vorspringenden Felsdach ihr Lager eingerichtet haben. Fünf Minuten von dieser Stelle entfernt, bzw. nachdem wir viermal die Bäche übersprungen haben, die über die Wiese laufen, markiert ein großer Steinhaufen auf einem Felsblock links des Weges den unmarkierten Hirtenpfad hinüber ins Valea-Rea-Tal. (Auf der Wiese sind auch weitere Steinmandl erkennbar, die im Bogen den Hang hinaufführen, wo sich der Weg deutlich in den Krüppelkiefern abzeichnet.)

Wir folgen aber weiter dem blauen Band geradeaus, über die nächste Gletscherstufe hinweg, und erreichen so den Pietrele-See (1990m). Rechts des Seeufers liegen wieder Steinhäufchen, die den Weg über den Stânişoara-Sattel ins gleichnamige Tal markieren. Über dem See erhebt sich die gewaltige Bucura-II-Nordwand, links von ihr ziehen sich die Serpentinen zum Bucura-Sattel (Curmătura Bucurei) hinauf. Die immer schönere Aussicht – besonders auf die Pyramide des Retezat-Gipfels, der jetzt hinter dem Stânişoara-Kamm auftaucht – entschädigt für den schweißtreibenden Anstieg. Noch viel beeindruckender ist aber der Blick nach Süden auf die Seen des Bucura-Kessels, den südlichen Hauptkamm und das Vâlcan-Gebirge, sobald man den Sattel erreicht hat. (Links von uns führt der mit rotem Band markierte Kammweg über den Custura Bucurei-Gipfel in 1-1½ Stunden zum Peleaga-Gipfel und in 9-10 Stunden zur Cabana Baleia, nach rechts über die beiden Bucura-Gipfel in 2 Stunden zur Retezat-Spitze oder in 9-10 Stunden zur Cabana Gura Zlata.)

Der Abstieg zum Südufer des Bucura-Sees wird in einer halben Stunde bewältigt. (Fortsetzung der Wanderung siehe Abschnitt "Touren vom Bucura-See" S. 103ff)

Rundweg Cabana Pietrele (1480m) – Stânişoara-Tal – Vf. Retezat (2482m), blaues Dreieck – Muchia Lolaia – Cabana Pietrele, gelbes Band, blaues Kreuz, 6-6½ h

So schön der Weg durch das Stânişoara-Tal und der Aufstieg auf den Retezat-Gipfel sind, so ermüdend ist die anschließende Felskletterei auf dem geröllübersäten Lolaia-Kamm. Das Gipfelpanorama von der Retezat-Spitze lohnt die Mühe aber allemal.

Von der Pietrele-Baude aus läuft man das Tal des Stânişoara-Baches durch dichten Nadelwald hinauf bis zur Latschenzone und zu den Stânişoara-Seen (1990m), die im letzten Gletscherkessel unterhalb von Bucura- und Retezat-Gipfel liegen. Über den Bergsattel Şaua Retezat (2251m) wird zum Vârful Retezat aufgestiegen, stellenweise muß über große Felsblöcke geklettert werden. Nach 3-3 ½ Stunden Wegzeit kann eine der schönsten Aussichten auf die drei größten Gipfel des Gebirges östlich von uns genossen werden – von links nach rechts: Vf. Mare – Păpuşa – Peleaga. Südwestlich liegt das Biosphärenreservat in dem der Gemenele-See glitzert und der Schwarze See (Tău Negru) zu sehen ist. Außerdem kann man von hier aus fast die gesamte Aufstiegsroute von der Gura-Zlata-Baude zum Bucura-See verfolgen.

Im Abstieg vom Retezat-Gipfel nach Norden in den Lolaia-Sattel orientieren wir uns am gelben Band und an Steinhaufen. Markierungen tauchen nur noch spärlich auf. Über die Lolaia-Süd- (2275m) und Nordspitze (2180m) läuft man bis in einen Sattel, wo die Markierung blaues Kreuz in das Stânişoara-Tal hinunterführt. Die Rückkehr zur Pietrele-Baude ist sowohl über diesen Pfad als auch über die gelbe Bandmarkierung weiter geradeaus in einer Stunde möglich.

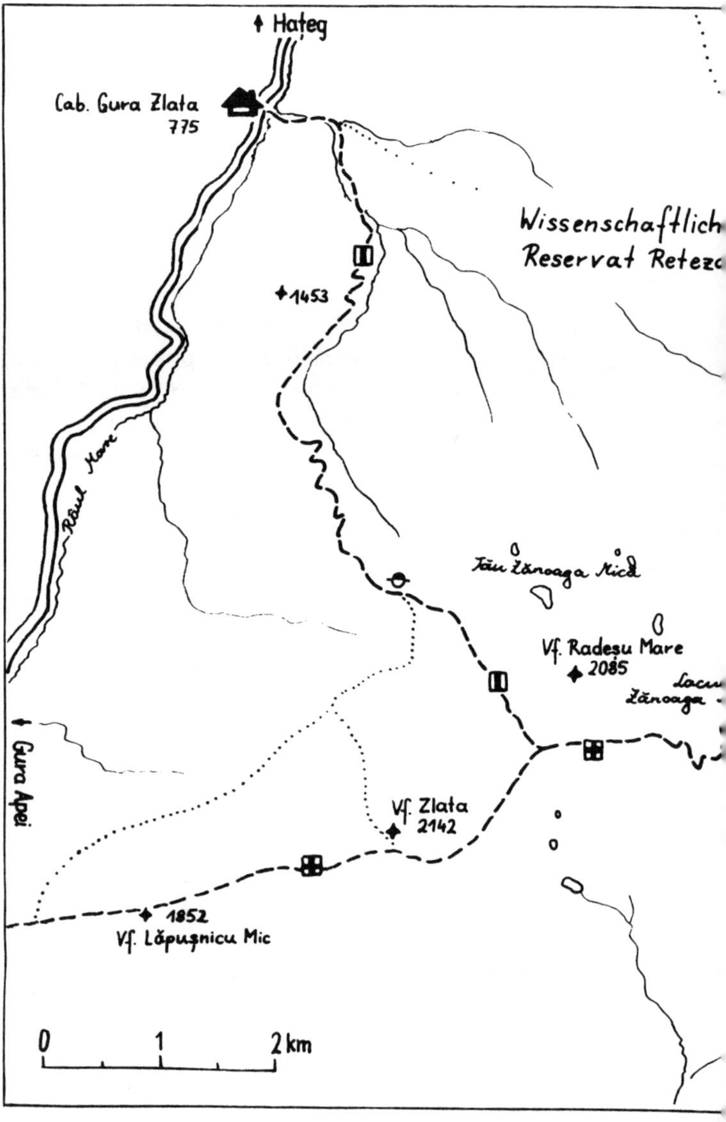
Haţeg
Cab. Gura Zlata
775
Wissenschaftlich
Reservat Retez
1453
Râul Mare
Tău Zănoaga Mică
Vf. Radeşu Mare
2085
Zănoaga
Gura Apei
Vf. Zlata
2142
1852
Vf. Lăpuşnicu Mic
0
1
2 km

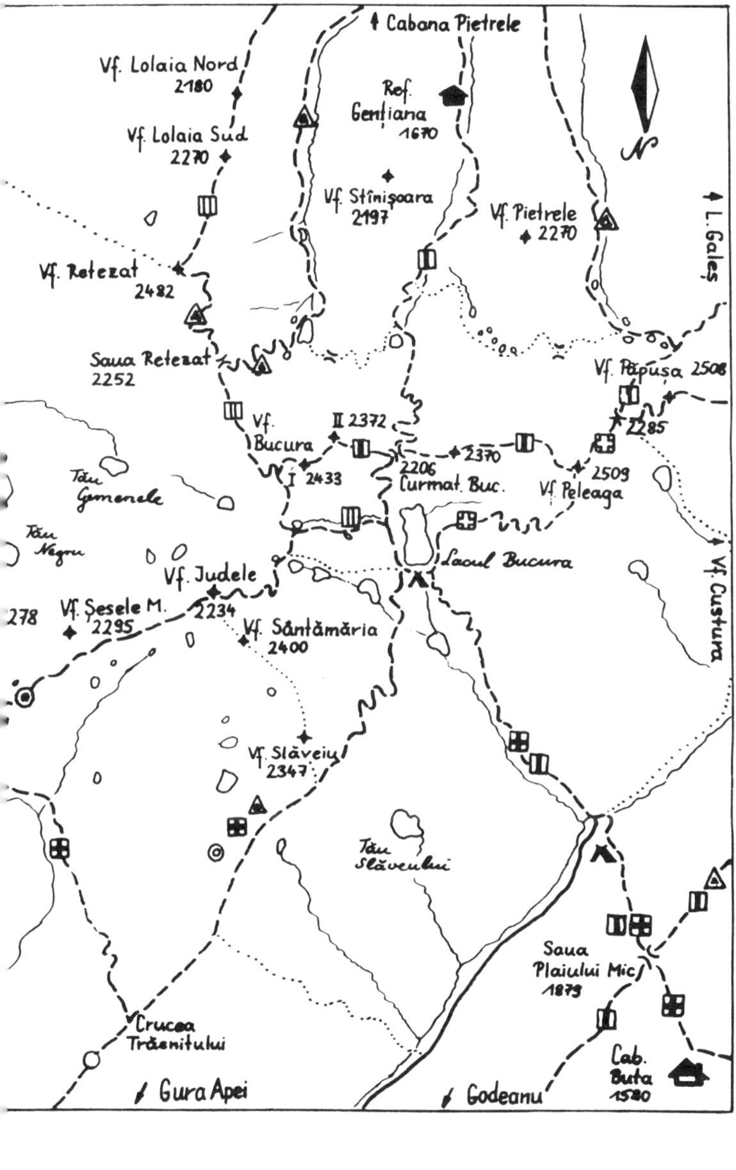
Cabana Pietrele
Vf. Lolaia Nord
2180
Ref. Gentiana
1670
Vf. Lolaia Sud
2270
Vf. Stînişoara
2197
Vf. Pietrele
2270
L. Gales
Vf. Retezat
2482
Saua Retezat
2252
Vf. Păpuşa 2508
2285
Vf. Bucura
2372
2433
2206
Curmat. Buc.
2370
2509
Vf. Peleaga
Tău Gemenele
Tău Negru
Lacul Bucura
Vf. Custura
Vf. Judele
2234
278
Vf. Şesele M.
2295
Vf. Sântămăria
2400
Vf. Slăveiu
2347
Tău Slăveului
Saua Plaiului Mic
1879
Crucea Trăsnitului
Cab. Buta
1580
Gura Apei
Godeanu

Rundweg Cabana Pietrele (1480m) – Lacul Galeșu (2040m), rotes Dreieck – Șaua Zănoagele Galeșului (ca.2240m) – Valea Rea, rotes Band – Cabana Pietrele , gelbes Dreieck, 9 h

Auf dieser Tälerwanderung werden wir einen der schönsten Seen im Galeș-Tal und die gewaltigste Felsenödnis des gesamten Retezat in der Valea Rea (Schlechtes Tal) besichtigen.

Bis zum Galeș-See läuft man 2½-3 Stunden, überwiegend durch den Wald über den Pietrele-Ausläufer und am Taleingang der Valea Rea vorbei, bis über den Latschenkiefern der Blick auf die Păpușa, Porțiile Inchise und den Vârful Mare-Gipfel freiwird. – Der Vârful Mare, 2463 m, kann vom Ufer des Galeș-Sees aus in 3½ – 4 Stunden, Hin- und Rückweg, bestiegen werden, allerdings sollte man dann durch das Galeș-Tal zur Pietrele-Baude zurückkehren, da der Weg durch die Valea Rea zuviel Zeit in Anspruch nehmen würde.

Die Markierung rotes Band führt vom Lacu Galeșu über den Sattel Zănaoagele Galeșului zu den sieben kleinen Seen, die in der Geröllwüste der Valea Rea fast "untergehen". Während das rote Band zum Peleaga-Sattel abbiegt, müssen wir dem gelben Dreieck durch den Talkessel wieder hinunter in den Wald und zurück zur Pietrele-Baude folgen.

Cabana Gura Zlata (775m) – Platoul Radeș-Zlata (ca.2040m), rotes Band, (rotes Dreieck – alte Markierung) – Tău Zănoaga Mare (1997m), blaues Kreuz – Șaua Judele (2370m) – Tău Porții (2260m), roter Punkt – Lacul Bucura (2041m), gelbes Band, 7-8 h

Der Weg ist sicherlich eine der schönsten Routen durch den Retezat, zeichnet sich aber durch sehr spärliche Markierung aus und verlangt etwas Orientierungsvermögen.

Direkt gegenüber der Cabana Gura Zlata balanciert man auf einem schmalen Steg über den rauschenden Râul Barbat und erreicht nach ein paar hundert Metern Trampelpfad durch den Wald den Fahrweg, der an einigen Akademie-Unterkünften vorbei zum Forsthaus führt. Durch ein großes Holztor neben dem Gebäude betritt man den Nationalpark, folgt dem Waldpfad über eine massive Brücke, die den Zlata-Bach überquert, und betritt nach wenigen Metern eine große Wiese.

Am Waldrand weist ein Schild nach links in das wissenschaftliche Reservat der Akademie. Wer das Naturschutzgebiet besuchen möchte, benötigt eine Erlaubnis des Försters, die nur an eine begrenzte Personenzahl pro Jahr ausgeteilt wird. Der Weg ist nicht markiert, und ohne ausgesprochen wissenschaftliches Interesse sollte man sich an den Normalweg halten. Dieser führt nach rechts in das Tal des Radeşu Mare, der in der nächsten Viertelstunde ein paarmal überquert wird. Markierungen sehr spärlich! An einer Stelle, wo mehrere Baumstämme über dem Bach liegen, so daß einem ohnehin die Lust vergeht, weiter geradeaus zu laufen, vollzieht der Weg am gegenüberliegenden Hang eine scharfe Kurve und steigt von nun an kontinuierlich rechts des Baches den Osthang des Cioaca Porumbelului hinauf. Auch hier wenig Markierungen, der Pfad ist aber gut ausgetreten. Nach 30-40 min überqueren wir eine Lichtung, der Bach ist jetzt nur noch tief unter uns im Tal zu hören. Laubwald geht hier in finstere Fichtenbestände über und der Weg schlängelt sich immer steiler den Berg hinauf.

Ca. 1½ Stunden nach unserem Abmarsch von Gura Zlata gelangen wir endlich auf den ersten Bergkamm in der Nähe des Radeşul Mic. Eine kleine Lichtung, auf der ein Markierungspfahl steht, bietet sich als Rastplatz an. Der Weg verläuft eine Zeitlang auf dem Kamm, wechselt dann auf den linken Hang, wo er sich nach 20-25 min in einer Kurve nocheinmal dem Bach nähert, zu dem man absteigen sollte, wenn man zum letzten Mal für die nächsten Stunden die Wasserflasche auffüllen möchte. Nach 30 min quert der Pfad an einem Orientierungspfahl wieder auf den Westhang und nach einer weiteren halben Stunde haben wir die Baumgrenze erreicht. Dem strengen Geruch folgend, gelangt man zu einer halbverfallenen "stâna", die aber bei schlechtem Wetter noch guten Unterschlupf bieten kann (ca. 2½-3 h seit Abmarsch von Gura Zlata). Im Südwesten liegt der weite Talkessel, in dem der Gura-Apei-Stausee entsteht, umgeben von den

[redacted]

kahlen Höhenzügen des Ţarcu und Godeanu. Der uns am nächsten liegende Berg, der dieses Panorama zur Linken begrenzt und dessen Nordwesthänge zu einem runden Geröllbuckel aufsteigen, ist der Zlata-Gipfel (2142m). Drehen wir uns um, sehen wir jenseits der Wiese im Nordosten den Retezat-Gipfel (2482m) aufragen.

Der Weg führt nun in der Mitte des breiten Südwesthangs des Radeşu Mare (2085m) bergauf. Eine Gegend die zum Verirren im Nebel "einlädt" – Kompaßbesitzer Richtung SO/SSO, ca. 140° halten. Alle 150-200 m steht eine Markierungsstange in den Latschen. Man sollte darauf achten, nicht dem schönen ausgetretenen Weg zu folgen, der uns immer weiter in den Schuttkessel unter dem Zlata-Gipfel führen würde. Wer unmittelbar an einem Holz- und Metallkreuz vorbeikommt, muß sich bereits wieder etwas weiter links halten. Nach ca. 30 min Aufstieg erreichen wir auf dem weiten Radeş-Zlata-Plateau die traurigen Überreste eines Wegweisers.

Wir laufen genau Richtung Osten 90° und versuchen den Trampelpfad zu finden, der von nun an mit blauem Kreuz markiert ist. Mit etwas Glück entdeckt man die Steine auf der Wiese, an denen blaue oder rote Farbreste erhalten sind. Im Südosten leuchten die Kalkfelsen des Kleinen Retezat, an den sich im Süden das Godeanu-Gebirge anschließt. Links des Kleinen Retezat ist im Dunst der Oslea-Kamm erkennbar. Nach einer Stunde Marsch vom Wegweiser aus steht man am Rand des Hochplateaus und blickt auf die Wasserfläche des tiefsten Karpatensees hinab, auf den Tău Zănoaga Mare (1997m, 29m tief, 6,50 ha). 15-20 min Abstieg zum See (Abzweig Bucura-See durch das Slăveiu-Massiv, blaues Kreuz, 4-4½ h , weniger empfehlenswert).

Am gegenüberliegenden Ufer steht eine "stâna", rechts daneben erkennt man sehr gut den auf einige Felsblöcke gemalten roten Punkt. Markierung und Steinmandln folgend, steigt man den Hang des Şesele Mari (2295m) hinauf, immer das sich im Osten ausdehnende Massiv Sântămăria (2400m) – Slăveiu

(2347m) anpeilend. Auf dem Kammweg zwischen Şesele Mari und Bârlea (2338m) bieten sich schöne Ausblicke nach Norden zum Retezat-Gipfel.und nach Westen in das Biosphärenreservat, auf dessen Grenze wir hier laufen. Eine Stunde nach Abmarsch vom Zănoaga-See genießt man im Judele-Sattel (2370m) eines der schönsten Retezat-Panoramen. Zur Linken und uns am nächsten liegend, ragen der Felsklotz des Judele (2334m) und der kleinere Turnul Porţii (auch als Jandarmul Judelui bezeichnet). Dahinter erheben sich im Norden die massigen Bucura-Gipfel (2433m und 2372m) die Richtung Osten in den Bucura-Sattel (2206m) abfallen, aus dem sich der Grat zur Custura Bucurei (2370m) aufschwingt. Nach den Zacken der Colţii Pelegii folgt die Peleaga (2509m) – höchster Gipfel des Gebirges. Hinter der Custura Bucurei kann man in der Ferne den Gipfel des Vârful Mare (2463m) erkennen, hinter dem langen nach Süden abfallenden Peleaga-Grat liegt im Osten die Custura (2457m). Durch den Turnul Porţii halb verdeckt, sieht man auf den Tău Porţii. Direkt unter uns zieht sich die Seenkette Lacul Florica, Viorica und Ana vorbei zum Bucura-See.

Der folgende Abstieg durch die Steilwand des Judele-Gipfels gehört mit zu den "alpinsten" Strecken des Retezat, ist aber trotzdem harmlos. Nach 20 min stehen wir am Ufer des kleinen Tău Agăţat (2208m), von dem ein unmarkierter Pfad an den Seen hinunter zum Bucura-See führt. Geradeaus erreicht man nach kurzem Aufstieg in 20 min den düsteren Tău Porţii und folgt von dort aus der gelben Bandmarkierung in einer halben Stunde zum Bucura-See.

Wanderungen vom Bucura-See aus

Die meisten Wanderer bevorzugen das Südufer des Bucura-Sees als "Basislager" für ihre Touren. Im Hochsommer gruppieren sich in der Regel täglich 10-30 Zelte um ein Schild, das mehrsprachig das Campen untersagt. Da die Bergwächter der kleinen

Salvamont-Hütte dies stillschweigend dulden, am Hang ein "WC" und ein "Loc pentru gunoi" (Müllplatz) eingerichtet wurden, gehe ich davon aus, daß sich die Nationalparksverwaltung der Hartnäckigkeit der Touristen ergeben hat. In Rumänien wird oft noch ein recht "sorgloser" Umgang mit der Natur gepflegt, man sollte hier als Ausländer mit gutem Beispiel vorangehen, tatsächlich nur das dafür vorgesehene Örtchen für seine Notdurft benutzen, sich am Seeufer oder an den Bächen ohne Seife waschen, auf das abendliche Lagerfeuer verzichten oder nur abgestorbenes Holz verwenden, das zwischen den Latschen liegt, und vor allem seinen Müll mit hinunter ins Tal schleppen.

Da die Weg- und Markierungssituation in der Kammregion relativ übersichtlich ist, werden die folgenden Tourenvorschläge in aller Kürze beschrieben:

Lacul Bucura (2041m) – Vf. Peleaga (2509m), blaues Band, rotes Band, 2-2½ h

"Standardroute" über den Bucura-Sattel (2205m) zwischen Bucura-Kessel und Pietrele-Tal. Ab dem Sattel folgt man dem Grat über die Custura Bucurei und Colţii Pelegii bis zum höchsten Gipfel des Retezat.

Alternative: gelbes Kreuz, 1½ h. Weniger begangen und landschaftlich etwas abwechslungsreicher ist der Weg, der am östlichen Seeufer entlangführt und durch das kleine Valea Berbecilor (Widdertal) ins Peleaga-Kar und von dort zum Gipfel hinaufführt.

Gipfelblick von der Peleaga: Unter uns im Süden das Bucura-Tal, umgeben von Slaveiu (2347m), Sânta Maria (2400m), Judele (2398m), Bucura I und II (2433m, 2372m). Nördlich, der Bucura-Gruppe vorgelagert, der Retezat-Gipfel (2482m). Vom Bucura-II-Gipfel zweigt der Stânişoara-Kamm nach Norden ab, vom Capul Pietrelor (2425m) der Pietrele-Kamm. Unterhalb der Peleaga dehnt sich der riesige Valea-Rea-Kessel mit seinen sieben Seen aus, begrenzt durch den gleichnamigen Kamm, der ihn vom Galeş-Tal trennt, über welchem sich der imposante Vârful Mare (2463m) erhebt. Im Nordosten, uns am nächsten, die bis zum

Gipfel mit Geröll bedeckte Păpuşa (2508m), ihr zu Füßen, der grüne Tău Peleaga. Nach Südosten schließt sich ein schmaler Grat an, der über die Păpuşa Mică (2370m) zum Custura-Gipfel (2457m) führt und den nördlichen mit dem südlichen Hauptkamm verbindet. Letzterer kulminiert in den Kalkgipfeln Piatra Iorgovanului (2014m) und Stanuleţii Mari (2025m) im Kleinen Retezat. Dahinter sind das Oslea-Massiv, Vâlcan-Gebirge und im Süden das Godeanu-Massiv zu erkennen.

Vârful Peleaga (2509m) – Vârful Păpuşa (2508m) – Vârful Custura (2457m), gelbes Kreuz, blaues Dreieck – Şaua Plaiul Mic (1879m), rotes Band – Lacul Bucura (2041m), rotes Kreuz, 5-6 h
Anstrengende Tour mit großen Höhenunterschieden, aber wunderbaren Gebirgspanoramen.

Viertelstündiger Abstieg in den Sattel Şaua Pelegii (2285m) zwischen Peleaga und Păpuşa. (Abstiegsmöglichkeit über das rote Band ins Valea-Rea-Tal und zur Pietrele-Baude in 3½-4 h möglich.)

Dem gelben Kreuz folgend auf die Păpuşa aufsteigen. (Vom Gipfel führt ein unmarkierter Weg über die Porţiile Inchise ins Galeş-Tal. Wegen starker Bodenerosion und Absturzgefahr nicht empfehlenswert!)

Es folgt eine lange Gratwanderung über die Păpuşa Mică (2370m) in den Sattel Fereastra Custurii (2251m), wo die Markierung blaues Dreieck, von der Baleia-Hütte kommend, auf dem Kamm eintrifft. (Abstieg zur Baleia-Baude in 6-6½ h).

Die Gesamtdauer des Weges von der Peleaga bis zur Custura liegt bei ca. 2½ Stunden. Der Custura-Gipfel kann aber auch bei Schlechtwetter oder Zeitnot über die blaue Dreiecksmarkierung umgangen werden. Abstieg zum Plaiul-Mic-Sattel (1879m) auf der roten Bandmarkierung in einer Stunde.

Von hier aus präsentiert sich der Retezat wahrscheinlich von seiner eindrucksvollsten Seite.

(Der Sattel ist Treffpunkt mehrerer Wanderwege. Die Markierung rotes Kreuz führt in 45 min hinunter zur Buta-Baude, das rote Band weiter Richtung Süden in den Kleinen Retezat, zur Piatra Iorgovanului in 4 Stunden. Für die ganz harten Bergfreaks findet sich hier auch der aufmunternde Hinweis zur großen Godeanu – Cernatal – Durchquerung: Băile Herculane, 40 – 45 h.)

Das rote Kreuz wird beim Abstieg ins Peleaga-Tal von der alten Markierung blaues Band begleitet. Nach 20 min kreuzt endlich wieder ein Bach unseren Weg. Von hier noch 15 min bis hinunter zum Camping Poiana Pelegei (1500m). (Links führt ein Forstweg durch das Tal des Lăpuşnicul Mare zur Bachaue Lunca Berhina, 3 h und über Gura Apei zur Cabana Gura Zlata, 10-11 h, wenig empfehlenswert).

Der Bach wird überquert und am anderen Ufer über eine große Waldwiese in den Bucura-Kessel hinaufgestiegen. Der Weg schlängelt sich durch dunklen Fichtenwald entlang dem Bucura-Bach, überquert mehrere Felsstufen oberhalb des Lia-Sees und erreicht den Bucura-See nach etwa einer Stunde.

Lacul Bucura (2041m) – Vârful Slăveiu (2347m) – Crucea Trăsnitului (ca.2000m), gelber Punkt – Tău Zănoaga Mare (1997m), blaues Kreuz, 4-4½ h

Wanderung mit besonders schönen Ausblicken auf den Kleinen Retezat und das Tal von Gura Apei. Auf der Wiese am Südwestzipfel des Bucura-Sees stehen zwei Pfähle, zwischen denen ein unmarkierter Pfad zum Viorica-, Florica- und Agățat-See hinaufführt, während der mit drei Markierungen bezeichnete Weg Richtung Slăveiu die Gletscherstufe zum Ana-See absteigt. Der gelbe Punkt ist am besten erhalten und alterniert mit blauem Kreuz und rotem Dreieck. Bis zum Ana-See 20 min Weg, von dort steiler Anstieg zum Sattel La Pintenul Slăveiului und Durchquerung des Slăveiu-Massivs bis zur Wegkreuzung Crucea Trăsnitului, wo ein Weg ins Lăpuşnicul-Mare-Tal hinunterführt, während wir bis auf ca.1600 m zum Bachlauf des Judele absteigen müssen. Von dort dem Zănoaga-Bach bis hinauf zum See folgen. Die Rückkehr zum Bucura-See empfiehlt sich über den Judele-Sattel, Markierung roter Punkt, 2½ h (siehe Beschreibung S. 98ff).

Lacul Bucura (2041m) – Tău Porții (2260m) – Vârful Retezat (2482m), gelbes Band, blaues Dreieck – Vârful Bucura I (2431m) – Curmătura Bucurei (2206m), rotes Band – Lacul Bucura, blaues Band, 4½-5 h

Der Weg bezieht seinen Reiz besonders durch die wilde Felsgegend am Tău Porții, die Einblicke in das Biosphärenreservat und die Gipfelpanoramen von Retezat und Bucura. Am Westufer des Bucura-Sees entlang und dann den Markierungsstangen und gelbem Band bis zum Tău Porții folgen. (Abzweig Lacul Zănoaga Mare, roter Punkt, 2-2½ Stunden). Zum Bucura-Grat steigt man in einer halben bis Dreiviertelstunde auf . Der Weg zum Retezat-Sattel verläuft oberhalb des wissenschaftlichen Reservats durch eine brüchige Steilwand und verlangt Aufmerksamkeit. (Vom Retezat-Sattel Abstieg zur Pietrele-Hütte über blaues Dreieck in 2½-3 h möglich). Der Retezat-Gipfel wird in einer weiteren halben Stunde bestiegen, zum Bucura-I-Gipfel muß auf dem gleichen Weg zurückgekehrt werden (ca. eine Stunde). Über den Bucura-II-Gipfel und den Bucura-Sattel gelangt man in ca.1½ Stunden zurück zum See.

Vom Mittelalter bis in die Antike – Sehenswürdigkeiten im Retezat-Vorland

Bei der Anreise in den Retezat sollte man sich einige Baudenkmäler nicht entgehen lassen, von denen jedes seinen ganz besonderen Reiz hat:

Hunedoara

Von der Stadt aus, die dem Bezirk ihren Namen gegeben hat, dürfte der Retezat wohl selten zu sehen sein, obwohl die Entfernung keine 40 km beträgt. Dafür kann man an schönen Tagen von einem Gebirgsgipfel aus die Lage von Hunedoara mit einem Blick entdecken: eine rostrote Wolke schwebt am blauen Himmel. Der Reichtum der Region an Bodenschätzen, besonders an Eisenerzen, hatte zur Folge, daß Hunedoara in der Nachkriegszeit zu einem der gewaltigsten Hüttenzentren Rumäniens ausgebaut wurde. So bietet sich dem Reisenden eine wirklich märchenhafte Szenerie, wenn auch in recht makaberem Sinn: Eine Stadt und das über ihr liegende Schloß werden durch ein riesiges fauchendes, rotbraunen Ruß und Qualm ausspeiendes Monstrum bedroht. (Der Held, der diese Umweltkatastrophe beseitigt, läßt leider auf sich warten.)

Schloß Hunedora ist im Laufe seiner Geschichte mehrfach umgebaut worden und präsentiert sich heute als ein malerisches Stilgemisch aus Gotik, Renaissance und Barock. Nachdem das "Castrum" am 18.10.1409 der Familie Hunyadi durch den ungarischen König Sigismund von Luxemburg für treue Dienste gegenüber der ungarischen Krone geschenkt wurde, begann Iancu de Hunedoara nach 1441 die Wehranlagen zum Schutz gegen die Türkeneinfälle zu erweitern. Der Ausbau zur Festung wurde aber 1446 gestoppt, weil man einsehen mußte, daß der rasanten Entwicklung der Kriegstechnik und der immer größeren Reichweite und Zerstörungskraft der Schußwaffen architektonisch nichts mehr entgegenzusetzen war. Nun baute man die Festung in ein Residenzschloß um, es entstanden die noch heute zu besichtigende Schloßkapelle und der Wohntrakt mit dem Rittersaal im Erdgeschoß und dem darüberliegenden Landtagssaal. Der nächste namhafte Besitzer hieß Matthias Corvinus, König von Ungarn (1456-1490), der das Schloß von seinem Vater 1456 erbte und den Nordflügel errichten ließ. Nach mehrmaligem Eigentümerwechsel erfolgte ein weiterer radikaler Umbau ab 1618 durch den transsilvanischen Fürsten Gabriel Bethlen. Auch die Bauherren des 19. Jahrhunderts blieben nicht untätig. Ihre architektonischen Zugaben wurden aber in den 50er Jahren durch eine Restaurierung beseitigt.

Sehenswert ist auch die in der Nähe des Schlosses gelegene orthodoxe Nikolauskirche (Sf. Nicolae) aus dem 15. Jh. und ihre kostbaren Innenmalereien.

Nach Hunedoara gelangt man über die Straße, die zwischen dem Munizipium Deva und Simeria nach Süden abzweigt, bzw. in einer halben Stunde mit dem mehrmals täglich ab Simeria verkehrenden Zug.

Strei

Auf einer gut befahrbaren Nebenstraße fährt man von Hunedoara nach Călan, durch das die E 79 Richtung Retezat führt. Auch hier quillt infernalischer Dreck aus den Hochöfen einer Hüttenanlage. Man sollte trotzdem nicht zu schnell weitereilen, denn im Vorort Strei gibt es rechts der Straße, hinter Dorfhäusern und Obstgärten versteckt, eine kleine Kirche aus dem 13. Jahrhundert zu besichtigen. Bis zur Turmspitze hinauf wurde das Bauwerk aus Bruchsteinen errichtet. Denkmalschutz war im Mittelalter noch unbekannt, und so verwendete man auch Hausteine und Ziegel, die von den Erbauern aus den römischen Ruinen der Umgebung herbeigeschleppt wurden. Im Inneren beherbergt das Kirchlein einige der wertvollsten mittelalterlichen Wandmalereien des Landes mit eklektischem Charakter. Die Künstler, welche die sehr lebendigen Heiligendarstellungen schufen, müssen außer der byzantinisch-orthodoxen Schule auch provinzielle süditalienische Malweisen des späten 14. Jahrhunderts gekannt haben.

Mit dem Zug von Simeria kommend, muß man nach einer halben Stunde in Călan aussteigen.

Densuş

Wer gerne das seltsame Bauwerk im Original betrachten möchte, das auf der Rückseite des 5000 Lei Scheins neben dem Burgtor von Alba Iulia abgebildet ist, muß nach Densuş fahren. Schon aus der Ferne sieht man über dem Ort den hohen Kirchturm aufragen, der mit seinem Pyramidenhelm und Zick-Zack-Fries ein wenig dem der Kirche von Strei ähnelt. Nähern wir uns aber den Mauern über den Friedhof, drängt sich der Gedanke auf, daß hier ein Friedensreich Hundertwasser des 13. Jahrhunderts gebaut

Densuş – mittelalterlicher „Raub-Bau"

haben könnte. Fast spielerisch scheint die Kirche "zusammengewürfelt" zu sein, dank der beträchtlichen Anzahl von Quadern, Säulenbruchstücken und Altarfragmenten, die von der Hauptstadt der römischen Prvinz Dazien, der Ulpia Traiana, hierherbefördert und verbaut wurden. Auf manchen Steinen sind die lateinischen Inschriften noch gut lesbar; das Dach der Apsis schmücken zwei weiße Löwen. Auch in Densuş sollte man versuchen, einen freundlichen Menschen zu finden, der die Kirche aufschließt. Die wertvollen Fresken wurden im 15.Jh. durch einen Meister Ştefan angefertigt und ähneln Vorbildern in der berühmten Fürstenkirche Sfântul Nicolae in Curtea de Argeş südlich des Făgăraş-Gebirges (s.S. 190f).

Densuş ist über die sehr gute Landstraße direkt von Haţeg oder dem Dorf Toteşti an der DN 68 Richtung Caransebeş erreichbar.

Sarmizegetusa

"Nichts ist wertvoller als die Erde der Vorväter", verkündet ein rotes Blechschild vor den Ausgrabungsstätten von Sarmizegetusa und soll den rumänischen Besucher daran erinnern, daß er sich hier an einem für seine nationale Identität bedeutsamen Ort befindet. Rumänische Historiker datieren den Beginn der "Ethnogenese" ihres Volkes auf das Jahr 106 n. Chr., als römische Truppen das Dakerreich und dessen Hauptstadt einnahmen. Diese hieß Sarmizegetusa und lag im nahen Şureanu-Gebirge. Die Ruinen, die dem kleinen Dorf an der Landstraße zwischen Haţeg und Caransebeş seinen Namen gegeben haben, sind dagegen Überreste der zwischen 108-110 n.Chr. gegründeten römischen Provinzhauptstadt Colonia Ulpia Traiana Sarmizegetusa, wie sie um 117 n.Chr. von Kaiser Hadrian benannt wurde – in Erinnerung an den Namen der alten dakischen Hauptstadt. Nach dem Rückzug der Römer aus ihrer Provinz unter Kaiser Aurelian (271 n.Chr.) verfiel die Stadt und wurde in den folgenden Jahrhunderten als Baumaterial geplündert.

Was heute noch zu besichtigen ist, sind die am besten erhaltenen Mauern des Amphitheaters, die davor liegende Gladiatorenschule und der Nemesis-Tempel. Links vom Parkplatz der "Templul lui liber Pater" und das Heiligtum der Götter Aesculap und Hygia. Weiter im Süden sieht man die Überreste einer Glasbläserei, des Silvanus-Tempels und des Großen Tempels. Wer sich ausführlicher über die Ausgrabungen informieren möchte, kann die Ausstellung des archäologischen Museums auf der gegenüberliegenden Straßenseite besuchen (tägl. 10 – 18.00 Uhr).

Sarmizegetusa liegt an der DN 68 Richtung Caransebeş, 7 km hinter dem Dorf Cârneşti, in dem die Straße zur Gura-Zlata-Baude abzweigt. Die Züge von Subcetate bzw. Haţeg verkehren zu Uhrzeiten, in denen das Museum noch nicht geöffnet oder bereits geschlossen hat. Empfehlenswerter sind die Busverbindungen ab Haţeg.

Sântămăria Orlea

Gleich im ersten Haţeger Vorort Richtung Petroşani liegt links neben der Straße die reformierte Kirche. Der Bau stammt aus der 2. Hälfte des 13. Jahrhunderts, seine Pyramidenspitze wurde leider durch Dreiecksgiebel und ein Helmdach ersetzt. Prächtige byzantinische Wandmalereien warten im Inneren auf die Bewunderung des kunstbeflissenen Reisenden.

Valea Jiului

Keine Sehenswürdigkeiten im klassischen Sinne sind die zwischen Retezat und Parâng gelegene Bergarbeiterstadt Petroşani und das Jiu-Tal – das größte Kohlerevier des Landes. Es ist der zweifelhafte "Verdienst" seiner Kumpel, daß Rumäniens Negativ-Image im Ausland auch nach 1989 gefestigt wurde. Zweimal ließ Präsident Iliescu die Bergleute nach Bukarest rufen, um unter der Parole "Wir denken nicht! Wir arbeiten!" die Studentendemonstrationen in der Hauptstadt gewaltsam aufzulösen. Es wird aber auch immer wieder behauptet, viele der "Bergarbeiter" hätten nach ihrem Schlägereinsatz ihre Grubenuniform ausgezogen und seien wieder an ihre Arbeitsplätze in den Büros und Kasernen des Geheimdienstes untergetaucht. Das Verhältnis zwischen dem Präsidenten und dem Anführer im Jiu-Tal – Miron Cosma – hat sich aber spätestens 1993 zu einer Kraft- und Machtprobe entwickelt. Die höheren Löhne, die bei Streikaktionen gefordert wurden, konnte die Regierung – selbst wenn sie gewollt hätte – nicht zahlen. Die Kumpel gehören bereits zu Rumäniens Spitzenverdienern, auch wenn ihre Wohngegend kaum danach aussieht. Wer sich – frei von aller Sensationslüsternheit – ein Bild von den Lebensbedingungen der Bergleute machen möchte, sollte einen Abstecher wagen. Petroşani kann außerdem als Ausgangspunkt für eine Durchquerung des Parâng-Massivs gewählt werden oder als Durchreisestation auf dem Weg ins 55 km entfernte Târgu Jiu, wo der berühmte Skulpturenpark Constantin Brâncuşis zu besichtigen ist.

Unterwegs zu den siebenbürgischen Wehrkirchen

"Ein feste Burg ist unser Gott..." – Hätte Martin Luther Siebenbürgen bereist, wäre ihm wohl spätestens hier diese Liedzeile eingefallen. In kaum einer anderen Weltgegend sind so viele Sakralbauten zu besichtigen, die zu kleinen Festungen ausgebaut wurden. Wohl ca.150 von einst 300 Kirchenburgen sind fast unverändert oder auch als Ruinen erhalten geblieben. Sie erinnern an eine Bevölkerungsgruppe, die viele rumänische Nachbarn schon heute respektvoll als "lebende Legende" bezeichnen und die in Deutschland vor allem Volkskundler und Politiker beschäftigt hat, über die der weniger an Osteuropa Interessierte aber kaum etwas weiß.

"Sie kommen aus Rumänien und da sprechen sie so gut deutsch?", wird eine Frau bei ihrem Vorstellungsgespräch in einer süddeutschen Firma verwundert gefragt. "Ja freilich! Bei uns daheim haben wir nur deutsch geredet", antwortet sie mit schöner Selbstverständlichkeit, und die Sekretärin sieht sie ungläubig an."

"In Rumänien waren wir 'die Deutschen' und hier in Deutschland bin ich ein Rumäne. Meine Arbeitskollegen haben noch nie etwas von Siebenbürger Sachsen gehört und behandeln mich wie einen Ausländer. Dabei hab ich doch deutsches Blut...", klagt ein 27-jähriger aus einem Dorf in der Nähe von Mediaş.

Und eine Berlinerin gesteht: "Als wir zum erstenmal nach Rumänien gereist sind, waren wir ganz erstaunt, als wir in einem Dorf plötzlich auf deutsch angesprochen wurden".

Das geschieht heute immer seltener, aber trotz der nach 1989 enorm angestiegenen Ausreisewelle zählen die sogenannten "Rumäniendeutschen" und unter ihnen vor allem die Siebenbürger Sachsen und Banater Schwaben noch immer zu den stärksten ethnischen Minderheiten im Land – hinter den Ungarn und Roma. (Letztere wurden in Bevölkerungsstatistiken aber oft übergangen bzw. ihre Anzahl aus unterschiedlichsten Gründen verfälscht wiedergegeben.)

Kurzer Einblick in 870 Jahre sächsischer Geschichte

Die Einwanderung deutschsprachiger Siedler nach Transsilvanien begann im 12. Jh. Sie wurden durch den ungarischen König Geza den II. in die neueroberten Gebiete gerufen, um gemeinsam mit den Szeklern und anderen sogenannten "Hilfsvölkern" die Grenzen des magyarischen Reiches zu verteidigen.

Die ersten "hospites", wie die ausländischen Gäste bezeichnet wurden, ließen sich in der Gegend des heutigen Sibiu/Hermannstadt nieder und werden auf ca. 2000-3000 Personen geschätzt. Von woher diese Menschen wirklich kamen, wird wohl nie ganz eindeutig zu klären sein und gehört wie vieles andere zum Mythos der Sachsen. Zwar befanden sich unter den Einwanderern Niedersachsen und sächsische Bergleute, der Name geht aber auf einen Irrtum der ungarischen Gastgeber zurück. Trachten-, Mundart- und Religionsforschung haben nachweisen können, daß zu den "Sachsen" Luxemburger, Flamen, Wallonen zählten, die meisten aber wohl aus dem Gebiet des Erzbistums Köln stammten.

Eines der wichtigsten historischen Dokumente für die Geschichte und das Selbstbewußtsein der Siebenbürger Sachsen ist das "Andreanum", auch als "Goldener Freibrief" bezeichnet, den Andreas II im Jahr 1224 an die Bevölkerung des Hermannstädter Bodens verlieh. Auf dem sogenannten "freien Königsboden" genossen die Siedler Rechte, die nicht nur für osteuropäische Verhältnisse dieser Zeit einmalig waren. Allein dem König untertan, hatten sich die Sachsen keinem weiteren Grundherren zu unterwerfen oder Abgaben zu leisten, sie durften ihre Pfarrer und Richter selber wählen, ihre Märkte zollfrei abhalten,

Wälder und Gewässer ohne Einschränkung nutzen. Der König wurde durch "Königsrichter" vertreten, nach den sieben Gerichtsstühlen nannte man das Gebiet "Siebenbürgen". Der Name wurde von der deutschsprachigen Bevölkerung später alternativ für ganz Transsilvanien verwendet; unter Rumänen ist die Bezeichnung "Siebenbürgen" eher ungebräuchlich oder unbekannt.

Andreas II verfolgte mit der Ausgabe solcher Privilegien (die auch nicht alle sächsischen Siedlungen in diesem Umfang erhielten) natürlich vorrangig die Absicht, treue Untertanen auf seiner Seite zu haben, die ihm gegen einen seiner intriganten Gegenspieler – den siebenbürgischen Woiwoden – den Rücken stärkten. Andere Sachsendörfer waren "Eigentum" ungarischer Adliger, sächsischer "Erbgräven", des Bischofs von Siebenbürgen oder verschiedener Zisterzienserklöster, die ihre anfänglich ausgesprochenen Rechte später wieder zurücknahmen und die Einwohner bis zur Revolution von 1848 in einem Hörigkeitsverhältnis hielten.

Aber auch die "freien" Sachsen waren untereinander nicht so gleichgestellt, wie manche Legenden gerne behaupten. Anfangs wurden sie durch Vertreter des niederen Adels angeführt, die "Gräven", die aber verjagt wurden oder auf ihre Adelstitel zu verzichten hatten, sobald sie versuchten, den gemeinfreien Bauern ihre Rechte streitig zu machen.

Nachdem die hervorragenden Gesetze der Hermannstädter Provinz auf alle Gebiete des Königsbodens ausgedehnt wurden, gründete man im 15. Jahrhundert die "Sächsische Nationsuniversität", d.h. eine Rechtsvertretung aller Sachsen, die bis zur Einführung des Allgemeinen Bürgerlichen Gesetzbuches 1853 funktionierte. Im Landtag regierten die drei "ständischen Nationen" gemeinsam: der ungarische Adel, die Szekler und die Sachsen. Die Bevölkerungsmehrheit Siebenbürgens – die Rumänen – war nicht vertreten...

Noch gefährlicher als machtgierige Adlige oder Kirchenväter wurden den Sachsen – und allen anderen Grenzwächtern – die Eroberungsgelüste östlicher Nachbarn. Einen Vorgeschmack auf das, was im Spätmittelalter folgen würde, lieferten im Jahre 1241 die Tataren, als sie auf dem Weg nach Mitteleuropa Siebenbürgen durchquerten und ein Jahr später auf dem Rückzug alles verwüsteten, was auf der Hinreise noch nicht dem Erdboden gleichgemacht worden war. Das wiederholte sich noch einmal 1285, dann herrschte aber 110 Jahre lang Ruhe, bevor die Bevölkerung Transsilvaniens in ständiger Angst vor den Angriffen des Osmanischen Reiches zu leben begann. Während die Einwohner der festungsartig ausgebauten Städte relativ sicher lebten, fanden in den Dörfern entsetzliche Gemetzel statt, auf die heute noch manche Orts- und Flurnamen verweisen. Viele Dorfbewohner wurden in die Sklaverei verschleppt oder mußten gegen hohe Lösegeldforderungen freigekauft werden. So entstanden die berühmten sächsischen Kirchenburgen, die bei überraschenden Angriffen schnelle und sichere Zuflucht boten, in denen Vorratskammern und Brunnen auch für längere Belagerungen angelegt wurden.

Am 29. August 1526 wurde das ungarische Heer durch die Truppen des Sultans Sülejman II. in der Schlacht von Mohacs besiegt. Siebenbürgen, nun ein Teil des Osmanischen Reiches, erhielt aber den Status eines autonomen, tributpflichtigen Fürstentums, regiert durch den Woiwoden Zapolya.

Vor der Schwarzen Kirche in Braşov/Kronstadt steht heute das Denkmal eines Mannes, der maßgeblich daran beteiligt war, daß die Sachsen "geschlossen" zum Protestantismus übertraten und 1572 das Augsburger Glaubensbekenntnis annahmen. Der Reformator und Gelehrte Johannes Honterus gründete außerdem mehrere Druckereien, in denen auch die erste Karte Siebenbürgens 1595 erschien und bemühte sich außerdem um den Aufbau des Schulwesens. (Als einer der ersten Staaten der Welt führte man hier 1722 die allgemeine Schulpflicht ein.)

Schon seit 1557 wurde in Siebenbürgen als erstem europäischen Land religiöse Toleranz gesetzlich garantiert und praktiziert. Die Habsburger,die nach dem Sieg über die Türken Ende des 17. Jahrhunderts die Herrschaft in Transsilvanien übernahmen, taten sich mit der Anerkennung oder Duldung anderer Glaubensrichtungen als dem Katholizismus wesentlich schwerer. Österreichische Protestanten wurden im 18.Jh. nach Siebenbürgen ausgewiesen. Noch schlimmer erging es der orthodoxen Kirche: ca. 150 Klöster und Kirchen fielen den Verwüstungsaktionen des berüchtigten General Bukov zum Opfer.

Dafür wurde aber ausgerechnet ein Siebenbürger Sachse – und selbstverständlich Protestant – engster Vertrauter der Kaiserin Maria Theresia; so will es jedenfalls die Überlieferung. Tatsache ist, daß Samuel von Brukenthal als Gouverneur Siebenbürgens etliches für die wirtschaftliche Entwicklung und unbürokratischere Verwaltung seines Landes geleistet hat. Die Sammlungen des Brukenthal-Museums am Großen Ring in Hermannstadt beweisen außerdem, was für ein hervorragender Kunstkenner der Baron gewesen ist.

Sowohl ein aufgeklärter Monarch, wie Maria Theresias Nachfolger Joseph II mit seinen für siebenbürgische Verhältnisse zu progressiven Reformen, als auch das reaktionäre Metternichregime sorgten für wachsende Unzufriedenheit unter der Bevölkerung, und wie in ganz Europa kam es auch in Transsilvanien 1848 zur Revolution. Bis zum Sommer 1849 wurde Siebenbürgen durch die aufständischen ungarischen Truppen besetzt, dann rückte die österreichisch-russische Alllianz an und sorgte für die herkömmliche "Ordnung".

Die Revolution brachte allerdings doch einige tiefgreifende Veränderungen, besonders für die rumänische Bevölkerung Siebenbürgens. Die sächsische Nationsuniversität beschloß 1848 endlich die volle Gleichberechtigung der Rumänen auf Königsboden. Der aus Tübingen eingewanderte Pfarrer Stephan Ludwig Roth, einer der Wegbereiter dieser längst fälligen Entscheidung, wurde für sein Engagement von ungarischen Nationalisten 1849 hingerichtet. 1863 beschloß der siebenbürgische Landtag, dem die ungarischen und Szeklerabgeordneten aber fernblieben, ein weiteres beispielhaftes Gesetz über die gleichberechtigte Verwendung der drei Landessprachen.

Vier Jahre später begann die Krankheit des 19. Jahrhunderts auch in der soeben entstandenen K.u.K.-Monarchie voll um sich zu greifen. Den Nachfolgern der ungarischen Könige, die einst fremde Siedler ins Land riefen und mit so umfangreichen Rechten ausstatteten, fehlte sichtlich deren Toleranz, Großzügigkeit und politischer Weitblick. Siebenbürgen existierte nicht mehr als weitgehend selbständiger Staat, sondern wurde dem ungarischen Königreich einverleibt, das seine zahlreichen nationalen Minderheiten mit einer rigiden Magyarisierungspolitik drangsalierte. Die Quittung dafür folgte nach dem 1. Weltkrieg.

Die rumänische Bevölkerung Transsilvaniens hatte bereits am 1. Dezember 1918 in der Nationalversammlung zu Alba Iulia/Karlsburg den Anschluß an Rumänien beschlossen. Die Sachsen – die unter ungarischer Herrschaft 1876 ihre Nationsuniversität als Rechtsinstrument und somit ihre politische Autonomie verloren, durch die Wirtschaftskrise Ende der 80er Jahre sogar zu Großteilen zur Auswanderung gezwungen wurden – sprachen sich für ihre Zukunft in einem rumänischen Königreich aus. Diese wurde mit dem Vertrag von Trianon schließlich auch völkerrechtlich besiegelt – als Verbündetem der Ententemächte fielen Transsilvanien, Teile des Banats, die Bukowina und Bessarabien an Rumänien.

Leider waren auch die neuen Machthaber in Siebenbürgen eine Enttäuschung für die Sachsen. Versprechungen, die bis hin zur kulturellen Gruppenautonomie gingen, wurden nicht eingehalten, Rumänen bevorzugte man bei der Ämtervergabe; die für landlose Rumänen und Kleinbauern sehr soziale Agrarreform traf den Grundbesitz sächsischer Stiftungen, Gemeinden und der Kirche umso härter und mit ihnen die sächsischen Schulen, die sich zum Großteil aus den Grunderträgen finanzierten.

Es ist nicht verwunderlich, daß immer mehr Sachsen ihre Hoffnungen auf das Deutsche Reich projizierten, dessen Rassenideologen auf der Suche nach "deutschem Volkstum im Osten" natürlich schon längst auf Siebenbürgen aufmerksam geworden waren. Deutschland schloß 1942/43 Verträge mit Ungarn (dem nach dem 2. Wiener Schiedsspruch Nordsiebenbürgen erneut gehörte) und mit Rumänien ab, in denen festgelegt wurde, daß "deutsche Volkszugehörige" in der Wehrmacht dienen mußten. Schlimmer noch: Wer fast 800 Jahre sein "arisches Blut" in "fremdvölkischer Umgebung" so rein gehalten hatte, galt als besonders kampferprobt und zuverlässig und wurde in die Waffen-SS rekrutiert.

Nachdem Rumänien am 23. August 1944 die Fronten wechselte und plötzlich auf sowjetischer Seite gegen Deutschland kämpfte, begann Anfang September eine hektische Evakuierung der deutschen Bevölkerung Nordsiebenbürgens in Richtung Österreich. Die in Südsiebenbürgen Zurückgebliebenen deportierte man im Januar 1945 zur Zwangsarbeit in die Sowjetunion. Es gibt heute nur wenige Sachsen, die einen Teil ihrer Jugend nicht in einem Arbeitslager verbracht haben. In der Zwischenzeit wurden fast alle sächsischen Höfe enteignet, Rumänen und Roma in die Häuser einquartiert, erst ab 1956 erhielten die Eigentümer ihre Wohnungen zurück. Niemals allerdings wurden die deutschen Schulen oder die evangelische Kirche angetastet, die sich zu den wichtigsten (weil letzten) Institutionen der Sachsen im sozialistischen Rumänien entwickelten. Mit der Verschlechterung der wirtschaftlichen Situation und der Verschärfung des nationalkommunistischen Regimes zogen es immer mehr Deutsche vor, einen Ausreiseantrag zu stellen. Häuser und Kunstgegenstände fielen beim Umzug nach Deutschland zu Schleuderpreisen an den rumänischen Staat.

Als Folge der wachsenden Emigrantenzahlen mußten deutsche Schulen wegen mangelndem Nachwuchs geschlossen werden; die Kirchgemeinden schrumpften auf kleinen Dörfern so zusammen, daß die zurückbleibenden Pfarrer plötzlich immer mehr Gemeinden zu betreuen hatten. In den ehemals rein sächsischen Ortskernen wohnten nun plötzlich sehr viele Roma, die diese Häuser vom Staat zugewiesen bekamen – in der Hoffnung auf mehr Seßhaftigkeit und soziale Anpassung. Ein ungewollter oder vielleicht auch beabsichtigter Nebeneffekt war aber, daß

Der ungeliebte Nachbar – Roma Junge

viele Sachsen die Ausreise bevorzugten, anstatt in dieser ungewohnten und stigmatisierten Nachbarschaft zu wohnen.

Der nach der sogenannten "89er Revolution" einsetzende Exodus ist allerdings beispiellos und hat inzwischen auch deutsche Politiker nachdenklich werden lassen, die nun lieber die Grenzen dicht machen würden und sich um den Erhalt der deutschen Minderheit in Rumänien sorgen. Dafür scheint es jedoch endgültig zu spät zu sein.

Nirgendwo richtig zu Hause – Siebenbürgen im Sommer '93

Der Besuch auf einem siebenbürgischen Dorf verdeutlicht die trostlose Situation und die innere Zerissenheit seiner Bewohner immer wieder: "Was sollen wir denn noch hier? Hier haben mal 1500 Sachsen gewohnt, jetzt sind wir noch 16! Der Herr Pfarrer ist vor drei Jahren ausgereist und zum Gottesdienst müssen wir jeden Sonntag in die Nachbargemeinde fahren. Die deutsche Schule ist schon lange geschlossen. Es sind ja keine Kinder mehr da; nur noch wir Alten! Schauen sie! Da drüben haben mal Sachsen gewohnt und da und da.... Wohnen jetzt überall die Zigeuner drin! Und die Rumänen... Die geben uns keinen Boden! Oder nur den schlechtesten, am Hang. Da macht der Herr Bürgermeister so seine Geschäfte. Wir haben uns schon mehrmals beschwert, bei den Behörden in Hermannstadt. Aber die machen ja nichts... Wir reisen aus",erklärt mir ein Bauer, aber seine Frau weint: "Der erste, der nach Deutschland gegangen ist und nicht gesagt hat, wie es dort wirklich ist, den hätten sie aufhängen sollen! Wir haben doch eigentlich alles hier und das muß ich jetzt einfach so stehen lassen?! Sollen sie uns dort für Bettler halten, wenn wir mit leeren Händen kommen?"

Nach ihrem Verhältnis zu den rumänischen Nachbarn befragt, hört man oft die stereotype Antwort: "Wir haben mit denen nichts und die mit uns nichts. Wir grüßen uns höflich und damit hat es sich." Die strenge Organisation innerhalb der sächsischen Gemeinschaft, in der z.B. die Heirat mit einem Rumänen ein Tabuthema war, existiert trotzdem nur noch in ganz wenigen Dörfern. Ich lernte auch Beispiele gegenseitiger Nachbarschaftshilfe kennen und der Umgang schien mir freundlicher, als er oft von sächsischer Seite aus dargestellt wird.

"Ich habe mich mit den Deutschen immer gut verstanden" erklärt ein rumänischer Einwohner, der mich nach Meschen auf seinem Pferdekarren mitnimmt. "Mein Arbeitskollege hat mir sein Haus verkauft, kommt einmal im Jahr zu Besuch und wir erzählen und trinken zusammen..., na und ich wohne jetzt im Dorfzentrum! Besser die Sachsen in der Nachbarschaft als die Zigeuner!"

In einem ganz kleinen Dorf öffnen mir zwei Männer die Kirche. Der Ältere ist gerade aus Deutschland zu Besuch gekommen, trägt eine Baseballmütze, "adidas"-Turnschuhe und einen Jogginganzug. Er ist sympathisch, laut und erzählfreudig, regt sich darüber auf, daß sein Bruder nicht ausreisen will, sondern lieber im Dorf den Kirchendiener spielt. Mit dem Jüngeren steige ich eine halsbrecherische Stiege auf den Turm hinauf. In seinem rotkarierten Hemd, der abgeschabten Cordhose und Latschen steht er neben dem Uhrwerk und strahlt mich mit seinen ruhigen tiefblauen Augen unter der Schiebermütze hervor an: "Es funktioniert seit 1879 ohne Pause", erklärt er liebevoll und der andere kommentiert von weiter unten: "Ja, aber daß die Zeiger falsch stehen, stört dich überhaupt nicht!" Pünktlich zwei Uhr werden die Samstagsglocken geläutet. Der Mann legt sich schwitzend ins Seil und über uns beginnt ohrenbetäubender Lärm. "Und wieviel bezahlt dir die Kirche dafür?", fragt der Besucher. Der Bruder lächelt verlegen und brummt etwas von 600 Lei im Monat. "600 Lei! Eine Mark! Dafür würde ich ja nicht mal aus dem Bett aufstehen!" Wir glauben es alle beide nicht, aber er präsentiert uns sogar die entsprechenden Quittungen. "Und für wen tust du das eigentlich hier? Für die Zigeuner...?" Der Jüngere scheint die Ironie gar nicht zu bemerken und erklärt nur freundlich: "Ja natürlich! Auch sie müssen schließlich wissen, wie spät es ist! Ich komme mit den Rumänen gut aus, und bei uns gibt es nur gute Zigeuner. Drüben aus dem Nachbardorf – die sind schlecht!"

Man begegnet also auch Menschen, die sich ganz bewußt zum Hierbleiben entschlossen haben – und nicht nur Sachsen. Pfarrer aus Deutschland, überwiegend der Ex-DDR, suchen sich eine neue Gemeinde in Siebenbürgen; Aussteiger aller Art mieten sich in leerstehende Bauernhöfe und Pfarrhäuser ein und versuchen mit Sachsen, Rumänen und Roma im Ort gleichermaßen gut auszukommen.

Eine junge Lehrerin ist vor drei Jahren nach Deutschland ausgereist, "für immer", wie sie lachend erklärt. Sie hat es dort nicht ausgehalten und ist mit ihrer Entscheidung, zurückzukehren, anscheinend sehr zufrieden: "Die Leute hier sind so anders geworden, schon irgendwie toleranter. Es kommen ja auch immer mehr Fremde in die Gegend und damit müssen sie sich eben auseinandersetzen. Für mich ist das, was sich hier tut, sehr spannend!" So ist es. Man sollte nicht nur wegen der sehenswerten alten Gemäuer durch Siebenbürgen reisen.

Wie kommt man zu den Burgen ?

Natürlich sind die meisten Wehrkirchen und Bauernburgen mit dem Auto erreichbar. Viele liegen direkt an den Hauptverkehrsstraßen und können schnell auf der Durchreise besichtigt werden. Zu manchen gelangt man auch mit dem Zug. Wer sich mit dem Rad oder zu Fuß auf den Weg macht, muß schon ein Liebhaber alter Sakral- und Wehrbauten sein oder sich intensiver mit der Geschichte der Sachsen beschäftigt haben, um eine mehrtägige Tour über die Dörfer auch wirklich genießen zu können. Es existieren keine markierten Wanderpfade, oft steht der Wanderer ratlos im tiefen Wald und stellt enttäuscht fest, sich bereits zum vierten Mal an diesem Tag verlaufen zu haben. Dann findet sich zwar ein breiter Weg, der unfehlbar zum nächsten Ort führt, dafür versinkt man jedoch knöcheltief im Schlamm. Siebenbürgische Feldwege werden eben vorrangig von den berühmten schwarzen Büffeln und Rinderherden benutzt... Romantische Vorstellungen vom idyllischen Dorfleben werden hier schnell ernüchtert und trotzdem – der Blick von einem der umliegenden Berge auf die in den Tälern versteckten Gemeinden mit ihren Trutzburgen in der Mitte ist unwahrscheinlich malerisch, die Ruhe dieser Landschaft nicht mit dem Auto "erfahrbar".

Es gibt so gut wie keine offiziellen Übernachtungsmöglichkeiten. Das Zelt kann auf jeder beliebigen Waldwiese aufgestellt werden oder vielleicht ist in einem Dorf Quartier zu finden, auch wenn man manchmal mit zwiespältigen Gefühlen am nächsten Morgen weiterzieht. Die Leute sind gastfreundlich und wehren sich oft heftig dagegen, Geld anzunehmen. Spenden für den Erhalt ihrer Kirche sind aber willkommen. Die Pfarrhöfe als "Hotels zur christlichen Nächstenliebe" zu mißbrauchen, sollte man bitte unterlassen.

Wer im Gespräch mit den letzten sächsischen Einwohnern richtig zuhört und mitunter einseitige, vielleicht auch unangenehme Äußerungen über Rumänen und Roma hinterfragt, wird sehr aufschlußreiche Einblicke in den Dorfalltag bekommen und sich besser in die Lage und das Denken einer ethnischen Minderheit einfühlen können, die ihrem allmählichen Verschwinden ohnmächtig gegenübersteht.

Kirchenburgen finden wir im Südosten Transsilvaniens in fünf Regionen: Von Alba Iulia kommend im Umkreis von Sebeş/Mühlbach; im Raum Sibiu/Hermannstadt und im Harbach-Tal/Hârtibaciu; nördlich davon im Kokelgebiet Târnava Mare, Târnava Mică, unterhalb von Blaj/Blasendorf, Târnaveni/St. Martin und Sighişoara/Schäßburg; weiterhin im "Schenker und Repser Stuhl" zwischen Sighişoara, Odorheiu Secuiesc, Făgăraş und am weitesten im Osten im Burzenland um Braşov.

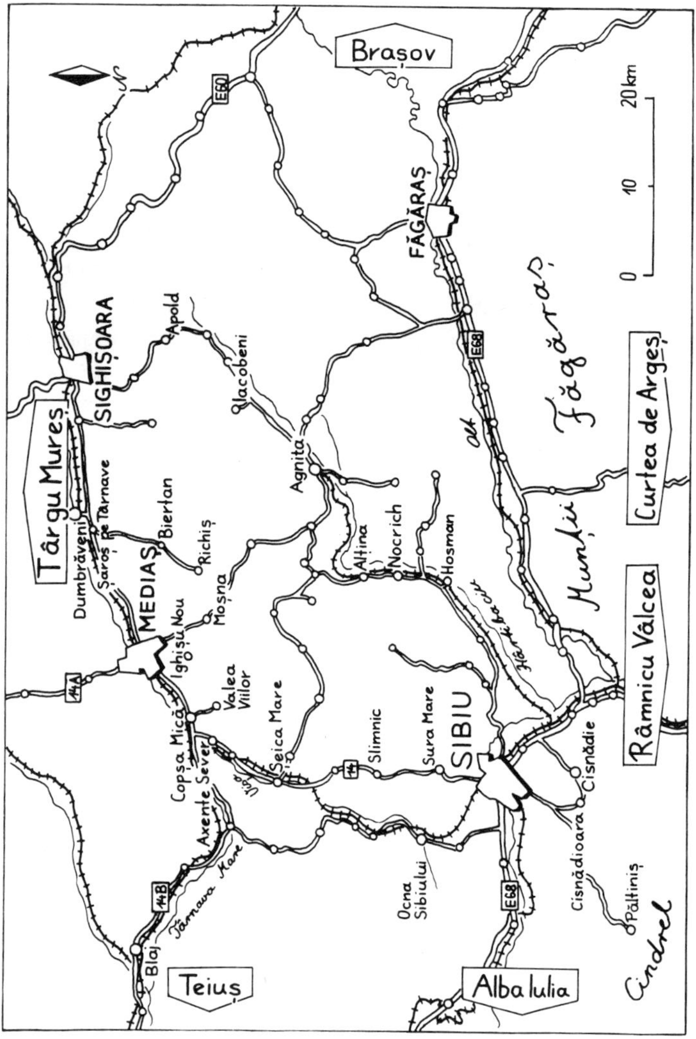
Brașov
E60
SIGHIȘOARA
Apold
Iacobeni
Agnita
Târgu Mureș
Dumbrăveni
Șaroș pe Târnave
Bierțan
Richiș
MEDIAȘ
Ighișu Nou
Moșna
14A
Valea Viilor
Copșa Mică
Axente Sever
Șeica Mare
14
Slimnic
Sura Mare
SIBIU
Altîna
Nocrich
Hosman
FĂGĂRAȘ
E68
Munții Făgăraș
Curtea de Argeș
Râmnicu Vâlcea
Cisnădie
Cisnădioara
Păltiniș
Cindrel
Alba Iulia
Teiuș
Blaj
14B
Târnava Mare
Ocna Sibiului
0
10
20 km

Meine Auswahl ist sehr willkürlich. Die vorgeschlagene Rundreise wählte ich vor allem deshalb, weil sie mir auch landschaftlich am abwechslungsreichsten erschien und durch das "Zentrum" des sächsischen Siedlungsraumes im Städtedreieck Sibiu, Mediaş, Sighişoara führt. Die Route verläuft entlang der DN14 von Sibiu bis nach Axente Sever, von dort aus über die Dörfer in den Nebentälern der Târnava Mare bis kurz vor Sighişoara und führt schließlich über Agnita und das Hârtibaciu-Tal zurück nach Sibiu. Im Gegensatz zu den vorangegangenen Kapiteln werde ich hier keine Vorschläge für Tagestouren machen – jeder muß selbst entscheiden, wieviele Kirchen er in welchem Zeitraum besichtigen möchte. Man sollte für die ganze Strecke aber wenigstens sechs Tage veranschlagen.

Ausgangspunkt Sibiu/Hermannstadt

"Die Schöne am Zibin" haben sie ihre Einwohner getauft. Auch wenn das 19. und 20. Jahrhundert viel am Aussehen von Hermannstadt/Sibiu (oder auf ungarisch Nagyszeben) verändert haben und leider selten zu ihrem Vorteil, ist sie eine der attraktivsten rumänischen Städte. Der Anblick der Silhouette des mittelalterlichen Stadtkerns vor den schneebedeckten Berghängen des Cindrel (Zibin)- und Făgăraş-Gebirges an einem klaren Herbsttag ist unvergesslich.

Hermannstadt wird 1223 zum erstenmal urkundlich erwähnt und bis zum Ende des 16. Jahrhunderts zur am stärksten befestigten Stadt Siebenbürgens ausgebaut. Drei Verteidigungsringe mit 47 Türmen, 7 Basteien und Vorwerken sorgten dafür, daß Sibiu bis zum Jahr 1849 niemals von feindlichen Truppen eingenommen wurde. Der größte Teil dieser Wehranlagen fiel aber den Verkehrsplanungen des 19. Jahrhunderts zum Opfer. Entlang der Strada Cetăţii (Burgstraße) kann man heute noch einen

Rest Stadtmauer, den Armbruster-, Zimmermanns- und Töpferturm besichtigen.

Die schönste Straße von Sibiu ist die ehemalige Heltauergasse, jetzt Fußgängerzone, die auf den Großen Ring führt. Dieser diente in der Vergangenheit vor allem als Marktplatz, auch als Richtstätte. Später legte man eine schöne Parkanlage an, die einem Aufmarschplatz für Paraden des sozialistischen Rumäniens weichen mußte. Hier wurde aber auch im Dezember 1989 gegen das alte System demonstriert. Am Fuß des Denkmals für Gheorghe Lazăr, einem der Wegbereiter des rumänischsprachigen Unterrichts im 18. Jahrhundert, erinnert eine Gedenktafel an die Opfer der Revolution. Am großen Ring steht auch das Brukenthal-Museum, dessen berühmteste Gemälde, wie Jan van Eycks "Der Mann mit der blauen Sendelbinde" oder auch andere niederländische Meister ins Bukarester Kunstmuseum überführt wurden; der Besuch empfiehlt sich trotzdem. Die katholische Kirche nimmt fast die gesamte Nordwestseite des Platzes ein. Für sie mußte zum großen Ärger der protestantischen Hermannstädter in der vom Hause Habsburg betriebenen Gegenreformation 1726 eine ganze Häuserzeile fallen.

Durch den Rathausturm hindurch gelangt man auf den Kleinen Ring, über dem die große evangelische Stadtpfarrkirche aufragt. Von 1470-1520 anstelle eines romanischen Vorgängerbaus errichtet, besitzt sie die größte Orgel Südosteuropas, die der Besucher unbedingt hören sollte, wenn ein Konzert angeboten wird. Ganz in der Nähe befindet sich ein weiteres Wahrzeichen Sibius, die orthodoxe Kathedrale, die 1906 geweiht wurde und mit einigen Abweichungen eine verkleinerte Replik der Hagia Sophia in Istanbul ist.

Am Stadtrand liegt im Jungen Wald (Pădurea Dumbrava), einem schönen Forst mit riesigen Eichenbeständen, eines der schönsten und größten Museen bäuerlicher Architektur, in dem man Beispiele aus allen Landesteilen zusammengetragen hat – von Maramureşer Holzkirchen bis hin zu Windmühlen von der Schwarzmeerküste.

Kunsthistorisch Interessierten sei noch ein Tagesausflug nach Süden in die Gemeinde Cisnădioara/Michelsberg empfohlen. Die kleine Michaelskirche ist der älteste erhaltengebliebene sächsische Sakralbau in rein romanischem Stil. Die dreischiffige Basilika mit ihrem schönen Stufenportal wurde in drei Bauphasen Ende des 12./Anfang des 13. Jahrhunderts errichtet und hat sowohl den Tatarensturm von 1241 überstanden als auch die Zeit der Gotik, in der viele romanische Kirchen abgerissen oder umgebaut wurden.

Unterkunft: Wer in Hermannstadt preiswert übernachten möchte, sollte lieber nicht im Hotel schlafen, sondern die private Zimmervermittlung in der Heltauergasse (Strada Nicolae Bălcescu) aufsuchen. Ansonsten bieten sich der Zeltplatz neben dem "Hanul Dumbrava" in der Nähe des Freilichtmuseums an oder der Wintersportort Păltiniş im Cindrel-Gebirge, dem Skizentrum von Sibiu. Dort oben schläft es sich im "Gasthof zum Hans" oder auch im Hotel "Cibinului" (Jugendliche und Verheiratete 40% Rabatt) außerhalb der Wintersaison ausgesprochen ruhig und angenehm (mehrmals täglich Busverbindung Sibiu – Păltiniş, Fahrzeit 2h).

Auf der Fahrt von Sibiu nach Axente Sever

Nördlich von Hermannstadt dehnt sich kaum bewaldetes, wenig interessantes Hügelland, das auf den ersten Kilometern besser mit dem Zug/Bus oder per Anhalter durchquert werden sollte. Aber schon hier liegen einige sehenswerte Wehrkirchen auf dem Weg, wie zum Beispiel gleich im ersten Ort hinter Sibiu an der DN 14 – Şura Mare/Großscheuern.

Anfangs als romanische Basilika gebaut, mußte die Kirche in der Zeit der Türkeneinfälle als sicherer Zufluchtsort dienen. Der Chorraum wurde um ein Wehrgeschoß aufgestockt und dieses mit einem Gußschartenkranz versehen, der auf Entfernung eher als schönes bauliches Ornament erscheint und seine unangenehme Funktion erst offenbarte, wenn über dem Angreifer ei-

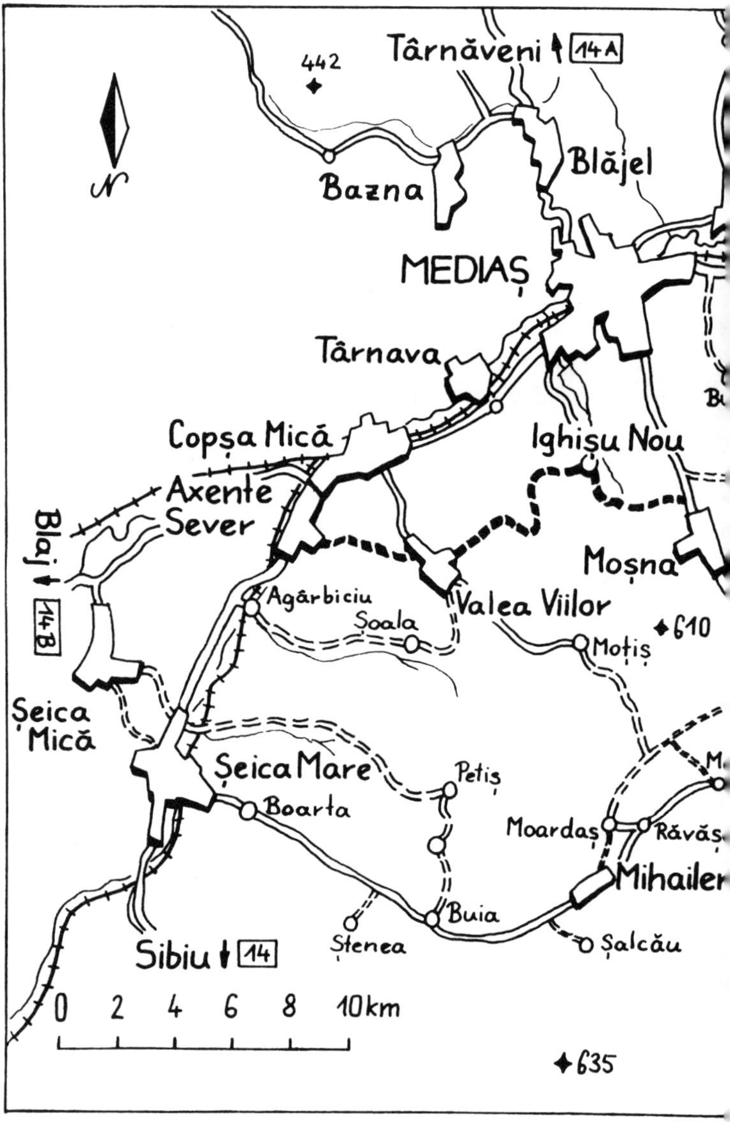
N
442
Târnăveni
14A
Bazna
Blăjel
MEDIAȘ
Târnava
Copșa Mică
Ighișu Nou
Axente
Sever
Blaj
14B
Moșna
Agârbiciu
Valea Viilor
Șoala
Motiș
610
Șeica
Mică
Șeica Mare
Petiș
Boarta
Moardaș
Buia
Șalcău
Sibiu
14
Stenea
0 2 4 6 8 10km
635

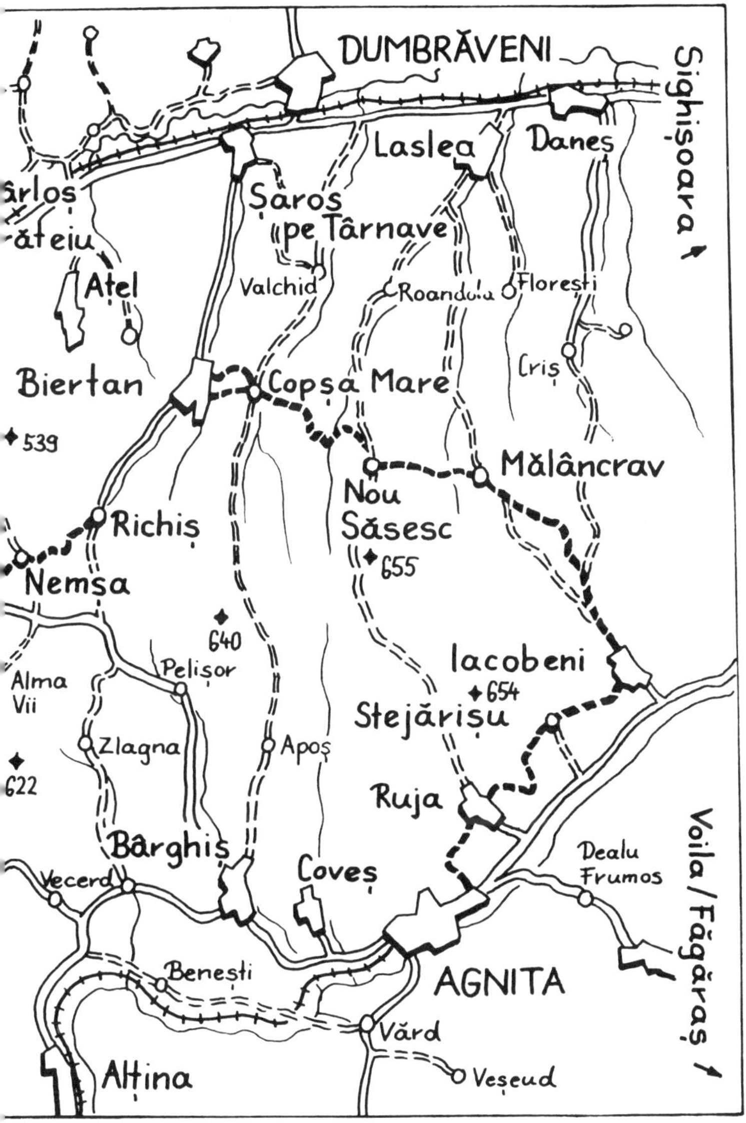
DUMBRĂVENI
Sighișoara
Laslea
Daneș
Șaroș pe Târnave
Atel
Valchid
Roandola
Florești
Criș
Biertan
Copșa Mare
539
Mălâncrav
Nou Săsesc
Richiș
655
Nemșa
640
Iacobeni
Pelișor
654
Alma Vii
Stejărișu
Zlagna
Apoș
622
Ruja
Bârghiș
Voila / Făgăraș
Dealu Frumos
Coveș
Vecerd
Benești
AGNITA
Vărd
Veseud
Alțina

merweise siedendes Pech und Fett entleert wurde. Besonders schön ist im Inneren das gotische Sternnetzgewölbe im Chor und Mittelschiff, sowie die Bauernmalerei aus dem 18. Jh. auf den Bänken und an der Empore. Die bemalten Verblendungen stammen laut Kirchendiener aus einer anderen Gemeinde in der Nähe von Schäßburg.

Der nächste Ort in 8 km Entfernung heißt Slimnic/Stolzenburg, und woher der Name stammt, glaubt der Besucher natürlich unschwer erraten zu können, wenn er auf die gewaltige Ruine blickt, die im Osten über dem Dorf thront. Aber so einfach ist es mit der Ortsbezeichnung doch nicht, denn schon um 1282 wird "Stolchunbercht" bzw. 1309 "Stolzenberg" erwähnt, mit dem Bau der Burg aber erst zwischen 1322-49 begonnen. Das Projekt war wohl etwas zu groß für das Dorf. Eine gotische Hallenkirche deren Bögen teiweise erhalten sind, blieb unvollendet. Die Wehranlagen wurden nicht genügend ausgebaut, so daß die Burg vor allem an ihren langen Flanken schwer zu verteidigen war. So ist sie denn auch mehrfach von den Truppen des Woiwoden Zapolya, Türken und Kuruzzen gebrandschatzt worden. Vielleicht bewogen die entsetzlichen Erfahrungen der Vergangenheit die Slimnicer, sogar noch im Jahr 1713 mit einem Neuaufbau ihrer Burg zu beginnen – 14 Jahre nachdem das Osmanische Reich endgültig auf seine Oberhoheit über Siebenbürgen verzichtet hatte und das Land zum Habsburger-Reich gehörte. Eine Pestepedimie 1719 beendete diesen letzten Aufbau-Versuch. Noch heute wohnt eine Burghüterfamilie in der Ruine, die dem Besucher gerne das Innere der Anlage zeigt.

Wer die Bahnfahrt gegenüber dem Trampen bzw. den schaukelnden Bussen bevorzugt, kann gleich an der ersten Station hinter Sibiu auf der Strecke nach Mediaş in Ocna Sibiului/Salzburg aus dem Zug steigen, um die romanische Basilika zu besuchen. Sie wurde Anfang des 13. Jh. gebaut, mit der etwas unüblichen Konstruktion eines Glockenturms, der auf dem Chorgewölbe sitzt. Ein Tympanonrelief über dem Südeingang zeigt zwei Leoparden, die ihre Tatzen nach einer Lilie ausstrecken. (Es gibt auch

Kunsthistoriker, die behaupten, es handele sich um den Lebensbaum.) Zusammen mit einer ähnlichen Darstellung im weiter entfernten Vurpăr/Burgberg ist es eines der ältesten Reliefs an einer sächsischen Kirche.

Der Name Ocna Sibiului verweist noch auf eine weitere Sehenswürdigkeit, an der man sich einen Nachmittag in der Sonne braten lassen kann: Das stillgelegte Bergwerk, in dessen Einsturztrichtern mehrere Seen entstanden sind, deren Salzgehalt über dem des Toten Meeres liegen soll. Tauchen fällt hier wirklich schwer. Wer keine Lust zum Baden hat, kann sich am Ufer mit dem schwarzen heilsamen (und ziemlich übelriechenden) Schlamm einschmieren. Im unter Naturschutz stehenden Lacul fără fund (See ohne Boden) erwärmt sich die Salzschicht unter der Wasseroberfläche im Sommer bis auf 46°C!

Bahnlinie und Nationalstraße DN 14 Richtung Mediaş treffen sich wieder in Şeica Mare/Großschelken. Die Kirche, die sich hinter dem großen gelben Gebäude der ehemaligen deutschen Schule versteckt, ähnelt ein wenig der von Großscheuern, ist aber weniger gut erhalten. Das Aussteigen lohnt eigentlich nur, wenn man über den Berg ins nordwestlich gelegene Şeica Mică/Kleinschelken laufen möchte, wo eine interessante Kirchenburg mit einem Brunnenhof und einem schönen Taufbekken aus der Erzgießerei des Meister Leonhard steht. Kleinschelken ist aber auch von Copşa Mică/Kleinkopisch aus mit dem Auto oder dem Bus erreichbar.

In Axente Sever/Frauendorf beginnt der eigentliche "Wanderweg". Aber natürlich kann man nicht so einfach an einer der imposantesten Kirchenburgen Siebenbürgens vorbeigehen, die direkt im Zentrum an der Hauptstraße liegt. Die Kirche wird von einer 6-8 Meter hohen Ringmauer eingeschlossen, an die im 17. Jh. die Vorratskammern angebaut wurden. In dieser Form komplett erhaltene Anlagen finden sich nur noch im Burzenland, z. B. in Prejmer/Tartlau, Sânpetru/Petersberg oder Codlea/Zeiden. Die Torbastei wird auch hier von einer Burghüterfamilie bewohnt, von der man die hochgotische Saalkirche vorgeführt bekommt und besonders Neugierige auch auf den Turm begleitet werden. Die Aussicht über das Visa-Tal nach Süden bis Agârbiciu/Arbegen ist sehr schön, während man im Norden auf die Schlote der berüchtigten Fabrik von Copşa Mică/Kleinkopisch blickt – dem ökologischen Notstandsgebiet Rumäniens schlechthin.

Empfehlenswert ist der neben der Burg gelegene "Würzburger Hof", den sein vor Jahren ausgereister Inhaber von besagter Stadt aus "fernsteuert". Im Kellergewölbe ist eine schöne Gaststube eingerichtet, in der es wirklich gutes Essen gibt.

Zu Fuß von Axente Sever nach Agnita

Axente Sever/Frauendorf – Valea Viilor/Wurmloch, ca. 2-2½ h

Vom Eingang zur Kirchenburg laufen wir die Dorfstraße rechts neben dem Bach hinauf, bis wir nach zehn Minuten an eine Weggabel kommen. Welchen Weg wir nehmen, ist egal, beide treffen sich wieder oben auf dem Berg. Wer gerne Kontakt mit Roma schließen möchte und ihre Neugier unbefangen erwidert, sollte links durch die "ţigănie" aufsteigen, wie das Zigeunerviertel von den Rumänen genannt wird. Oben angekommen, laufen wir eine halbe Stunde schnurgerade den Feldweg immer geradeaus Richtung Osten, bis wir durch eine Baumzeile hindurch eine mit riesigen alten Eichen und Buchen bestandene Wiese betreten. Den breiten Weg verlassend, steuert man jetzt den linken Waldrand an und läuft diesen 20-30 min entlang, bis in einem Wiesenzipfel zwei Wege ins Tal führen. Diese lassen wir links liegen und laufen noch ein paar Meter weiter, bis zwischen den Bäumen Wurmloch und seine Kirche auftauchen. Auf einem Trampelpfad über steile Wiesenhänge absteigend und zum Schluß den Dorfbach überquerend, gelangen wir in 20 min auf die Dorfstraße.

Das enge Tal, in dem der berühmte Kokeltaler Wein angebaut wurde, und die Kirche von Wurmloch, ein wundervoll "durchkomponiertes" Bauwerk, harmonieren auf schönste Weise miteinander. Valea Viilor besitzt eine der größten sächsischen Dorfkirchen – vielleicht Ausdruck eines neuen Selbstbewußtseins, das die Wurmlöcher Gemeinde erfaßte, nachdem sie sich Anfang des 14. Jahrhunderts aus dem Hörigkeitsverhältnis gegenüber dem ungarischen Adligen Apafi befreien und die gleichen Rechte in Anspruch nehmen konnte wie die Sachsen auf dem freien Königsboden. Anstelle der alten romanischen Kirche, von der nur der Taufstein übrigblieb, errichtete man diese gotische Saalkirche, die im 16. Jh. um die Wehranlagen erweitert wurde. Der Chor – um drei Wehrgeschosse aufgestockt – erreicht somit fast die Höhe des Glockenturms und konnte wie dieser oder das Wehrgeschoß über dem Kirchenschiff separat verteidigt werden. So blieb immer noch eine letzte Rückzugsmöglichkeit, wenn ein Teil des Bauwerks gestürmt worden wäre. Das Westportal im Glockenturm wurde im Zuge der Verteidigungsmaßnahmen zugemauert. Stattdessen legte man auf der Nord- und Südseite des Kirchenschiffes zwei Eingänge an, die beide mit einem Fallgitter verschlossen werden konnten. Das mächtige Gitter über dem Nordportal, durch das man die Kirche noch heute betritt, ist erhalten geblieben. Der mit einem Wehrgang ausgestattete 6-7 m hohe Mauerring wurde durch die Torbastei und drei kleine Türme verstärkt.

(Von Wurmloch nach Copşa Mică/Kleinkopisch ins Kokeltal zur Hauptstraße und Bahnlinie Richtung Mediaş, 5 km asphaltierter Fahrweg.)

Valea Viilor/Wurmloch – Ighişu Nou/ Eibesdorf, 2 – 2½ h

Den Sandweg auf der Nordseite der Kirche an der Schule vorbei und links das Tal hinauf, verlassen wir Wurmloch und nehmen an der ersten Abzweigung den rechten Feldweg. Drei Pfade führen wenig später links den Berg hinauf; wir wählen den dritten. An einem Feldrain immer höher steigend, bietet sich ein schöner Blick zurück auf das Dorf, im Südosten taucht bei klarem Wetter über den Hügeln die Făgăraş-Kette auf. Nach 20 min geht es an einem geodätischen Punkt vorbei und in den vor uns liegenden

Wald hinein, wo wir gleich auf einen breiten Fahrweg gelangen, dem wir nach rechts folgen. In einem großen Bogen umgehen wir ein Tal. Nach ca. 40 min stößt von links ein anderer Fahrweg auf den unseren, flankiert von einigen Betonmasten, die wohl mal für eine Stromleitung hier aufgestellt wurden. Nach fünf Minuten nehmen wir den rechts abzweigenden Pfad in den Wald hinein, laufen an einem Hochbehälter vorbei und kommen auf eine große Bergwiese, auf der mehrere Methangaspumpen stehen. Manche siebenbürgischen Dörfer haben sich auf diese Weise ihren eigenen Anschluß gelegt, wie mir ein Pfarrer stolz anhand seines Küchenherdes demonstrierte: "Und wenn in ganz Rumänien mal wieder die Gasversorgung zusammenbricht – bei uns läuft es!" Richtung Osten steigt man jetzt über die Grashänge talwärts und trifft einen Feldweg, der direkt nach Eibesdorf führt.

Die Ende des 14. /Anfang des 15. Jahrhunderts erbaute Kirche wirkt besonders wehrhaft durch ihre 8m hohe Ringmauer und die runde Bastei, die mit auffälligen abgetreppten Gußscharten versehen wurde und ihr Vorbild in Mediasch hat. Ebenso charakteristisch ist der Turm mit seinem hölzernen Wehrgang unter einem hohen Walmdach. Auch in Eibesdorf wurde der Chor zu Verteidigungszwecken aufgestockt und erreicht fast die Höhe des Obergeschosses am Westturm. Man betritt die Kirche durch ein schönes gotisches Bogenportal, das leider beim Orgeleinbau vergrößert und später ziemlich roh wieder zugemauert wurde. Das Instrument ist auch das schönste Einrichtungsstück der gotischen Saalkirche, in der noch Spuren des romanischen Vorgängerbaus zu entdecken sind.

Von Eibesdorf aus hat man zwei Möglichkeiten, den Weg fortzusetzen:

Abstecher nach Mediaş/Mediasch

Zu Fuß (4km) oder mit dem Bus (wenn er denn fährt) nach Mediaş, der zweitgrößten Stadt im Kreis Sibiu, erstmals 1267 erwähnt und Schauplatz wichtiger historischer Entscheidungen, die das Leben der Sachsen stark beeinflußten. Hier nahm die Synode der evangelischen Landeskirche 1572 das Augsburger Glaubensbekenntnis an, wurden mehrere Landtage abgehalten und am 18. Januar 1919 die "Mediascher Anschlußerklärung" der Sachsen an das Königreich Rumänien verabschiedet. Sehenswert sind vor allem der große Marktplatz und die Margarethenkirche mit ihrem bemerkenswert schiefen und 68,5m hohen Glockenturm und seinem hüschen, bunten Ziegeldach. Im Inneren gibt es den spätgotischen Flügelaltar zu bestaunen, dessen Gemälde den Leidensweg Christi darstellen. Wie auch viele andere siebenbürgische Kirchen besitzt Mediaş eine umfangreiche Sammlung anatolischer Teppiche.

Um wieder auf die Wanderroute zu gelangen, muß man mit dem Bus nach Moşna/Meschen fahren.

Wer Mediasch bereits kennt, läuft von Eibesdorf direkt nach Meschen über den Berg:

Ighişul Nou/Eibesdorf – Moşna/Meschen, 2 h

Vom Tor der Eibesdorfer Kirche aus laufen wir den kleinen Fußweg zwischen den Wehrmauern an der Bastei vorbei über den Bach und gehen die Dorfstraße nach rechts weiter. Der nächsten Straße, die links abbiegt, folgen wir, bis wiederum nach links die kleine Strada Nouă abbiegt. Dieses Gäßchen führt uns nach zwei Kurven erneut über den Bach auf die Straße, die nach rechts aus dem Ort hinausführt und sich bald in einen schlichten Feldweg verwandelt. Nach 10-15 min wieder eine Wegverzweigung. Den linken Weg nehmend, geht es unter einer Stromleitung hindurch und immer parallel zu den Masten weiter bis ins Talende. Nach einer halben Stunde haben wir einen kahlen Bergrücken erstiegen. Von hier oben sieht man zurück auf Eibesdorf, auf Mediasch im Norden und im Moşna-Tal die ersten Häuser von Meschen. Unser Abstieg ist anfangs etwas steil und rutschig, im Talgrund muß man sich seinen Weg durch die Felder bis zur Straße bahnen. Den Schlüssel zur Kirche von Moşna bekommt man im Pfarramt auf der Südseite der Wehranlagen.

Die Kirchenburgen im "Gebiet der zwei Stühle" scheinen sich in den Ausmaßen gegenseitig übertreffen zu wollen: Mediaş/Mediasch, Moşna/Meschen und Biertan/Birthälm. Jede Gemeinde beanspruchte für sich die Funktion des "Vorortes" (d.h. der Kreisstadt) und versuchte mit einer dementsprechend großen Kirche zu prunken. Obwohl 1552 ein noch kleinerer Ort als Birthälm, wurde Mediasch dieser Rang zugesprochen – so erhält man eine Vorstellung davon, wie klein damals ein Marktflecken war. Birthälm wurde dafür später zum Bischofssitz auserwählt. Die Meschener gingen leer aus und müssen sich heute Sorgen um den Erhalt ihrer Riesenfestung machen. Die Dimensionen der Wehranlagen wie auch der Kirche in Meschen sind beeindruckend. Was beim Betreten des Kirchenschiffs als erstes auffällt, sind die 4 beängstigend schrägstehenden Pfeilerpaare, von denen keines dem anderen gleicht. Zwischen ihnen spannt sich ein schönes Netzgewölbe, der Chorraum wird durch ein Sterngewölbe geschmückt. Über das schaurig kitschige Jesusgemälde auf dem Altar sieht man am besten hinweg. Links davon steht das bis unter die Decke aufstrebende Sakramentshäuschen neben der Sakristeitür.

(Von Moşna aus gibt es Busverbindungen ins 10 km entfernte Mediaş oder in die Gegenrichtung nach Agnita/Agneteln, 30 km).

Moşna/Meschen – Nemşa/Nimesch, 1 h

Nimesch ist so klein, daß es selbst auf einer Kreiskarte im Maßstab 1:200.000 nicht eingezeichnet ist. Die Bauern, die den Wanderer auf ihrem Pferdegespann Richtung Birghiş mitnehmen, wissen aber schon, wo sie ihn abzusetzen haben. Ca.1-2 km hinter dem Ortsausgang überquert die Straße die Moşna und gleich hinter der Brücke zweigt ein Feldweg links in ein kleines Tal ab. An der ersten Weggabel laufen wir den linken Weg geradeaus weiter, über den schmalen bewaldeten Bergkamm hinweg und wandern nach Nimesch hinunter. Im Haus Nr. 72 wohnt der

Mann, der sich um die Kirche kümmert und natürlich auch den Schlüssel verwaltet.

Das Dörfchen scheint wirklich am Ende der Welt zu liegen, so ruhig und fern des 20. Jahrhunderts schlafen die zwei Häuserzeilen links und rechts des Dorfbaches inmitten der Weinberge. Die im 17. Jh. durchs Land streifenden Kuruzzen- und Heidukkenhorden haben das abgeschiedene Nimesch trotzdem aufgespürt und gleich zweimal eingenommen. Hier arbeitete aber auch eine so bedeutende Persönlichkeit wie Stephan Ludwig Roth als Ortspfarrer von 1837-47 (siehe auch S. 118).

Der Zeitgeschmack hat vor der Kirche selbst nicht haltgemacht; von der spätgotischen Saalkirche, die 1400 geweiht wurde, ist nur der Chorraum übriggeblieben. Das Langhaus mußte Ende des 18. Jahrhunderts neu erbaut werden und 1869 setzte man schließlich noch einen freistehenden Glockenturm in die Nordostecke der Kirchenmauer, der in seiner Neogotik etwas deplaziert wirkt. Der Altar stammt wahrscheinlich aus der Werkstatt des Meisters Christoph aus Schäßburg, der ein Schüler des Veit Stoß' war, einem der berühmtesten Künstler der Spätgotik. Leider sind sowohl die Predella als auch die Figuren, die den Schrein schmückten, abhanden gekommen. Die "Ersatzmannschaft" – eine schlichte Laubsägearbeit – ist nicht besonders gelungen. Dafür sind das Gemälde auf der Altarbekrönung und vor allem die noch erhaltenen Chorfresken aus dem 15. Jh. umso bemerkenswerter. In Meschen soll angeblich noch 1956 die Empore von der Nord- auf die Südseite des Schiffes verlegt worden sein, damit der Gottesdienst von den Burschen, die dort oben Platz zu nehmen hatten, nicht mehr heimlich durch eine Hintertür verlassen werden konnte. Auch war es dem Pfarrer nun besser möglich, von der Kanzel aus zu beobachten, was seine "Schäflein" so während der Predigt anstellten.

Nemşa/Nimesch – Richiş/Reichesdorf, 45 min - 1 h

Gegenüber der Kirche läuft man über eine Brücke auf die andere Bachseite und wandert nach rechts die Straße weiter, die am

Ortsende in ein schmales Seitental führt, wo wir nach 10 min an einem Obstgarten links den Berg hinaufsteigen. Wenn unser Weg in dem Wäldchen einer Gasleitung begegnet, sind wir richtig gelaufen. Durch einen kleinen Talgrund hindurch erreichen wir eine Wegkreuzung, laufen nach rechts über die nächste Kuppe und gelangen an Weinbergen vorbei in 10 min hinunter nach Reichesdorf.

Die Kirche steht an der Hauptstraße auf der anderen Seite des Reichenbaches. Was an der 1451 fertiggestellten Basilika am meisten beeindruckt, sind die Steinmetzarbeiten. Wenn der Küster die Pforte an der Ostseite der Wehrmauer geöffnet hat, sollte man nicht versäumen, ganz um die Kirche herumzugehen, um sich das Westportal anzusehen. Das Relief über der Tür, die Beweinung Christi am Kreuze darstellend, wurde wahrscheinlich von einem böhmischen Meister geschaffen, ebenso das mehrfach abgetreppte Gewände mit seinen schönen Weinlaubkapitellen. Diese setzen sich auch im Inneren der Kirche an den Pfeilern fort, so als ob man eine Verbindung zwischen Architektur und Natur, d.h. den umliegenden Weinbergen, angestrebt hätte. Noch interessanter sind die 25 Schlußsteine in den Gewölben, von denen jeder ein anderes Motiv zeigt, wie auch die Konsolen, auf denen sich die Gewölberippen abstützen. Eine Seltenheit in Siebenbürgen sind auch die zwei kleinen Nebenchöre. In die Seitenschiffe wurden leider überdimensionierte Emporen eingebaut, die den jungen Männern – im Gegensatz zum Nachbardorf Nimesch – wohl alle Möglichkeiten einräumten, im Gottesdienst zu schlafen oder Karten zu spielen, da sie von der Kanzel aus kaum zu sehen waren. Die hübsche Barockorgel auf der Empore im Mittelschiff sieht leider so aus, als ob sie nicht mehr ganz "gerade" spielen würde. Man sollte sich die Innenseite der Sakristeitür vorführen lassen, die ein sehr kompliziertes Schloß besitzt, ähnlich dem in Birthälm – unserem nächsten Ziel.

Richiş/Reichesdorf – Biertan /Birthälm, 6 km asphaltierte Landstraße; Bus oder Pferdefuhrwerk

Der Auslöser für den Bau einer so mächtigen Anlage – der Städtewettstreit Mediasch, Meschen, Birthälm – wurde bereits erwähnt. So klein der Ort auch im Vergleich zu seiner Burg wirkt – Mitte des 16. Jahrhunderts war Birthälm der größte Marktflekken im Gebiet der zwei Stühle und immer mehr eine Handwerkergemeinde als ein Bauerndorf. Daran erinnern auch die vielen verblichenen Zunftfahnen im Kirchenschiff. Jede Zunft besaß ihr eigenes Gestühl, schön verziert und mit dem jeweiligen Wappen versehen. Vom Reichtum der Gemeinde künden auch die anatolischen Teppiche, die Kaufleute aus der Türkei mit nach Siebenbürgen brachten. (Leider wurden die Teppiche manchmal roh zerschnitten, damit sie besser in die Bänke paßten.)

Eine besondere Sehenswürdigkeit ist das Sakristeischloß, vor allem der Kurbelmechanismus, der mit mehreren Eisenbändern und lautem Knarren die Tür verschließt. Wovon mancher Birthälmer vielleicht geträumt hat: einmal Paris sehen, das ist schließlich dem berühmten Schloß widerfahren. Es wurde 1900 zur Weltausstellung in die französische Hauptstadt geschickt.

In so einer Kirche fehlt es natürlich nicht an Superlativen, besonders wenn es sich um das wichtigste Ausstattungsstück handelt: In Birthälm steht der größte, schönste und kunsthistorisch wertvollste Flügelaltar Siebenbürgens. Der Mittelteil – die 12 Darstellungen des Marienlebens – erinnert uns wieder daran, daß die Sachsen ja ursprünglich als gute Katholiken ins Land gezogen kamen und die Kirche nebst Inneneinrichtung schon lange vor 1547 vollendet wurde, dem Datum, seit dem die Sachsen zum evangelischen Glauben übertraten. Mit der Annahme des Augsburgischen Glaubensbekenntnisses 1572 wurde Birthälm auch als Sitz des lutherischen Bischofs auserkoren. An manchen Details der Altargemälde, wie auch an der Türwandung zur Sakristei oder dem Chorgestühl läßt sich studieren, wie sich der Übergang von der Gotik zur Renaissance in einem Bauwerk vollzieht.

Drei Mauerringe umgeben die Burg, die in der Ortsmitte auf einem kleinen Bergkegel steht. Der älteste stammt wahrscheinlich noch aus dem 14., der zweite aus dem 16. Jh. und an diesen wurde schließlich noch auf drei Seiten eine weitere Mauer angebaut, was die Kuruzzen 1704 trotzdem nicht davon abhielt, in einer "Nacht- und Nebelaktion" die Kirche zu stürmen und auszurauben.

Ganz besonders malerisch wirken die großen Türme mit ihren spitzen Helmen. Im Süden der Anlage steht der Torturm, der aber schon lange nicht mehr benutzt wird. Die steile Holztreppe, über die man die Burg heute betritt, wurde erst im 18. Jh. erbaut und ist bestimmt für manchen Sonntagskirchgänger schon Grund zu unchristlichem Fluchen gewesen. Die vorwiegend älteren Herrschaften bevorzugen, auf der Hälfte der Treppe "auszusteigen" und den leichteren Fußweg als Aufstieg zu benutzen, der durch den Torbogen des Stundenturms in den innersten Mauerring führt. Die Uhr stammt aus dem Jahr 1508.

Der hölzerne Glockenturm links der Treppe ist dagegen eine "Zugabe" des 19. Jahrhunderts, die sich in das Gesamtbild der Burg aber ganz harmonisch einfügt. Neben ihm, im Mausoleumsturm, sind die Grabplatten und Gedenktafeln der Birthälmer Pfarrherren zu besichtigen. Geht man weiter an der Mauer entlang, kommt man zur Ostbastei, in der Ehestreitigkeiten auf sächsische Art gelöst wurden. Die Dorfgemeinschaft konnte es sich bei den ständigen Angriffen von außen nicht leisten, auch noch Familienfeden im Inneren zu tolerieren. Zerstrittene Eheleute wurden deshalb so lange gemeinsam in die enge Zelle gesperrt, bis sie sich wieder vertrugen. Der besondere "Reiz" der Geschichte besteht darin, daß ihnen nur ein Tisch, ein Stuhl, ein Teller und ein Löffel zur Verfügung standen. Was die Aussöhnung beschleunigt haben dürfte, war vielleicht der Umstand, daß sie sich auch das Bett teilen mußten.

Den im Süden gelegenen "Katholischen Turm" benutzte man als Kapelle, in der noch einige Fresken erhalten sind. Interessant ist, daß die Szene des jüngsten Gerichts dem byzantinischen

Kompositionsschema nachempfunden wurde, das in den orthodoxen Kirchen Rumäniens und vor allem in den berühmten Bukowina-Klöstern in höchster Vollkommenheit zu besichtigen ist.

Im Westen liegt das alte Rathaus, ein Turm mit Pultdach, der auch gleichzeitig als Tordurchfahrt zwischen erstem und zweitem Mauerring diente. Die Auffahrt hinunterlaufend kommt man zum Speckturm, der in keiner Kirchenburg fehlen durfte. In manchen Gemeinden wird er auch heute noch benutzt, denn nirgendwo "reift" der Speck so gut wie in den alten Gemäuern. Traditionsgemäß darf der Speck des letzten Winterschlachtens nicht vor dem ersten Frühlingsgewitter angeschnitten werden. (Man gestand mir, daß es damit heute auch nicht mehr so ernst sei.) Schließlich gibt es noch den Westturm an der Außenmauer, der dem Rathausturm ähnelt.

Läuft man um die Außenmauer herum, kommt man im Osten zum Eingang des ehemaligen Kindergartens, der von 1991- 93 mangels Nachwuchs in eine Jugendherberge umgebaut wurde. "Die modernste Unterkunft in ganz Rumänien", wie mir ein Birthälmer stolz erklärte.

Wer im Spätsommer nach Siebenbürgen reist, hat Chancen, dem alljährlichen Birthälmer Sachsentreffen beizuwohnen. Aber natürlich sind Trachten und Blasmusik nicht jedermanns Geschmack.

(Von Birthälm bis nach Şaroş/Scharosch an der Hauptstraße zwischen Mediaş und Sighişoara/Schäßburg 9 km Fußmarsch oder Busverbindung. Nächste Bahnstation in Dumbrăveni/Elisabethstadt.)

Biertan/Birthälm – Copşa Mare/Großkopisch, 30-45 min

Von Birthälm in die Nachbargemeinde ist es wirklich nur ein Sprung über den Berg. Entweder kann man am Marktplatz gleich in die erste Gasse einbiegen, die über den Bach und einen kleinen Anger auf die Gärten am Berghang zuläuft. Durch eine Pforte im Zaun geht man einen Trampelpfad bergauf über die Wiesen, von denen sich die Kirchenburg von ihrer schönsten Seite zeigt, und weiter durch den Wald hinüber nach Großkopisch. Wer sich in den letzten Tagen trotz Wanderführer schon mehrfach verlaufen hat, sollte besser die zweite Gasse (in Richtung Şaroş) hinter dem Birthälmer Marktplatz wählen. Diese Straße führt uns ohne Orientierungsprobleme nach Copşa Mare, wo im Haus Nr. 428 gegenüber der Kirche der Schlüssel verwahrt wird.

Am beeindruckendsten ist die Großkopischer Kirche von außen, besonders wenn man durch das Tor in der Burgmauer tritt und den Kopf in den Nacken legen muß, um bis zur Spitze des gewaltigen Wehrturms aufschauen zu können. Der Chor überragt den Turm sogar noch – natürlich aus Verteidigungsgründen, da er der Bergseite am nächsten liegt. Aber auch die Großkopischer – eine "freie" Gemeinde seit ihrer Gründung und eine offenbar besonders reiche dazu – hatten den Ehrgeiz, mit den Birthälmern zu wetteifern, als diese mit ihrem gigantischen Kirchenbau begannen. Der Großkopischer Chor wurde vier Jahre nach dem Birthälmer vollendet und wahrscheinlich von derselben Bauhütte errichtet, jedenfalls sind die Ähnlichkeiten auffallend.

Wenn die Kirche heute besonders von innen etwas verbaut wirkt, liegt das wieder im Lauf der kriegerischen Geschichte begründet. Zwischen dem alten Kirchenschiff und dem neuerrichteten Chor klaffte nach dessen Fertigstellung eine Lücke. Das Schiff sollte natürlich den Dimensionen des Wehrchores entsprechend ausgebaut werden. Leider konnten die Großkopischer nicht voraussehen, daß sie schon sieben Jahre später nach der Schlacht bei Mohacs (1526) in einem zwar relativ autonomen, aber unter türkischer Oberherrschaft stehenden Fürstentum leben würden, das dem Sultan gegenüber tributpflichtig war. Die Steuern, welche die Sachsen zu entrichten hatten, waren so hoch, daß der Gemeinde – im Gegensatz zu Birthälm – anscheinend das Geld für den geplanten Kirchenbau ausging.

In den folgenden Jahrhunderten wurden An- und Umbauten entsprechend den "tagespolitischen Anforderungen" vorgenommen, wie z.B. das Wehrgeschoß über dem Mittelschiff, der

Wehrgang auf dem Turm, Neuanbau der Seitenschiffe wegen der gewachsenen Gemeinde oder die Orgelempore. Man sieht es dem Instrument und leider auch der ganzen Kirche an, daß in Großkopisch, wie in so vielen anderen Gemeinden schon lange kein Gottesdienst mehr abgehalten wird. Die wenigen Kirchgänger laufen am Sonntagmorgen über den Berg nach Birthälm oder werden vom Pfarrer mit einem Kleinbus abgeholt.

(Eine recht eintönige Straße führt von Großkopisch nach Valchid/Waldhütten, wo gleich am Ortseingang eine schöne Kirchenfeste seht. Von Valchid kann man über den Berg nach Şaroş/Scharosch laufen oder weitere 5 km Feldweg bis zur Hauptstraße Mediaş – Sighişoara.)

Copşa Mare /Großkopisch – Nou Săsesc/Neudorf, 1½-2 h

Die Kirche im Rücken laufen wir die Dorfstraße links hinunter, also Richtung Süden, und biegen dann vor der kleinen Brücke links ab. Anfangs steigen wir den Bach entlang bergauf bis zu einer Weggabel, an der weiter geradeaus am Waldrand entlanggelaufen wird. In einem Bogen geht es auf den nächsten Bergrücken hinauf und in Serpentinen auf der anderen Seite hinunter in einen schönen Talgrund, in dem ein verlassenes Gehöft auf Neusiedler wartet. Der Weg gabelt sich hinter dem Grundstück, wir laufen nach rechts dem ausgedehnten Acker folgend nach Süden. Am Feldende beschreibt der Weg eine Linkskurve und führt hinunter zum Bach. An dieser Stelle befindet sich die einzige Brücke, die ich in der Gegend finden konnte, um das Wasser bequem zu überqueren. Am anderen Ufer links den Steilhang hinauf und den Trampelpfad benutzen, der uns auf eine große Wiese begleitet. Wenn man sich immer parallel zum Waldrand hält, gelangt man über den Bergrücken und die nächste Talsenke auf einen bewaldeten Kamm. Nachdem der schmale Baumstreifen auf dem Höhenrükken durchquert worden ist, sieht man südlich im Tal die Häuser von Neudorf liegen. Nach 20 min Abstieg erreichen wir den Ortseingang und können wenig später im Pfarrhaus neben der Kirchtreppe nach dem Schlüssel fragen.

Wer nach Neudorf kommt, wird vergeblich nach einer stolzen Burg suchen und dann vielleicht mit Enttäuschung feststellen, daß die kleine Hallenkirche am Berghang mit dem danebenstehenden Turm "alles" ist, was diese Gemeinde zu bieten hat. Neudorf war, wie auch der Ortsname schon andeutet, ein neugegründeter Ortsteil der Nachbargemeinde Malmkrog und wie diese bis 1775 ein Hörigendorf im Besitz der ungarischen Adelsfamilie Apafi. Aber erst im 19. Jh. wurden die Malmkroger und Neudorfer wirklich freie Bauern. Dem hohen Herrn habe wohl nicht so viel an der Sicherheit seiner Untertanen gelegen, erklärt der Herr Kurator den Bau. Deshalb mußten sich die Neudorfer bei Angriffen im Glockenturm verschanzen, der nur durch eine Tür im ersten Stock zu betreten war. Die Holzstiege, die heute hinaufführt, existierte damals natürlich noch nicht. Wenn man über den Friedhof wieder in den Ort hinuntersteigt, sollte man auf die Treppenstufen achten, die Namenszüge oder Initialen tragen. Jeder junge Mann hatte eine bemalte Holzstufe abzuliefern, von denen heute leider keine mehr erhalten sind. Man wechselte sie später gegen Steinplatten aus.

Im Sommer '93 wohnten noch 236 Sachsen (u. ca. 200 Rumänen und Roma) in Neudorf – gemeinsam mit Malmkrog eine der stärksten sächsischen Gemeinden im Weinland. Dementsprechend haben sich hier Traditionen erhalten, die bis zur großen Ausreisewelle noch in allen siebenbürgischen Dörfern gepflegt wurden, wie das Tragen der Sonntagstracht zum Kirchgang, die Sitzordnung im Gottesdienst, das System der Nachbarschaftshilfe, das Kronenfest zu St. Peter und Paul usw.

(Von Neudorf aus führen zwei Fahrwege von annähernd gleicher Länge (ca. 14-15 km) nach Norden zur Hauptstraße Mediaş – Sighişoara oder nach Süden ins Hârtibaciu-Tal Richtung Agnita.

Nou Săsesc/Neudorf – Mălâncrav/Malmkrog, 1-1½ h

Vom Pfarramt aus die Dorfstraße links (nach Osten) den Berg hinauf und immer der Stromleitung folgen, unter der hindurch der Weg in einer halben bis Dreiviertelstunde auf den Bergrücken hinaufführt. Dort oben blicken wir über einen weiten Talgrund hinüber auf einen anderen Kamm, über den in einem kleinen Einschnitt die Leitung und unser Weg verlaufen. Wir betreten Malmkrog durch eine Obstplantage oberhalb der Kirche, um deren Wehrmauer herum man zum Pfarrhof gelangt.

Durch ihre massiven Bruchsteinmauern wirkt die Anfang des 14. Jahrhunderts errichtete Kirche äußerlich recht düster und fast etwas abweisend, ganz dem Charakter einer Wehrkirche entsprechend. Wenn sich das Auge an die Dunkelheit im Kirchenschiff gewöhnt hat, das fast nur durch die drei großen Fenster im Chorraum beleuchtet wird, entdeckt der Besucher die phantastische Innenausmalung, die zu den schönsten in Siebenbürgen zählt. An der Nordwand im Mittelschiff sind die Überreste eines 20 m langen Freskos erhalten geblieben. In 4 Bildstreifen werden Schöpfungsgeschichte, Geburt, Jugend, Passion und Auferstehung Christi dargestellt. Die Malweise deutet auf byzantinische Einflüsse, von denen sich der Künstler inspirieren ließ.

Die meisten Besucher wird der besonders schöne Chorraum anziehen, mit seiner in tiefem Blau leuchtenden Decke, auf der ein böhmischer Künstler Szenen aus dem neuen Testament malte. Neben Mariä Verkündigung, Christi Geburt und Anbetung sind auch die vier Kirchenväter Hieronymus, Ambrosius, Gregor und Augustin dargestellt, die an ihren Schreibpulten gerade mit den biblischen Schriften beschäftigt sind. Göttlicher Inspiration gleich, kommen ihnen die vier Evangelistensymbole Markuslöwe, Lukasstier, Matthäusengel und Johannesadler zugeflogen. Man sollte sich wirklich Zeit nehmen, um den Detailreichtum, die Grazilität und die oft überraschende Ausdruckskraft in Gestus und Mimik der Gestalten genießen zu können. Einen Gottvater, der seinen kleinen Sohn zur Erlösung der Menschheit auf den Weg schickt und ihm dabei so liebevoll den Po tätschelt, wie hier in Malmkrog, habe ich in keiner anderen Kirche entdeckt. Ebenso beeindruckend sind die Fresken, auf denen die Passionsgeschichte dargestellt wird. Besonders lebendig wirkt der Chor durch die Wolkenbänder, die entlang der Gewölberippen verlaufen. Der Schlußstein im Ostjoch trägt das Wappen des ungarischen Gutsherrn Apafi, der die Kirche stiftete und hier auch in der Familiengruft unter der Sakristei beigesetzt wurde.

(Von Malmkrog führt ein 12 km langer Fahrweg durch die Gemeinde Laslea/Lasseln an die Hauptstraße Mediaş-Sighişoara.)

Mălâncrav/Malmkrog – Iacobeni/Jakobsdorf, ca. 2¼ h

Nach Südwesten laufen wir aus dem Dorf hinaus und an der ehemaligen Genossenschaft vorbei, hinter der nach rechts ein weiterer Feldweg abzweigt (der kürzere, wie mir später von Einheimischen gesagt wurde...). Weiter dem Fahrweg geradeaus folgend, kommt man nach ca. 40-45 min an eine Weggabel, an der sich das Tal verzweigt. Über den linken Weg geht es durch den Wald auf den Berg hinauf, wo die Orientierung etwas schwieriger wird, weil sich mehrere Pfade kreuzen. Unser Weg führt auf der anderen Hangseite gleich wieder in einer größeren Kurve hinunter ins Tal und durch eine Waldschneise auf eine große Wiese hinaus, auf der er sich mit dem Fahrweg Criş – Iacobeni vereinigt, den wir noch ca. eine halbe Stunde bis nach Jakobsorf hinunterlaufen.

Die Jakobsdorfer Kirche liegt über dem Schulgebäude auf einem Hügel und beeindruckt durch ihren Festungscharakter. Der Burghof muß heute durch den Pfarrgarten betreten werden, der Zugang durch den Torturm wird von einer Gittertür versperrt. Rund um Kirchenschiff und Chor ziehen sich die Verteidigungsbögen, aus denen siedendes Pech und Wasser auf die Angreifenden geschüttet wurde. Außer dem Glockenturm im Westen baute man noch einen Wehrturm über der Sakristei. Das Innere ist eher schlicht, die Orgel in den Chor hineingezwängt. Am stärksten prägen sich die Ende des 18. Jh. gebauten Emporen ein, mit ihren an Kinderzeichnungen erinnernden pausbäckigen Engelsgesichtern.

Die folgenden Möglichkeiten bieten sich an, die Tour von Jakobsdorf aus fortzusetzen:

Abstecher nach Sighişoara/Schäßburg

Wer Sighişoara/Schäßburg noch nicht kennt, sollte sich unbedingt dorthin auf den Weg machen. Bis zur Hauptstraße Agnita – Sighişoara sind es 2 km Fußmarsch. Dort findet man sicher ein Fahrzeug, das den Anhalter bis ins "Siebenbürgische Rothenburg ob der Tauber" mitnimmt. (Kirchenburg in Apold /Trappold auf dem Weg dorthin ebenfalls sehenswert.) Im Gegensatz zu seinem deutschen Pendant ist es im alten Stadtkern von Schäßburg angenehm ruhig. Die "Burg", wie die Oberstadt genannt wird, umschließt ein fast vollständig erhaltener Mauerring, der von 14 Wachttürmen aus durch die Handwerkerzünfte verteidigt wurde. (Heute stehen noch neun davon.) Der bekannteste unter Schäßburgs Türmen ist aber der Stundenturm, das Wahrzeichen der Stadt, mit seinem charkteristischen Helm aus buntglasierten Ziegeln und der Spieluhr. Man sollte ihn unbedingt besteigen und kann auf dem Weg zum Wehrgang auch noch einen Blick in das Heimatmuseum werfen.

Dem Turm gegenüber steht am Markt das Venezianische Haus, so benannt nach seinen Fensteröffnungen, und auf der anderen Straßenseite das Geburtshaus von Vlad Ţepeş, das natürlich alle Draculafans in seinen Bann zieht. Liebhaber guter Gastronomie, die in Rumänien doch immer noch eher die Ausnahme ist, sollten sich das Haus aber auch von innen ansehen – wegen seines Restaurants.

175 Holzstufen führen über die Schülertreppe hinauf zum Gymnasium – nichts für Morgenmuffel. Ganz oben auf der Bergspitze befinden sich der Bergfriedhof und die spätgotische Hallenkirche, die nur mit sehr viel Glück von innen zu besichtigen ist. Leider – denn sie beherbergt einen Altar, der Johann Stoß – Sohn des Veit Stoß – zugeschrieben wird.

Um nach Sibiu zurückzukehren, kann man durch das Hârtibaciu-/Harbachtal trampen bzw. mit dem Bus oder ab Agnita auch mit dem Zug fahren. Die Wanderung ist von Iacobeni/Jakobsdorf aus auch noch um zwei Dörfer verlängerbar, bevor die Landschaft ab Agnita/Agneteln wieder eintöniger wird. Allerdings liegen jetzt keine "spektakulären" Bauwerke mehr auf unserem Weg.

Iacobeni/Jakobsdorf – Stejărişu/Probstdorf, 1-1¼ h

Der Weg ins Nachbardorf ist nicht schwer zu finden. Vom Eingang zum Pfarrgrundstück außen um die Schule herum und dann einen schmalen Trampelpfad zwischen den Gartenzäunen entlang gelangen wir auf eine große Wiese, die ein Fahrweg überquert. Diesen nach Westen den Berg hinauflaufend, durchqueren wir ein Wäldchen und steigen auf der anderen Seite in einen Talgrund. An einer Viehtränke vorbei, über ein Bächlein hinweg, auf dem nächsten Hügel einem Kiefernwäldchen links ausweichen und dann über eine ausgetretene Büffelpiste hinunter in den Ort – schon sind wir in Probstdorf angekommen.

Die Saalkirche mit ihrem massigen Turm liegt genau in der Dorfmitte auf dem Anger, durch eine 5 m hohe Ringmauer geschützt, auf der ein kleines Türmchen thront. Zur Verteidigung dienten außerdem der Wehrturm an der Nordostecke neben dem Chor und der schöne Fachwerk-Wehrgang, der sich um das Kirchenschiff und den Turm herumzieht. Der Kirchenschlüssel wird reihum gereicht – entweder im rotgetünchten Pfarramt gegenüber der Kirche oder z.B. im Haus Nr. 52 nachfragen.

Stejărişu/Probstdorf – Ruja/Roseln, 2 h

Vom Probstdorfer Anger aus läuft zwischen den Häusern ein Feldweg den Berg nach Südwesten hinauf und in das Wäldchen auf dem Bergrücken. Mehrere Trampelpfade bieten sich an, führen aber nach ein paar hundert Metern sowieso wieder zusammen und in das nächste Tal hinunter, durch das ein breiter Fahrweg nach links zu den Ställen einer Genossenschaft verläuft. Von dort aus ist der weitere Weg etwas Gefühlssache. Noch vor den Ställen rechts in die Einfahrt einbiegend, findet man im Wald einen kaum noch erkennbaren Trampelpfad, der auf der Rückseite der Genossenschaft entlangführt, bis er einen ausgetretenen Weg trifft. Auf diesem 10 min bergauf, dann steht man an einer

Obstplantage. Am Rand eines Maisfeldes und dann zwischen Apfelbäumen die Wiese hinunterlaufend, sehen wir Roseln vor uns liegen und müssen nur noch einen gangbaren Abstieg entlang der Äcker finden. Am besten orientiert man sich am Friedhof, neben dem ein Weg ins Dorf hinabführt.

Die Roselner Kirche sieht auf die Entfernung fast ein wenig wie eine Kopie von Probstdorf aus. Beim Näherkommen entdeckt man aber doch Unterschiede, wie den aufgestockten Wehrchor, der sich deutlich vom Schiff abhebt. Das Innere der Kirche ist eher bescheiden und bietet nach allem, was wir auf der Wanderung gesehen haben, keine besonderen Eindrücke mehr. Den Schlüssel erhält man bei den freundlichen Bewohnern des Pfarrhauses.

Ruja/Roseln – Agnita/Agneteln, 1½ h

Vom Eingang zum Kirchhof ein paar Häuser am Anger zurücklaufen und dann nach rechts eine Gasse wählen, durch die wir auf die Dorfweiden kommen. In 20 min läuft man den Hang hinauf, einen einzelstehenden Baum ansteuernd. Oben angekommen, den Weg nach rechts weitergehen, der bald eine scharfe Linkskurve beschreibt und immer am Waldrand entlangführt. Am Horizont ist bei klarer Witterung in voller Größe das Făgăraş-Gebirge sichtbar und – nach einer halben Stunde Marsch – im Tal die ersten Häuser und die Genossenschaft am Ortseingang von Agneteln. Hinter einem kleinen Anwesen am Berghang nehmen wir den nächsten Feldweg, der nach links hinunter zur Hauptstraße abbiegt.

Auf dem Weg zur Kirchenburg kommt man im Ortszentrum an einem Hotel mit annehmbaren Preisen vorbei (Sommer '93 3,80 DM pro Person).

Die Kirche liegt jenseits des Harbachs – vom Mauerring ist außer den vier Wehrtürmen nur wenig übriggeblieben. Die Namen Faßbinder-, Schneider-, Schmiede- und Schusterturm erinnern auch hier an die Zünfte, die diese Abschnitte der Burg zu verteidigen hatten. Der Glockenturm der Basilika wurde mit dem

Töpferturm "ummantelt" und bekam so sein sehr gedrungenes Aussehen. Durch ihn betritt man auch heute noch die Kirche, die im Inneren gut renoviert ist und einen schönen Altar besitzt.

Rückkehr nach Sibiu durch das Hârtibaciu-Tal

Von Agnita kann man mit dem Bus oder der sehr gemütlichen Schmalspurbahn (2 mal täglich: 11.25 u. 15.20 Uhr, drei Stunden Fahrzeit) nach Sibiu weiterfahren oder auch die Kirchenbesichtigung im Hârtibaciu-/Harbachtal fortsetzen.

Erwähnenswert wäre die Burg in Alţina/Alzen – 20 km von Agnita entfernt, in der eines von sieben erhaltenen Taufbecken aus der Werkstatt Meister Leonhards steht.

Im Nachbarort Nocrich/Leschkirch wurde der spätere Vertraute und Berater Maria Theresias und Gouverneur Siebenbürgens von 1777-87 Samuel von Brukenthal geboren. Auch in Leschkirch steht nur noch ein Bruchstück der Burgmauer. Am markantesten sind der sogenannte Türkenturm mit seiner gewundenen Haube und die zwei im weichen Sumpfboden eingesunkenen Westtürme, deren Eingänge im Erdreich verschwunden sind.

Einen Abstecher lohnt die Burg von Hosman/Holzmengen – 9 km von Nocrich entfernt. Schon von der Landstraße aus bietet die Kirche über dem Dorf mit der Făgăraş-Kette im Hintergrund ein unvergessliches Bild. Kunsthistoriker vermuten, daß in Holzmengen Steinmetze beschäftigt waren, die wegen mangelnder Fertigkeiten vom Bau des Wiener Stephansdoms entlassen wurden und nach Siebenbürgen zogen. Die geflügelten Chimären, die sich am Portal aneinanderkuscheln, werden als ein Beispiel dafür gewertet und erfreuen durch ihre schiefen Physiognomien.

Munţii Făgăraş

Zwischen Transsilvanien und Walachei

Die "Transsilvanischen Alpen", das höchste und wohl auch wildeste Gebirge Rumäniens: Unter einem blauen Sommerhimmel sehen die Gipfel auf die Entfernung sogar recht einladend aus, und man kann sich bei 40°C im Zugabteil so gar nicht vorstellen, daß über den Kamm gerade ein unsichtbarer, eisiger Sturm fegt, der einem den Atem nimmt und die Windjacke wie einen Ballon aufbläst.

Das Făgăraş ist ein gewaltiger Grenzwall zwischen Transsilvanien und der Ţara Românească – der Walachei, aufgebaut aus dunklem, graugrünem kristallinen Schiefer, der sich bei aufziehendem Gewitter drohend schwarz färbt. In einem rumänischen Wanderführer wird das Gebirge sehr treffend mit einem "großen Tausendfüßler" verglichen. Von dem 70 km langen Hauptkamm, der sich in Ost-West-Richtung erstreckt, zweigen zahlreiche zueinander parallele Nebenkämme ab, allerdings sind die "Füße" nicht gleich lang. Während sie nach Norden kurz und schroff in die Olt-Niederung hinunterführen, laufen die Bergrücken nach Süden sanfter geschwungen aus und erreichen das Tal erst in bis zu 30 km Entfernung, weswegen diese Seite des Gebirges vom Tourismus weitgehend verschont bleibt – ein weites Areal für reichen Wildbestand, darunter besonders häufig der Karpatenbär, der den Schafhirten das Leben schwermacht.

Die Făgăraş-Gipfel sind aber auch eine Wetterscheide, treffender noch eine "Wetterküche", die immer wieder für unangenehme Überraschungen sorgt:

An einem schönen klaren Augustabend bauen wir im Fereastra-Mică-Sattel auf weichen Matten unsere Zelte auf. Am nächsten Morgen erwachen wir im Schnee...

Oft wandert man am Südhang im prallen Sonnenschein und nördlich des Kammes brodelt eine Wolkensuppe, unter der es schon ein paar Tage lang regnet. Während sich mein Wandergefährte am Gemsensee einen krebsroten Rücken holt, komme ich vom Broteinkauf an der Bâleasee-Hütte naß zurück.

An der Biwakschachtel am Călţun-See fragen wir einen Mann vom Bergrettungsdienst, wie das Wetter heute würde. Ein unsicherer Blick zum Himmel, dann im Brustton der Überzeugung: "Das wird ein schöner Tag. Keine Probleme." Eine Stunde später spült uns ein infernalisches Gewitter vom Negoi-Gipfel ins Tal. Kleine Bergbächlein verwandeln sich in Minutenschnelle in reißende Wildwasser und die Bergbaude ist überfüllt mit triefenden Wanderern.

Am westlichen Ende des Hauptkamms steigen wir schwitzend zum Tătaru-Gipfel hinauf. Bis vor kurzem noch hat ein scharfer Wind gepfiffen, vor dem wir uns in Pullover und Anoraks verkrochen. Jetzt scheint die Luft auf einmal zu stehen. Die Sonne sticht unerträglich heiß. Noch während wir uns ausziehen, kriechen auf einmal kühle Nebelschwaden den Berg hinauf, und in Minutenschnelle sieht man nur noch Weiß. Auf den Wiesen fehlt jede Markierung und uns die Orientierung. Dank der schlechten Wanderkarten hilft auch der Kompaß nur unwesentlich weiter. Wir verirren uns auf einen Seitenkamm, müssen umkehren und stehen nach einer Stunde 30 Meter unterhalb der Stelle, an der wir losgelaufen sind. Der Tag endet mit einem unfreiwilligen Biwak auf einer regenfeuchten Wiese über einer Steilwand.

Solche Erlebnisse scheinen für Făgăraş-Wanderungen typisch zu sein. Nicht immer gehen sie so harmlos aus, woran die vielen Kreuze auf dem Kamm erinnern. Fehleinschätzungen der langen anstrengenden Wegstrecken und der eigenen Leistungsfähigkeit führen zu tragischen Unfällen. Ein Salvamont-Mitglied kann mir am Beispiel eines Holländers kopfschüttelnd erzählen, mit welchem "echipament" manche Leute hier oben im Gebirge erscheinen: Jeans, Turnschuhe, ein dünner Anorak und ein kleiner Rucksack mit einem letzten Kanten Brot und einer Flasche Wein, ohne Karte und sehr unterkühlt, so hat ihn die Bergwacht Anfang Oktober in einem "refugiu" gefunden. Draußen 20 cm Schneehöhe. Trotz besserer Ausrüstung erfror einen Monat zuvor eine deutsche Touristin auf dem Weg zum Bâlea-See.

Beklagt sich der ausländische Tourist über den Zustand rumänischer Straßen, wird er von den Einheimischen gerne auf die 119 km lange Transfăgărăşan hingewiesen, ein wirklich beeindruckendes Bauwerk, das durchaus mit Schweizer Paßstraßen konkurrieren kann.

Von der Olt-Niederung im Norden fährt man bis zum Hotel Bâlea Cascadă, an dem die Serpentinen hinauf zur Cabana Bâlea Lac beginnen. Der Hauptkamm wird durch einen Tunnel durchquert und kurvenreich geht es hinunter ins Argeş-Tal, wo Mitte der 60er Jahre hinter einer 166 m hohen Sperrmauer der Vidraru-See aufgestaut wurde. Noch abenteuerlicher ist der Straßenverlauf hinter dem Tunnel am Kraftwerk, wo sich die Fahrbahn über kleine Brücken an den Felswänden entlangschmiegt, über denen die Burgruine Poenari thront, die wahrscheinlich der Großvater des Fürsten Dracula – Mircea cel Bătrân – erbauen ließ. Die Straße endet in Curtea de Argeş, wo sich die Residenz mehrerer walachischer Fürsten befand (s.S. 190f).

An der Transfăgărăşan scheiden sich aber auch die Geister: Von den Nostalgikern wird sie gerne als Beweis dafür genommen, daß an der Ära Ceauşescu "ja doch nicht alles schlecht gewesen sei".

Andere behaupten, die Straße sei eines der gigantomanischen Projekte des "conducătors" gewesen, die Idee dazu auf einem Jagdausflug im Bâlea-Tal entstanden. In einem antiquarisch erstandenen Heft mit dem Titel "Historische Erzählungen für Kinder, Schüler, Pfadfinder (Falken des Vaterlandes...) und Pioniere" aus dem Jahr '84 wird über die "jungen Soldaten" berichtet, die beim Bau dieser Straße "wahre Übungen des Willens, der Geschicklichkeit, der Kraft und sogar des Heroismus bestanden haben." (Und es folgt eine kitschige Heldengeschichte über einen Gefreiten, der mit seinem Körper einen einstürzenden Damm abstützte und so die Überflutung der Baufahrzeuge und der soeben fertiggestellten Straße verhinderte.) Ein Bergführer aus Braşov behauptet, es seien hier nur Strafbataillone beschäftigt worden, die sommers wie winters ununterbrochen zu arbeiten hatten. Wie viele das Opfer von Steinschlag und Lawinen geworden seien, wüßte heute niemand genau zu sagen.

Verkehrspolitisch notwendig war diese Straße keinesfalls. "Genauso unnötig wie 'seine' Jagdhütte", erklärt ein Salvamontist, auf das Chalet zeigend, das neben der kleinen Cabana Bâlea Lac auf einem Hügel thront. Der Baudenwirt wäre nach der "Revolution" gerne in dieses Chalet umgezogen. Im Sommer '93 steht das Gebäude mit seinem großen Empfangsraum und den 12 Gästezimmern, von denen jedes ein eigenes Bad besitzt, immer noch leer. Durch die Holzdecke im Obergeschoß tropft Wasser auf die Teppiche und läuft an den Wänden herab. Im Winter 89/90 ist die Heizung eingefroren und explodiert, der Umbau würde Unsummen kosten. "Dieses Haus wurde für drei Tage gebaut!", erklärt der Führer bitter. So oft haben sich der Staatschef oder ein Mitglied seiner Familie hier aufgehalten...

Anfahrt

Mit dem eigenen Fahrzeug: Die kürzeste Anreise aus dem Ausland bietet sich vom Grenzübergang Nădlac auf der E 68 über Arad – Deva – Sibiu – Făgăraş, an der Nordflanke des Gebirges entlang. Wer sich lange Aufstiege ersparen möchte, kann 4 km hinter der Gemeinde Scoreiu auf die Transfogarasch-Straße abbiegen und bis zum Bâlea-See (2034m) oder über den Hauptkamm am Vidraru-Stausee vorbei nach Curtea de Argeş fahren. (Ausgangspunkte siehe nachfolgendes Kapitel "Bergbauden und Aufstiege")

Mit öffentlichen Verkehrsmitteln: Alle Züge auf der Bahnlinie Curtici – Arad – Sibiu – Braşov fahren am Fuß des Făgăraş-Gebirges entlang. Sämtliche Schnellzüge halten an den Stationen Avrig, Ucea, Făgăraş, von denen – wenn auch selten – Busse in die Dörfer fahren, die als Ausgangspunkte für den Aufstieg dienen. Wer den Hauptkamm in West-Ost-Richtung aus dem Olt-Tal besteigen möchte, muß von Sibiu aus mit dem Schnellzug ins Olt-Tal nach Câineni oder mit dem Personenzug bis zu den Stationen Turnu Roşu, Valea Marului fahren. Das östliche Ende des Făgăraş ist über Braşov und Zărneşti erreichbar. (siehe Anfahrt nach Plaiul Foii, S. 233f)

Bergbauden und Aufstiege

Sämtliche Făgăraş-Bauden ausführlich beschreiben zu wollen, wäre wenig sinnvoll und würde das Format dieses bescheidenen Bändchens sprengen. Es werden hier nur die in West-Ost-Richtung gelegenen sechs wichtigsten "cabane" auf der Nordseite des Gebirges erwähnt; für diejenigen Wanderer, die den Kamm nicht in seiner vollen Länge ablaufen wollen.

Die Bauden am Nordhang sind grundsätzlich nur zu Fuß erreichbar – mit Ausnahme der Bâleasee-Hütte. Autofahrer sollten den Wagen am zweckmäßigsten in einer der Ortschaften direkt an der Bahnlinie Sibiu – Făgăraş abstellen und nicht der Versuchung erliegen, bis ins letzte Dorf am Gebirgsfuß zu fahren, wohin sehr selten Busse verkehren. Erfahrungsgemäß ist es nach einer mehrtägigen Bergtour sehr unerfreulich, wenn man sich in der Abenddämmerung noch Gedanken machen muß, wie man zu seinem Fahrzeug zurückkehrt.

Aus dem gleichen Grund sind Aufstiege aus dem Süden auf den Făgăraş-Kamm weniger empfehlenswert. Die drei Bauden, die sich als Ausgangspunkte einer Tour anbieten, liegen zwar alle verlockend nahe am Hauptkamm und direkt an der Transfogarasch-Straße; wer seinen Wagen hier parkt, muß sich aber im klaren darüber sein, daß zur Hütte in der Regel nur auf demselben Weg von einer Gratwanderung zurückgekehrt werden kann. Die extremen Wetterumschwünge im Făgăraş erzwingen aber sehr schnell den Abstieg zu einer Baude auf der Nordseite des

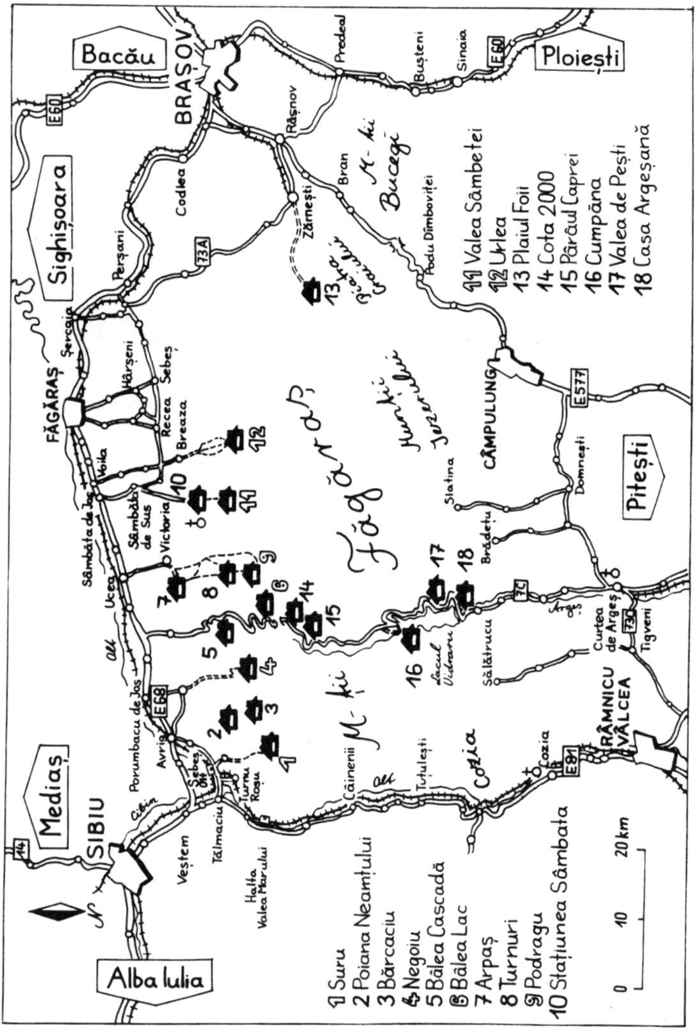
Bacău
BRAȘOV
Ploiești
Sighișoara
Mediaș
Alba Iulia
SIBIU
FĂGĂRAȘ
CÂMPULUNG
Pitești
RÂMNICU VÂLCEA
M-ții Făgăraș
M-ții Bucegi
M-ții Iezerului
Cozia
E60
E68
E81
E577
73A
7C
73C
14
Predeal
Bușteni
Sinaia
Râșnov
Codlea
Bran
Zărnești
Podu Dîmboviței
Perșani
Șercaia
Hârseni
Sebeș
Recea
Breaza
Voila
Sâmbăta de Jos
Sâmbăta de Sus
Victoria
Ucea
Porumbacu de Jos
Avrig
Sebeș Olt
Turnu Roșu
Tălmaciu
Veștem
Halta Valea Mărului
Câinenii
Tutulești
Slatina
Domnești
Brădetu
Sălătrucu
Curtea de Argeș
Tigveni
Lacul Vidraru
Olt
Cibin
Argeș
1 Suru
2 Poiana Neamțului
3 Bărcaciu
4 Negoiu
5 Bâlea Cascadă
6 Bâlea Lac
7 Arpaș
8 Turnuri
9 Podragu
10 Stațiunea Sâmbăta
11 Valea Sâmbetei
12 Urlea
13 Plaiul Foii
14 Cota 2000
15 Pârâul Caprei
16 Cumpăna
17 Valea de Pești
18 Casa Argeșană
0
10
20 km
N

Gebirges und bei tagelang anhaltendem Sturm und Schneefall (bereits im Spätsommer möglich) schließlich den Rückzug ins Tal. Sollte die Transfogarasch-Straße dann zwischen Bâlea- und Vidraru-See nicht mehr befahrbar sein (d.h. keine Trampmöglichkeit), kann sich der Rückweg bis zum Auto sehr schnell auf über 100 km ausdehnen, die mit Zug, Bus und per Anhalter außen um das Gebirge zurückgelegt werden müssen. Wer mit öffentlichen Verkehrsmitteln aus dem Süden anreist und den Kamm zu Fuß erreichen möchte, benötigt dafür in der Regel zwei Tage, von denen man den ersten auf wenig attraktiven Forstwegen verbringt.

Cabana Suru (1450m)

Die am Waldrand auf dem Moașei-Rücken gelegene Baude kann als erstes Nachtquartier für Touristen ohne Zelt dienen, die von der Bahnhaltestelle Valea Mărului aus dem Olt-Tal aufgestiegen sind. Da es sich bei dieser Route aber um einen wahren Orientierungslauf handelt (siehe Abstieg ins Olt-Tal, S. 186f), empfehle ich den Anmarsch von der Haltestelle Sebeș Olt (7. Haltestelle aller Personenzüge hinter Sibiu – Richtung Brașov, Fahrzeit ca. 40 min).

Über das Dörfchen Sebeșu de Sus gelangt man durch das Moașa-Tal, wo man nach links auf den Plăiețu-Kamm aufsteigt und über herrliche Bergwiesen und durch Eichenwälder auf dem Moașei-Rücken bis zur Suru-Baude wandert. Rotes Dreieck, 4½ h.

Wanderrouten ab Cabana Suru: Curmătura Surului (Hauptkamm), rotes Dreieck, 30 min.

Curmătura Surului – Șaua Scării , rotes Band – Cabana Negoiu, blaues Kreuz, 6½ – 7 h.

Cabana Negoiu (1546m)

Die Baude, nach dem zweithöchsten Gipfel des Făgăraș benannt, der stolz über ihr thront, erinnert vom Aussehen eher an ein Berghotel und verfügt über die größte Bettenkapazität des ganzen Gebirges, d.h. hier wird man (fast) immer einen Platz bekommen.

Schachpartie an der Bâlea-See-Baude

Von den Bahnstationen Avrig bzw. Porumbacu de Jos ist die Baude über die Landstraße und die Gemeinde Porumbacu de Sus entlang des Râul-Mare-Fluß erreichbar. Leider muß der größte Teil der Strecke auf einem Forstweg zurückgelegt werden, was allerdings die Chancen vergrößert, von einem Fahrzeug mitgenommen zu werden. Blaues Dreieck, 6 - 6½ h.

Wanderrouten ab Cabana Negoiu: Şaua Scării – Cab. Suru (Wegbeschreibg. s.S. 183ff)

Vf.Şerbota, blaues Band, 2½ h.

Vf. Negoiu, blaues Dreieck, 3½ h – Lacul Călţun – Cab. Bâlea Lac, rotes u. blaues Band, 5 – 5½ h.

Cabana Bâlea Lac (2027m)

In der Bâleasee-Hütte gibt es nach Angaben des Wirts 75 Nachtlager und das ist einfach zuwenig für eine Bergbaude, die über eine Straße und mit der Seilbahn erreichbar ist. Besonders an den Wochenenden sollte man hier nicht zu spät eintreffen, um sich noch einen Platz zu reservieren. Wer über kein Auto verfügte, konnte in der Vergangenheit vom Busbahnhof Sibiu aus mit einem Frühbus bis zum Hotel Bâlea Cascada (1234m) fahren.

Die Linie wurde offenbar eingestellt. Im ungünstigsten Fall (d.h. ohne Mitfahrgelegenheit) müssen von der Bahnstation Arpaşu de Jos (mit dem Personenzug von Sibiu in ca. 1.20 h erreichbar) 16 km Landstraße über die Gemeinde Cârţişoara zum Hotel zu Fuß zurückgelegt werden. Zwischen dem Hotel Bâlea Cascada und Bâleasee-Hütte verkehrt eine Seilbahn. Sollte sie dies nicht tun, was bei der gegenwärtigen Tourismusflaute öfter mal vorkommt, steht dem Wanderer ein Aufstieg durch das Bâlea-Tal bevor, der auf der unteren Wegstrecke bis zum Wasserfall zwar noch sehr schön ist, weiter oben, wo die Kehren der Transfogarasch-Straße gequert werden müssen, aber zu wünschen übrig läßt. Blaues Band, 2½ h.

Wanderrouten ab Cabana Bâlea Lac: Vânătoarea lui Buteanu (2509m), blaues Dreieck, blaues Kreuz, Auf- u. Abstieg 3 h

Von der Baude aus steigt man in 30-40 min auf der blauen Dreiecksmarkierung in den Gemsensattel (Şaua Caprei, 2315m), und folgt dem blauen Kreuz über die Südflanke des Văiuga-Gipfels (2443m) zur Vânătoarea-lui-Buteanu-Spitze, von der sich eine einmalig schöne Aussicht über fast alle Gipfel des Gebirges auftut. Es kann zur Bâleasee-Baude nur auf dem gleichen Weg zurückgekehrt werden.

Eine Verlängerung der Tour um 2-2½ h bietet sich an, wenn man wieder im Şaua Caprei über dem Gemsensee steht und von hier aus der roten Bandmarkierung über den Vârful Iezerul Caprei (2407m) in den Şaua Paltinului folgt und über den mit blauem Band markierten Pfad wieder zum Bâlea-See absteigt.

Rundweg Cabana Bâlea Lac (2027m) – Valea Doamnei – Cabana Bâlea Cascada, rotes Kreuz – Vârful Netedu (2351m) – Cabana Bâlea Lac, blaues Band, schlecht markiert, 8 h

An der Seilbahnstation und dem ehemaligen Ceauşescu-Chalet vorbei, über die Transfogarasch-Straße und auf der anderen Seite den mit rotem Kreuz markierten Pfad zum Sattel Curmătura Bâlei aufsteigen. Von dort klettert man zu den zwei kleinen Frauenseen ins gleichnamige Tal Valea Doamnei hinab. Der Weg führt weiter über eine Gletscherschwelle, an zwei Almen vorbei und steigt erneut auf den Kamm des Piscul Bâlei hinauf. Oben auf dem Grat zweigt nach links ein Pfad zum Adlerstein (Piatra Vulturului,1321m) ab, von dem sich eine besonders schöne Aussicht über das Bâlea-Tal bietet. Im Abstieg zum Hotel Bâlea Cascada treffen wir auf den mit blauem Band markierten Weg, der am Wasserfall vorbei wieder hinauf zum Bâlea-See führt. Wir laufen aber trotzdem bis hinunter zur Seilbahnstation neben dem Hotel. (Bis hierher ca.3-3½ h.)

Auf der anderen Talseite erhebt sich der Netedu-Kamm (oder auch Muchia Buteanu) auf den unser Pfad hinaufführt, nachdem wir noch einmal ca. 200 m oberhalb der Seilbahnstation die Straße überquert haben. Seinen Weg durch die Latschen bahnend, gelangt man auf den Kamm, von dem jetzt die Aussicht hinüber ins Arpaşel-Tal genossen werden kann. Mehrere kleinere Gipfel umgehend, gelangt man nach 3 Stunden auf die Netedu-Spitze, dem höchsten Punkt dieser Wanderung. Für Nichtbergsteiger eröffnet sich hier eines der umfassendsten Panoramen der Făgăraş-Kette von einem nördlichen Seitenkamm aus. Im Netedu-Sattel steigen wir ab, erreichen den Văiuga-Kessel und müssen von dort aus wieder die letzten Meter zur Bâleasee-Hütte hinaufkraxeln.

Cabana Negoiu (Wegbeschreibung S. 180ff)

Cabana Podragu, blaues Dreieck, rotes Band, rotes Dreieck, 5-5½ h.

Cabana Podragu (2136m)

Sie ist die höchstgelegene Baude im Făgăraş, die in einem wilden Gletscherkessel am Podragu-Seeufer errichtet wurde.

Vom Bahnhof Ucea de Jos verkehren Anschlußbusse nach Victoriastadt. Die Endhaltestelle in Victoria liegt neben der kleinen Schmalspurbahn, die aus der Olt-Niederung die Hügel hinauf zu einem Chemiebetrieb fährt. Wir überqueren die Gleise und begeben uns auf der Landstraße in dieselbe Richtung, uns an einem Wegweiser mit blauer Bandmarkierung orientierend, der Cabana Arpaş 7,5 km, Cabana Turnuri 5 h und Cabana Podragu 8 h anzeigt. In einer Straßenkurve neben dem Chemiewerk steht ein zweiter Wegweiser. Hier biegen wir rechts auf einen Fahrweg ab, der uns in eine Talsenke und über den Ucea-Mare-Bach führt. Eine halbe bis Dreiviertelstunde nachdem wir Victoria verlassen haben, wird eine Weggabelung erreicht, an der man wählen kann, wie zur Podragu-Baude aufgestiegen werden soll.

Variante A: Markierung blaues Band, (alte Markierung blauer Punkt), 6 h. Geradeaus durch das Ucişoara-Seaca-Tal und dann auf den Muchia-Tărâţei-Kamm aufsteigen, wo man nach ca. 2 h "La Şipot" (1470m) erreicht. Dort vereinigt sich der Weg mit der von der Arpaş-Baude kommenden blauen Dreiecksmarkierung und steigt weiter zur Boldanu-Alm auf, wo man sich immer noch entscheiden kann, ob man nicht lieber den rechts abzweigenden Pfad hinunter zur Turnuri-Baude (1520m) wählt. Ansonsten geht es dem blauen Dreieck/Band folgend immer höher auf den Tărâţa-Rücken, bis im Sattel La Calea Carelor (2190m) der Kamm verlassen und nach rechts ins Podragu-Tal abgestiegen werden muß.

Variante B: Markierung rotes Dreieck, 6½-7 h.Wer zum Aufstieg das Tal bevorzugt bzw. erst am Nachmittag in Victoria eintrifft, läuft ab der erwähnten Weggabelung oberhalb von Victoria dem roten Dreieck folgend bis zur Cabana Arpaş weiter und übernachtet dort. Von der Baude führt uns das rote Dreieck entlang des Arpaşul-Mare-Baches bis zum Zusammenfluß mit dem Podragu-Bach (ca. 2½ h). Letzterem folgen wir nach links bis zur kleinen Turnuri-Hütte von der aus man den Sommer- oder Winterweg bis zur Podragu-Baude benutzt.

Wanderrouten ab Cabana Podragu: Cabana Bâlea Lac (Wegbeschreibung, S. 177ff) bzw. Bâlea Lac über Portiţa Arpaşului, blaues und rotes Band, blaues Dreieck, 5½-6 h

Eine Alternative zur Kammwanderung Podragu – Bâlea-See bietet der mit blauem Band markierte Weg über die Curmătura dintre Lacuri (den Sattel zwischen den Seen, 2270m) zum Podrăgel-See, von dort über den Piscul Podrăgel in den Vârtopului-Kessel und schließlich über die Scharte Portiţa Frunţii durch den Pietroasa-Kessel hinauf zur Portiţa Arpaşului. Dort treffen wir wieder die rote Kammarkierung, der wir zum Lacul Caprei (Gemsensee) folgen und von dort über das blaue Dreieck zum Bâlea-See absteigen. Die Durchquerung der drei Kessel führt durch eine der düstersten Felsgegenden des Făgăraş und steht der Kammstrecke an Schönheit in nichts nach, ist aber mindestens genauso anstrengend.

Cabana Valea Sâmbetei über Moldoveanu-Gipfel, rotes Dreieck, rotes Band, rotes Dreieck, 9½ h.

Cabana Valea Sâmbetei (1405m)

Unterhalb des Großen Fensters (Fereastra Mare), wie der riesige Sattel zwischen Colţul Bălăceni und Slănina- bzw. Budru-Gipfel heißt, liegt die Sâmbătatal-Hütte in einem der schönsten Gebirgstäler. Von den für die Kammwanderung geeigneten Bauden ist sie leider die am tiefsten gelegene.

Ausgangspunkt für den Aufstieg ist der Touristik-Komplex Sâmbăta, der über die Dörfer Sâmbăta de Jos , Sâmbăta de Sus mit dem Auto auf einer asphaltierten Landstraße zu erreichen ist. Vom Busbahnhof der Stadt Făgăraş verkehren an den Wochenenden auch Busse dorthin. Wer per Anhalter reisen möchte, muß den Zug an der Station Voila verlassen. Rechts des Gasthofs und der Touristenunterkünfte liegt das Kloster Sâmbăta (Mănăstirea Brâncoveanu), das einen Besuch wert ist, wenn man sich für Hinterglas-Ikonen interessiert (s.S. 188). Bis zur Sâmbătatal-Baude läuft man auf einem mit rotem Dreieck markierten Forstweg ca. 2-2½ Stunden.

Wanderrouten ab Cabana Valea Sâmbetei: Cabana Podragu (Wegbeschreibung S. 173ff)

Cabana Urlea – über Vf. Cheia Bândei (2383m), roter Punkt, 1½ h bzw. Şaua Fereastra Mare (2188m), rotes Dreieck, 1½ h auf den Hauptkamm – weiter rotes Band , blaues Dreieck, 6½ – 7½ h.

Cabana Urlea (1533m)

Die Baude und Wanderwege werden im anschließenden Kapitel ausführlich beschrieben.

Die große Făgăraş-Kammwanderung

Die 7-tägige Wanderung wird hier in Ost-West-Richtung beschrieben, da man sich so die Höhepunkte bis zum Schluß aufhebt. Wer empfindlich gegen frontal ins Gesicht blasenden Westwind ist – im Făgăraş regelmäßig der Fall – sollte die Tour in der Gegenrichtung unternehmen.

Für alle, denen die Durchquerung der "Transsilvanischen Alpen" in voller Länge ein "muß" ist, beginnt der Weg im Osten an der Cabana Plaiul Foii zwischen Piatra Craiului (Königstein) und Făgăraş. (Anfahrt, s.S. 233f) Wenig verlockend mag aber der Umstand sein, daß man von Plaiul Foii aus zuerst 10 km auf einer Straße bis zum Forsthaus Rudăriţa läuft und knapp die Hälfte des 10 -11stündigen Gewaltmarsches bis zum Bergsattel Curmătura Zârnei (1923m) durch den Wald zurücklegt.

Am Ende des Weges erwartet uns nur ein kleines Refugium, das im Sommer meistens überfüllt ist. Die 2000er im Ostteil des Gebirges sind große grüne "Hügel" ohne charakteristisches Profil, die einen rumänischen Freund zu der vernichtenden Äußerung "verlaufene Zeit" veranlaßten. Wer ausgedehnten Bergwiesen ebenfalls nichts abgewinnen kann, sollte lieber erst an der Urlea-Baude oder im Sâmbăta-Tal (s.S. 173ff) aufsteigen.

Ausrüstung: Man kann die Wanderung problemlos ohne Zelt zurücklegen, muß dann aber die mitunter beträchtlichen Auf- und Abstiege zu den Bauden mit einkalkulieren. Zeltmöglichkeiten auf dem Kamm gibt es mehrere, die geeignetsten Plätze werden im Text angegeben. Bei unsicherer Wetterlage ist die Übernachtung in einer Berghütte oder einem Refugium aber immer der "freien Natur" vorzuziehen, um unangenehme Überraschungen zu vermeiden. Wegen der gewöhnlich rauhen Witterung sollte ruhig ein Pullover mehr eingepackt werden. Auch in Sommernächten kann die Temperatur auf dem Hauptkamm unter die 0°C-Grenze fallen. Für die Verpflegung sind vor allem Konserven und Brot wichtig, beides bekommt man an den Bergbauden immer noch selten. In der Regel gibt es aber wenigstens Tee oder Suppe, an der Bâleasee-Hütte auch ganze Menüs.

1.Tag: Făgăraş – Breaza (610m), Busverbindung – Cabana Urlea (1533m), blaues Dreieck, 2½-3 h

Die Stadt Făgăraş liegt an der E 68/DN 1 zwischen Sibiu und Braşov und ist mit dem Schnellzug von beiden Städten aus in ca. einer Stunde erreichbar. Wenn noch etwas Zeit bis zur Abfahrt des Busses ins Gebirge bleibt, sollte man sich die Wasserburg im Zentrum ansehen.

Der Busbahnhof liegt direkt vor dem Bahnhof. In einer Kaufhalle und ein paar Buden rings um den Platz können noch die letzten Lebensmittel gekauft werden, die für eine Woche im Gebirge benötigt werden. Mehrmals täglich fahren Busse vom Perron 5 nach Breaza ab. Eine Stunde lang wird man ordentlich durchgeschaukelt, bis die Endstation vor dem Postamt in dem kleinen Dorf erreicht ist.

Von dort geht es noch ein paar Meter die asphaltierte Dorfstraße entlang genau auf die Berge zu, bis ein langer sandiger Weg aus dem Ort führt. Nach einer Viertelstunde bestätigt uns ein Wegweiser hinter den letzten Häusern auf der rechten Straßenseite, daß wir hier richtig sind. Zur Urlea-Baude führen drei Markierungen: rotes Dreieck, blaues Dreieck und roter Punkt, die sich nach einer Dreiviertelstunde am "Popas Turistic Urlea" – einer nicht besonders schönen Baude mit "căsuţe" – verzweigen.

Geradeaus würde man durch das Pojorta-Tal in 3½ Stunden zur Urlea-Baude gelangen, der blau markierte Weg ist der kürzere (3h), und ebenso schön, deshalb folgt man ihm über den Brezcioara-Bach in das gleichnamige Tal. Gleich darauf geht es an einer Baumschule und einem Forsthaus vorbei, wo ein Wegweiser mit der Neuigkeit überrascht, daß sich die vor uns liegende Strecke um 10 min verlängert hat. Aber zehn Minuten Aufstieg durch den Wald bis zur nächsten Weggabel genügen und schon schrumpft die Distanz auf 2½ Stunden zusammen.

Derartig motiviert, können wir uns entscheiden, ob wir von hier über den Bergrücken des Plaiul Colţilor (bzw. Piscul Brezei) dem roten Punkt folgen wollen (3h) oder uns weiter – wie auch diese Beschreibung – an das blaue Dreieck halten. 20 min später eine Rastbank nebst Quelle und Erbauungsspruch, der den "lieben Reisenden" auffordert, hier stehenzubleiben, zu trinken und dem Schöpfer zu danken, daß sein Durst gelöscht wurde. Man sollte dieses Angebot nutzen, denn später, wenn der steile Auf-

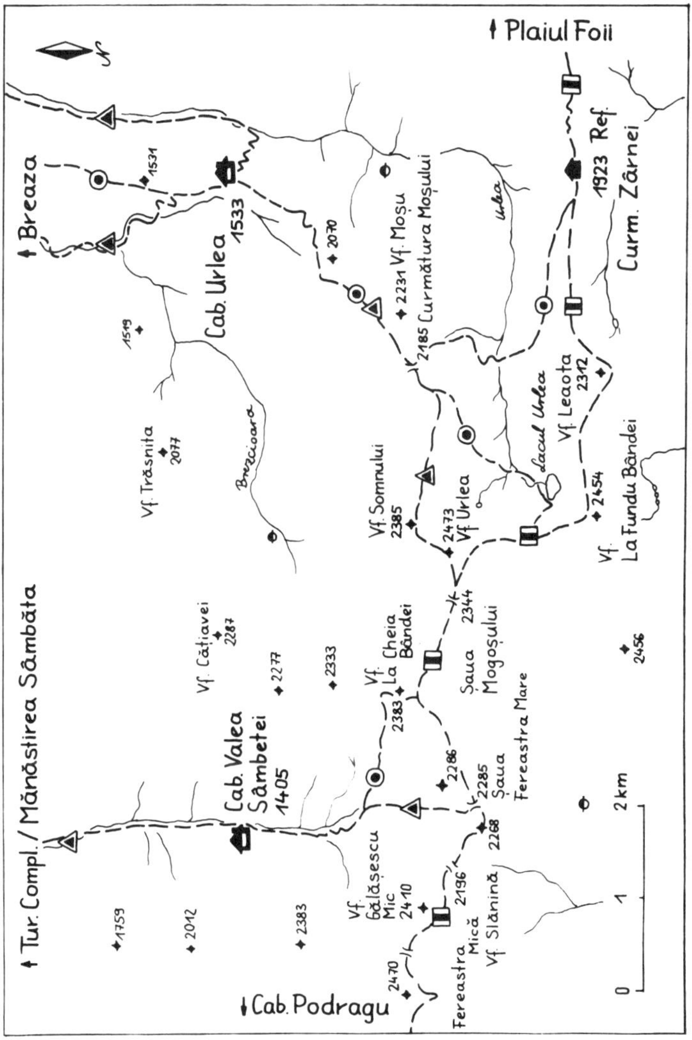
Plaiul Foii
Breaza
Cab. Urlea
1533
Ref.
1923
Curm. Zârnei
Vf. Moșu
2231
2185 Curmătura Moșului
Urlea
2070
1531
1519
Vf. Leaota
2312
Lacul Urlea
Vf. Trăsnita
2077
Brezcioara
Vf. Somnului
2385
2473
Vf. Urlea
2454
Vf. La Fundu Bândei
Tur. Compl. / Mănăstirea Sâmbăta
Vf. Cățiavei
2287
2277
2333
Vf. La Cheia Bândei
2383
2344
Șaua Mogoșului
2456
Fereastra Mare
Cab. Valea Sâmbetei
1405
2286
2285
Șaua Fereastra Mare
2268
Vf. Gălășescu Mic
2410
2196
1759
2012
2383
Fereastra Mică
Vf. Slănină
2470
Cab. Podragu
0
1
2 km

stieg beginnt und die Zunge am Gaumen klebt, wird das Wasser rar. Vorerst halten wir uns aber immer neben dem Bach, der über Felsblöcke und durch Gesteinsrinnen ins Tal hinabrauscht. Wo der breite Weg an einer recht lädierten Brücke endet, beginnt am anderen Ufer ein schmaler Pfad, auf dem das Wildwasser in der nächsten halben Stunde noch einige Male überquert wird. Die Zeit kann sich allerdings dehnen, wenn die saftigen Himbeeren im Spätsommer den hungrigen Wanderer aufhalten. Ab einem Wegweiser links des Baches geht es schweißtreibend den Hang hinauf und 30 min später, an der letzten Quelle vor der Hütte, gelangen wir noch einmal an einen poetischen Rastplatz: "La noi pietrele vorbesc, şi pădurile şoptesc, şi stâncile gândesc, şi izvoarele odihnesc, florile sunt încântătoare şi cu vorbe chematoare." (Nicu Marin aus Breaza, 1.4.1983: "Bei uns sprechen die Steine und die Wälder flüstern. Die Felsen denken und die Quellen ruhen. Die Blumen bezaubern mit lockenden Worten.") Zwei Kurven weiter oben im Wald trifft der mit rotem Punkt markierte Weg wieder auf den unseren und eine halbe Stunde später stehen wir auf der Waldwiese vor der Urlea-Baude, über der sich im Osten die breiten Bergrücken Vf. Izvorului (2270m) und Vf. La Padina Lăngli (2276m) jenseits des Pojorta-Tals erheben.

2.Tag: Cabana Urlea (1533m) – Vârful Urlea (2473m) – Şaua Mogoşului (2344m), blaues Dreieck – Fereastra Mare(2285m), rotes Band – Cabana Valea Sâmbăta (1405m), rotes Dreieck, 6 h

Der erste Anstieg am frühen Morgen auf den Şleaul Muşuleţii ist steil und anstrengend, so daß man sich nach 1½ Stunden, auf den ausgedehnten Wiesen unterhalb des Vârful Muşuleţii angekommen, eine längere Frühstückspause gönnen darf. Der Pfad umgeht den runden Gipfelbuckel und führt über Geröllhalden zur Curmătura Moşului (2185m) hinauf. Nach Süden bietet sich jetzt eine prächtige Aussicht auf den Hauptkamm, der im Halbkreis um den Urlea-See herum verläuft. Nach Südosten blickt man in den Zârnei-Sattel, wo als kleiner Punkt die Notunterkunft erkennbar ist; am Horizont, in der Morgenbeleuchtung nur als Silhouette erkennbar, das Iezer-Păpuşa-Gebirge.

Am Wegweiser im Sattel trennt sich die rote Punktmarkierung vom blauen Dreieck und verläuft Richtung Curmătura Zârnei, während wir uns nach Westen wenden. (100 m weiter oben am Hang zweigt links der Weg ins Tal zum Urlea-See ab, mit blauem Punkt markiert.) Den Urlea-Gipfel (2433m) erreicht man, dem blauen Dreieck folgend, in ca. 20-30 min. Jetzt versperrt nichts mehr den Blick auf die weitere Route, ein Berg türmt sich hinter dem anderen; charakteristisch ist das große "Zeltdach" zwischen Moldoveanu und Vіştea-Mare -Gipfel, über das unser Weg am nächsten Tag führen wird.

Beim Abstieg in den Mogoşului-Sattel (2344m) treffen wir endlich auf die Hauptkammarkierung, rotes Band, die den Urlea-Gipfel umgangen hat. Der weitere Weg ist ein angenehmer "Spaziergang" ohne wesentliche Höhenunterschiede mit ständiger Aussicht nach Süden in den weiten Talkessel, in dem sich die Bergbäche Bândea und Valea Rea vereinigen. Nach einer halben Stunde vom Mogoşului-Sattel aus, zeigt ein Wegweiser den mit rotem Punkt markierten Abstieg ins Sâmbăta-Tal über den Cheia-Bândei-Gipfel (2383 m) an (2h, laut Bergwacht nicht ganz ungefährlich).

Nach 30-45 min hat man das Große Fenster (Fereastra Mare, 2285m) erreicht , von wo man in 1½ – 2 Stunden zur Sâmbătatal-Hütte absteigen kann.

An dieser Stelle sei nochmals erwähnt, daß bei stabiler Wetterlage und entsprechender Ausrüstung dem Abstieg von über 800 m eine Nacht auf dem Kamm evtl. vorzuziehen ist. Dafür bieten sich der halbwegs ebene Sattel im Kleinen Fenster (Fereastra Mică) an (30 min) bzw. die Wiesenbuckel auf der Gletscherstufe oberhalb des Iezerul Gălăşescului im Valea-Rea-Tal (3½ -4 h). In 4½ Stunden erreicht man auch notfalls das Refugium auf dem Sattel Portiţa Vіştei zu Füßen des Moldoveanu-/Vіştea-Mare-Massivs. Die eigenen Kräfte aber vorher realistisch einschätzen!

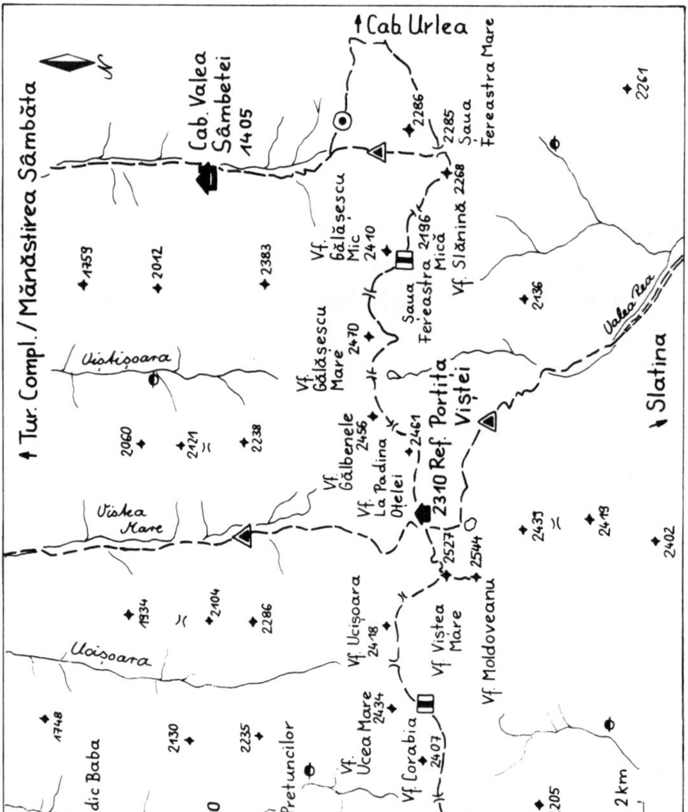
Tur. Compl. / Mănăstirea Sâmbăta
Cab. Valea Sâmbetei 1405
Cab. Urlea
Fereastra Mare
Şaua Fereastra Mare
2285
2286
2261
Vf. Slănina 2268
Şaua Fereastra Mică 2196
Vf. Gălăşescu Mic 2410
Vf. Gălăşescu Mare 2470
1759
2012
2383
Viştişoara
2060
2121
2238
Vf. Gălbenele 2456
Vf. La Padina Oţelei 2461
2310 Ref. Portiţa Viştei
2136
Valea Rea
Slatina
Viştea Mare
2527
2544
2439
2413
2402
Vf. Moldoveanu
Vf. Viştea Mare
Vf. Ucişoara 2418
1934
2104
2286
Ucişoara
1748
2130
2235
Vf. Ucea Mare 2434
Vf. Corabia 2407
Vf. Pretuncilor
Vf. Nordic Baba
2205
Victoria
1962
1908
2196
2236
Cab. Turnuri 1520
Vf. Tărâţa 2413
2307 Şaua Podragului
2462
Cab. Podragu 2136
Cab. Bâlea Lac
0
1
2 km

(Abstieg von der Sâmbătatal-Hütte zum Kloster und Touristik-Komplex Sâmbăta, rotes Dreieck, 2-2½ h.)

3.Tag: Cabana Valea Sâmbetei (1405m) – Şaua Fereastra Mare (2285m), rotes Dreieck – Vf.Viştea Mare (2527m)/Moldoveanu (2544m) – Şaua Podragului (2307m), rotes Band – Cabana Podragu (2136m), rotes Dreieck, 9½-10 h

Diese Wegstrecke verlangt gute Kondition, da heute mehrmals große Höhenunterschiede bewältigt werden müssen. Man sollte also nicht zu spät aufbrechen, um sich auch einige Pausen und eine ruhige Gipfelrast auf dem Moldoveanu zu gönnen. Nach zwei Stunden Aufstieg von der Sâmbătatal-Hütte aus haben wir wieder den Kamm im Fereastra Mare erreicht, gleich darauf müssen wir aber auch noch fast bis auf die Spitze mit dem apettitanregenden Namen Speckgipfel klettern (Vârful Slănina, 2268 m, auch Budru oder Glemea genannt.) Von dort steigt man wieder in das Kleine Fenster hinab, (Fereastra Mică, 2196m). Im Sattel steht ein Kreuz zum Gedenken an ein Bergunglück, weiter südlich entspringt am Hang eine Quelle, an der man Wasser nachfüllen kann.

Auch wenn sich der folgende Berg Gălăşescu Mic (Kleiner Gălăşescu, 2410m) nennt, ist der Weg hinauf doch recht beträchtlich. Gut 200 Höhenmeter müssen überwunden werden. Das Panorama nach Osten zur Urlea-Spitze und nach Westen auf den uns erwartenden höchsten Berg des Făgăraş entschädigt für die Mühe. Wieder geht es bergab und anschließend über die südliche Schulter des Gălăşescu Mare (2470m) hinweg, von wo man in das felsige und unwirtliche Valea-Rea-Tal hinunterschaut, auf dessen Grund ein See glänzt. Bei schlechtem Wetter eine sehr düstere und unheimliche Gegend. Den nach beiden Seiten steil abfallenden Viştioara-Sattel (2291m) über dem Iezerul Gălăşescului erreichen wir nach 5-5½ Stunden Marsch von der Sâmbăta-Tal-Hütte aus. Der Galbenele-Gipfel (2456m) wird auf der Südseite umgangen, im Gelände links des Weges bietet sich

Vişteea Mare-Gipfel

die Möglichkeit, an mehreren kleinen Bergbächen im Schutz großer Felsblöcke und Grasmulden zu biwakieren.

Ohne größere Schwierigkeiten steigt man bis zum Sattel Fereastra Ursului auf: Vorbei am Gipfel La Padina Oţelei (2461m) gelangt man auf der Südseite des Kamms bis zur Portiţa Viştei (2310m).

Direkt im Sattel steht ein kleines knallrotes Refugium, das 10 - 12 Personen Platz bietet und angeblich von 8 - 18.00 Uhr "inchis" ("geschlossen") ist, wie eine Tafel am Eingang weismachen will. Es kann einem tatsächlich passieren, hier vor verschlossener Tür zu stehen, wenn irgendwelche Langschläfer von innen zugeriegelt haben. Also hartnäckig klopfen! (Hinter der Schutzhütte führt ein Weg nach Norden durch das Viştea-Mare-Tal bis hinunter nach Victoriastadt, das man am Gebirgsfuß liegen sieht, rotes Dreieck, 6 h. Nach Süden steigt ebenfalls ein mit rotem Dreieck markierter Weg ins Valea Rea ab, der zu einer Schutzhütte führte, die im Winter 1987/88 durch Lawinen zerstört wurde. Der nicht besonders empfehlenswerte Pfad führt in 10-11 Stunden weiter bis in das Dorf Slatina.)

Vor uns liegen nun das Massiv des Moldoveanu und der Viştea Mare, zu der man in einer halben Stunde aufsteigt. Um den absoluten Überblick vom höchsten Berg Rumäniens zu bekommen, klettert man in einer Viertelstunde über den Grat. Im Westen tauchen jetzt die anderen das Făgăraş-Panorama betimmenden Gipfel auf: Arpaşul Mic (2460m), der wie eine verkleinerte Kopie des Moldoveanu-Viştea Mare-Massivs wirkt, die Vânătoarea-lui-Buteanu-Spitze über dem Bâlea-See (2508m) und am Horizont natürlich Călţun (2522m) und rechts von ihm der Negoi (2532m).

Unter dem Moldoveanu-Gipfelkreuz, auf dessen Hinterglas-Ikone der heilige St. Georg den Drachen tötet, finden sich ein paar Täfelchen, die man hierzulande öfter auf Bergspitzen entdeckt. Sie erinnern an die "epoca de aur", die "goldene Epoche" des Diktators Ceauşescu, in der das Lob der neuen Zeit auch auf den höchsten Bergen verewigt werden mußte. So wird uns heute noch darüber berichtet, daß am 23. August 1979 (ehemaliger

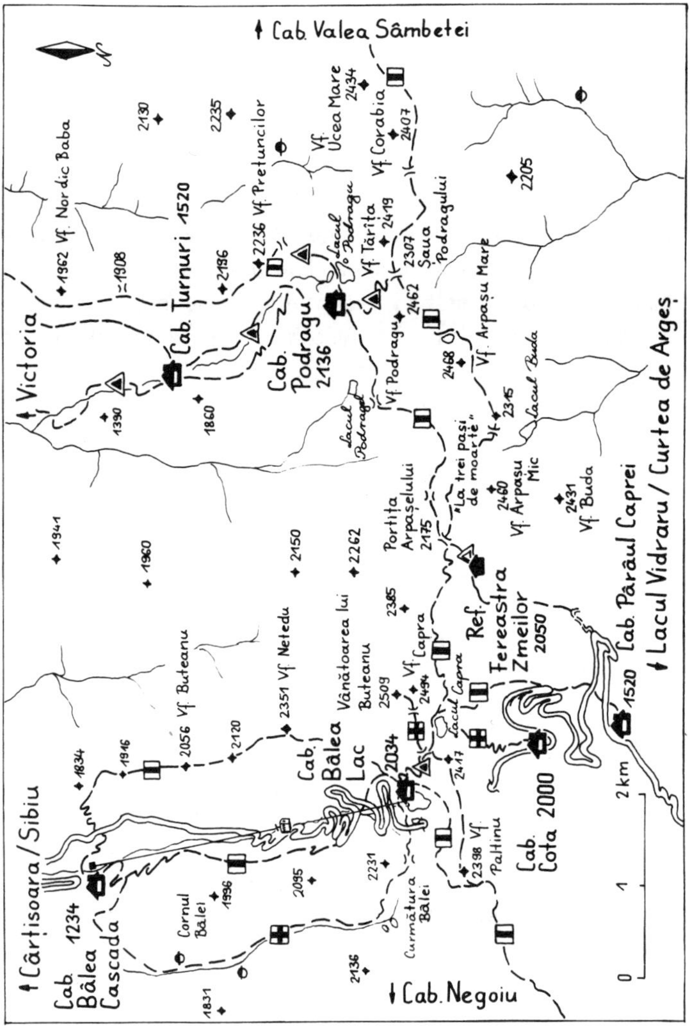
Cab. Bâlea Cascada 1234
Cârțisoara / Sibiu
Victoria
Cab. Turnuri 1520
Cab. Podragu 2136
Cab. Valea Sâmbetei
Vf. Nordic Baba
1962
1908
2196
2236 Vf. Preluncilor
2130
2235
Vf. Ucea Mare 2434
Vf. Corabia 2407
Lacul Podragu
Vf. Țărița 2419
2307 Șaua Podragului
2462 Vf. Podragu
Vf. Arpașu Mare
2205
2468
Vf. Arpașu Mic 2460
Lacul Buda
2345
„La trei pași de moarte"
Vf. Buda 2431
Lacul Podragel
1390
1860
1941
1960
2150
2262
Portița Arpașelului 2175
Cab. Pârâul Caprei
Lacul Vidraru / Curtea de Argeș
Ref. Fereastra Zmeilor 2050
2385
Vf. Capra
Lacul Capra
Vânătoarea lui Buteanu 2509
2494
Cab. Bâlea Lac 2034
2351 Vf. Netedu
2056 Vf. Buteanu
2120
1946
1834
2417
1520
Cab. Cota 2000
2398 Vf. Paltinu
2231
2095
Curmătura Bâlei
Cornul Bâlei 1936
2136
1831
Cab. Negoiu
0 1 2 km

rumänischer Nationalfeiertag) eine Brigade eines Târnavenier Kombinats den Moldoveanu erstieg, um das "35. Jahr der Glorie, des Friedens und der Vollendungen" zu ehren. Eine andere Inschrift demonstriert, daß sich solche Traditionen auch nach einem Systemwechsel fortsetzen können, wenn auch mit anderen Inhalten: Am 9. August 1991 wurde von "den Kindern der Strada Negoiu aus Cluj" eine Tafel angebracht, im Gedenken an den 390. Todestag "des großen Herrschers Mihail Viteazu".

Vom Viştea-Mare-Gipfel steigt man wieder 200 m bergab in den Orzănelei-Sattel (2305m), quert die Südhänge der Ucişoara (2418m), Ucea Mare (2434m), Corabia (2407m) und bewältigt den letzten Aufstieg zum Podul-Giurgiului-Sattel (2340m). Unterhalb des Tărâţa-Gipfels (2419m) gelangt man nach 2½ Stunden von der Viştea Mare aus in den Podragu-Sattel (2307m). Das weitere Terrain bis zum Gemsensee (Lacul Capra), ca. 4-5 Stunden entfernt, eignet sich kaum zum Zelten, also sollte jeder Wanderer in oder an der Cabana Podragu übernachten. Abstieg zur Baude in einer halben Stunde über das rote Dreieck.

(Abstieg Cabana Podragu – Victoria, blaues Band bzw. blaues oder rotes Dreieck, 6-7 h.)

4. Tag: Cabana Podragu (2136m) – Şaua Podragului (2307m), rotes Dreieck – Vârful Mircii (2461m) – Nerlingerdenkmal (2287m) – Portiţa Arpaşului (2175m) – Lacul Capra (2230m) – Şaua Caprei (2315m), rotes Band – Cabana Bâlea Lac, blaues Dreieck, 5½-6 h

Nach halbstündigem Weg zum Podragu-Sattel laufen wir unterhalb der Podragu-Spitze (2462m) zum Iezerul Podul Giurgiului, an dem ein steiler Aufstieg zum Sattel zwischen Mircii-Gipfel und Arpaşul Mare (2468m) beginnnt. Oben angekommen, blickt man nach Westen auf den Grat, der den großen mit dem kleinen Arpaşul-Gipfel verbindet, südlich davon auf die Buda-Spitze (2431m) und den unter ihr gelegenen See mit dem gleichen Namen.

In 45 min Kletterei über den schmalen Grat gelangen wir zum Nerlingerdenkmal, einen Gedenkstein an ein Bergunglück im

Sommer 1934. Der Pfad biegt nach Norden ab und umgeht das Arpaşul-Mic-Massiv. Wir kommen in immer wildere Felsgegenden. Bald wird das Gratstück mit dem furchteinflößenden Namen "La trei paşi de moarte" ("Drei Schritte vom Tode") erreicht, es ist aber mit Drahtseilen gesichert und durchaus "zahm". In der Portiţa Arpaşelului (2175m) steht ein Wegweiser, an dem der blau markierte Pfad von der Podragu-Baude auf dem Kamm eintrifft. (Die Markierung gelbes Dreieck führt hinunter zum Refugiul Fereastra Zmeilor (2050m, 12-14 Plätze), dessen rotes Dach aus dem nördlichen Kar heraufleuchtet, und endet in einer Kehre der Transfăgărăşan oberhalb der Cabana Pârâul Caprei, 1520m).

Die felsigen Gipfel über uns bleiben den Alpinisten vorbehalten, der "Normaltourist" weicht auf den Südhang aus und teilt sich den Weg mit vielen Schafen, die fleißig zur Bodenerosion beitragen. Durch ausgespülte Rinnen rutschen wir talwärts, um uns gleich darauf wieder über Wiesen, Geröll und Schneefelder auf einen Ausläufer des Vârful Capra hinaufzuquälen.

In einem flachen Kessel vor uns liegt der kleine Gemsensee, über ihm der Kegel des Vârful Iezerul Caprei (2417m) hinter dem der Călţun zu sehen ist. Im Süden blickt man auf die Transfogarasch-Straße und erkennt an klaren Tagen in der Ferne das Cozia-Massiv über dem Olt-Tal. Ein Denkmal erinnert uns an ein Lawinenunglück im Winter '63, dem vier Menschen zum Opfer fielen. (Der Wegweiser am Seeufer markiert zwei Abstiege zu den Hütten am Südhang: blaues Band zur Cabana Pârâul Caprei, ca. 2 h und blaues Kreuz zur Cota 2000, 30-45 min. Eine Übernachtungsalternative, falls es auf der Nordseite regnen sollte oder die Bâleasee-Baude überfüllt ist.)

Noch eine Viertelstunde bis in den Capra-Sattel (2315m) und wir stehen am Rand des Bâlea-Kessels aus dem sich die Serpentinen der Transfăgărăşan nach Norden in Richtung Olt-Niederung schlängeln. Unter uns auf einer Halbinsel im See die Cabana Bâlea Lac. 30 min Abstieg auf blauem Dreieck.

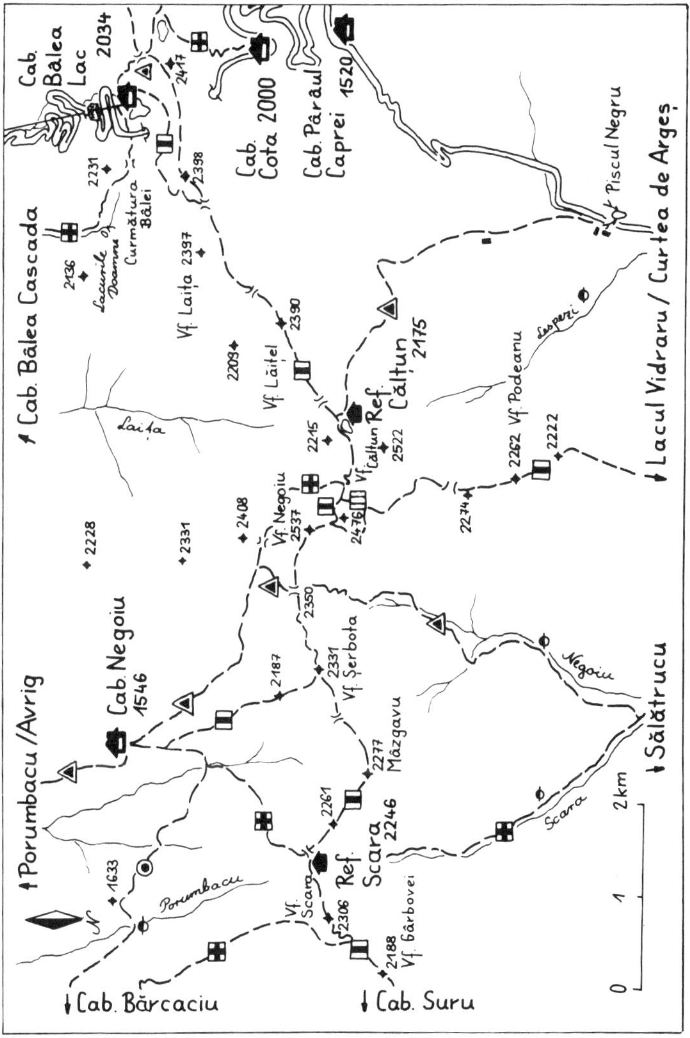
Cab. Bâlea Lac 2034
Cab. Bâlea Cascada
Cab. Cota 2000
Cab. Pârâul Caprei 1520
Curmătura Bâlei
Lacurile Doamnei
Vf. Laița 2397
Vf. Lăițel
Ref. Călțun
Călțun 2175
Vf. Călțun 2522
Vf. Negoiu 2537
Vf. Podeanu
Piscul Negru
Lacul Vidraru / Curtea de Argeș
Laița
Lespezi
Cab. Negoiu 1546
Porumbacu /Avrig
Vf. Șerbota
Mâzgavu
Negoiu
Sălătrucu
Ref. Scara 2246
Vf. Scara
Vf. Gârbovei
Porumbacu
Scara
Cab. Bărcaciu
Cab. Suru
2km

5. Tag: Cabana Bâlea Lac (2034m) – Şaua Paltinului (ca.2340m), blaues Band – Refugiu Călţun (2175m) – Vârful Negoiu (2537m) – Şaua Cleopatrei (ca.2350m), rotes Band – Cabana Negoiu (1546m), blaues Dreieck, 7½ h, bzw. bis Refugiul Scara, rotes Band, 7½ -8 h

In weitem Bogen steigen wir durch den Bâlea-Kessel bis hinauf in den Paltinu-Sattel, wo uns wieder die Kammarkierung begegnet, die vom Paltinu-Gipfel (2398m) herunterkommt. Die Wegstrecke zwischen Gemsen-See und Paltinu-Sattel haben wir so eingespart.

Der Gratturm des Turnul Paltinului wird über mehrere Rinnsale auf der Südseite umgangen, ebenso der Laiţa-Gipfel (2397m). Eine mit Drahtseilen gesicherte Stelle folgt, die bei schönem Wetter aber auch keine besonderen Schwierigkeiten bietet. Dann steigt man auf den runden Läiţel-Buckel hinauf (2390m). Nach Osten zurückblickend, eröffnet sich nochmals das ganze Panorama vom Laiţa-Gipfel über Turnul Paltinului, Vânătoarea lui Buteanu, Vârful Capra, Arpaşul Mic, Buda-Spitze etc., während wir uns im Westen dem düsteren Felsenkessel unter der Nordwand des Călţun (2522m) nähern. Nach drei Stunden Wanderung wird der Călţun-See erreicht. 30 m vom Wegweiser entfernt befindet sich ein Refugium, das an eine zur Hälfte eingegrabene riesige Konservendose erinnert. Diese Assoziation kommt einem jedenfalls sofort, wenn man hier mit mehr als 12 Personen gemeinsam übernachtet. (Ein mit blauem Dreieck markierter Weg führt nach Süden zur Försterei Piscul Negru an der Transfogarasch-Straße, 3h.)

Wir klettern über riesige Felsblöcke zur Portiţa Călţunului. Über die Geröllhalden am Nordhang gelangen wir nach ca.20 min an die Stelle, wo der mit rotem Kreuz markierte Weg nach rechts ins Tal zur Strunga Ciobanului (auch als Bergerscharte bezeichnet) und zur Cabana Negoiu (3-4 h) abzweigt. Bei Gewitterstimmung ist dieser Weg vorzuziehen, da er nicht über den Negoi-Gipfel führt.

Nach 5-10 min bietet sich zur Linken als Alternative der einfachere Weg zum Negoi-Gipfel durch die Strunga Doamnei (Frauenkamin) an. (45 min, gelbes Band. Achtung! Nicht auf der Südseite der blauen Bandmarkierung zum Podeanu-Kamm folgen.)

Dem roten Band immer hinterher gelangt man über Felsplatten und Geröll zum Eingang der Strunga Dracului (Teufelskamin), der wohl attraktivsten Aufstiegsroute auf den Negoiu. Sie ist auch nicht besonders schwierig, verwandelt sich in den Erzählungen von Făgăraş-Wanderern aber oft in ein atemberaubendes Stück Alpinismus. Vielleicht rührt daher auch der anscheinend nicht ohne feine Ironie gegebene Zweitname Hornul Turiştilor (Touristenkamin). Ca. 20 min braucht man mit einem schweren Rucksack im Kreuz für den Durchstieg und nochmals 15-20 min nach Nordwesten auf dem Gipfelgrat, bis die Negoi-Spitze erreicht ist. Vom zweithöchsten Berg Rumäniens bietet sich eine großartige Aussicht auf den im Süden liegenden Vidraru-Stausee, im Westen liegen die bislang verdeckten Gipfel Şerbota (2331m), Scara (2306m), Gârbova (2188m), Ciortea (2427m) und Budislavu (2343m). Schauen Sie noch einmal mit Stolz nach Osten auf die zurückgelegte Strecke, bevor sie durch den Negoi verdeckt wird. In einer Viertelstunde steigen wir zum Şaua Cleopatrei (bzw. Popasul lui Mihai) ab, wo sich je nach Kondition, Ausrüstung und Wetterlage entschieden werden kann:

Der Weg zur Negoi-Baude führt tief ins Tal hinab; er muß am nächsten Morgen nicht wieder aufgestiegen werden, man büßt dafür aber ein Stück Kammweg ein. Abstieg auf blauem Dreieck in ca. 3-3½ h. (Abstieg Cabana Negoiu – Avrig, blaues Dreieck, 6 h.)

In 2½-3 Stunden gelangen wir dagegen über den Felsgrat der Custura Sărăţii und drei kleinere Gipfel zum Scara-Sattel, wo ein Refugium Nachtquartier bietet. Dieser Kammabschnitt wird anschließend exakt beschrieben, sollte aber nicht im Nebel, bei Regen oder Schneefall begangen werden, da die Orientierung problematisch ist und an mehreren Stellen Absturzgefahr besteht. Am Anfang um Felsblöcke und -nadeln herumführend, fällt der Pfad in eine Senke auf der Nordseite ab und steigt wieder zum Grat auf. Nach 20-30 min hat man dessen niedrigsten Teil erreicht, steigt erneut nach Norden ab, um über eine schräge und meistens

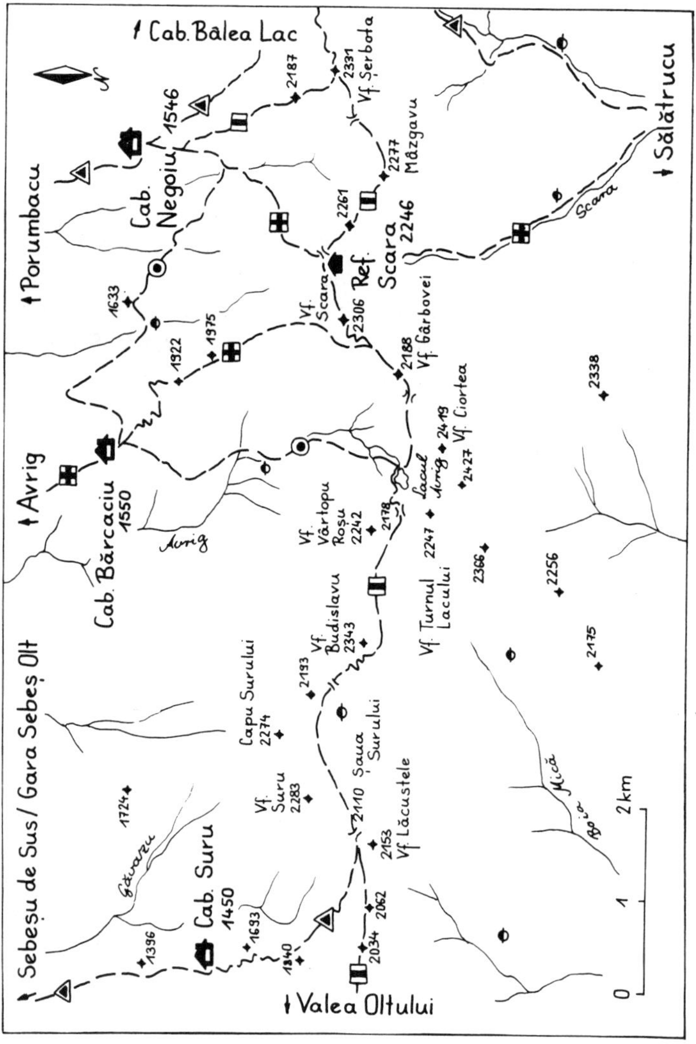
Cab. Bâlea Lac
Porumbacu
Cab. Negoiu 1546
Ref. Scara 2246
Sălătrucu
Avrig
Cab. Bărcaciu 1550
Sebeşu de Sus / Gara Sebeş Olt
Cab. Suru 1450
Valea Oltului
Vf. Şerbota 2331
2187
Măzgavu 2277
2261
Vf. Scara
2306
1633
1975
1922
Vf. Gârbovei 2188
Vf. Ciortea 2419
2427
Lacul Avrig
2178
Vf. Vârtopu Roşu 2242
Vf. Turnul Lacului 2247
2366
2338
2256
2175
Vf. Budislavu 2343
2193
Capu Surului 2274
Şaua Surului
Vf. Suru 2283
2110
Vf. Lăcustele 2153
1724
1396
1693
1340
2034
2062
Scara
Mică
Boia
0
1
2 km

feuchte Platte wieder nach oben zu klettern. Diese Stelle ist nicht ganz ungefährlich und kann vor allem Wanderern mit großen Trekkingrucksäcken etwas Schwierigkeiten bereiten. Nach wenigen Metern auf dem Grat folgt erneut ein steiler Abstieg auf den Nordhang, die Markierungen sind dünn gesät, und man muß aufpassen, sich hier nicht zu verlaufen. Nachdem der Kamm wieder erreicht worden ist, müssen wir in der nächsten Viertelstunde den Felsen zweimal nach Süden ausweichen, wo neben dem roten Band plötzlich auch das blaue auftaucht; beide Markierungen führen zum Șerbota-Gipfel, auf dem wir nach 1½ Stunden vom Cleopatra-Sattel aus eintreffen.(Nach 50 m Abstieg vom Gipfel trennt sich die blaue Bandmarkierung von uns und läuft über den Șerbota-Rücken bis zur Cabana Negoiu hinab, ca. 2 h.)

In 20-30 min führt der Kammweg bis in den breiten Șerbota-Sattel hinab, der sich ebenfalls als Biwakplatz anbietet. Ca. 200 m weiter südlich entspringen mehrere Bergbäche. In einer Dreiviertelstunde überwindet man die Gipfel des Mâzgavu-Massivs, immer den Orientierungspfählen folgend und gelangt so in den Scara-Sattel zu dem 10 Personen fassenden Refugium (Abstieg über Negoi-Baude – Porumbacu de Jos, blaues Kreuz, blaues Dreieck, 7½ – 8 h).

6. Tag: Cabana Negoiu (1546m) – Șaua Scării (2246m), blaues Kreuz – Vârful Scara (2306m) – Lacul Avrig (2007m) – Curmătura Surului (2113m), rotes Band – Cabana Suru (1450m), rotes Dreieck, 7-7½ h

Der Weg ab der Negoi-Baude führt anfangs über die Hänge des Șerbota-Rückens und begleitet dann den Bach durch das Șerbota-Tal. (Unterwegs zweigt die Markierung roter Punkt Richtung Bărcaciu-Baude ab, 1550 m, 1½ h.) Den Kamm erreichen wir im Scara-Sattel in der Nähe der Schutzhütte.

In 20 min wird der Scara-Gipfel erstiegen. Vor uns liegt jetzt das schöne Ciortea-Massiv, unterhalb seiner Nordwand der Lacul Avrig – Frecker See. (Beim Abstieg trifft man auf das rote Kreuz, das in 1½ h zur Bărcaciu-Baude führt.) Die Gârbova-Spitze

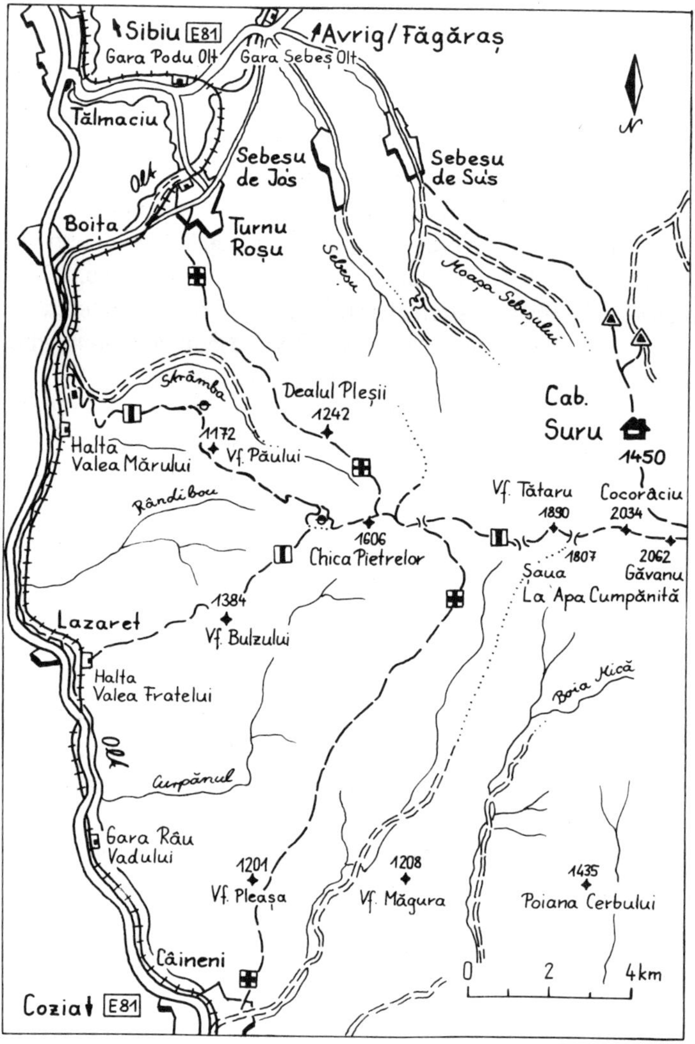
Sibiu E81
Gara Podu Olt
Gara Sebeş Olt
Avrig/Făgăraş
Tălmaciu
Sebesu de Jos
Sebesu de Sus
Olt
Boiţa
Turnu Roşu
Sebeşu
Moaşa Sebeşului
Strâmba
Dealul Pleşii
1242
Cab. Suru
1450
1172
Vf. Păului
Halta Valea Mărului
Vf. Tătaru
1890
Cocorâciu
2034
Rândibou
1606
Chica Pietrelor
1807
2062
Şaua La Apa Cumpănită
Găvanu
1384
Vf. Bulzului
Lazaret
Halta Valea Fratelui
Boia Mică
Olt
Cumpănul
Gara Râu Vadului
1201
Vf. Pleaşa
1208
Vf. Măgura
1435
Poiana Cerbului
Câineni
0
2
4km
Cozia E81

im Süden umgehend, gelangen wir in den Gârbova-Sattel, von wo aus der Weg – nicht ganz ungefährlich – durch die mit Steinschlag- und Wasserrinnen zerfurchte Ciortea-Nordwand quert. Irgendwo über uns in den Felsen befindet sich die höchstgelegene Höhle Rumäniens, Peştera Mare din Ciortea (2424m). Am schönen Avrig-See steht ein völlig verrosteter Wegweiser, dem man mit Mühe entnehmen kann, daß hier die blaue Punktmarkierung durch das Avrig-Tal zur Bărcaciu-Baude abzweigt.

Das rote Band steigt dagegen zur Portiţa Avrigului auf (2178m); nach einer Stunde stehen wir auf dem runden Buckel des Budislavu und sehen von hier aus zum letztenmal auf die "großen" Berge des Făgăraş – Scara, Negoiu, Călţun, Ciortea – bevor der Weg wieder durch "lieblichere" Gefilde führt. Nach einem serpentinenreichen Abstieg geht es mühelos immer am Südhang entlang, unterhalb der Gipfel Capul Surului und Vârful Suru, bis wir nach 45 min bis zu einer Stunde im Suru-Sattel stehen.

Wer an diesem Morgen von der Negoi-Baude losgelaufen ist, sollte hier zur Cabana Suru absteigen (rotes Dreieck, 2h), um nicht auf dem Kamm biwakieren zu müssen. (Zeltmöglichkeiten aber im Sattel La Apa Cumpănită)

Wenn man im Scara-Sattel übernachtet hat, bleibt noch genügend Zeit, um bis nach Sebeş Olt (ca. 5½h) an die Bahnlinie abzusteigen, bzw. über die Markierungen rotes Band, rotes Kreuz nach Turnu Roşu (ca.5h.)

Der Weg zur Haltestelle Valea Mărului im Olt-Tal ist so lang und schlecht markiert, daß man ihn nicht am Nachmittag antreten sollte. Eine – zugegeben – vage Beschreibung folgt im nächsten Abschnitt.

7.Tag: Zwei Abstiegsrouten: 1. Cabana Suru (1450m) – Gara Sebeş Olt (ca.400m), rotes Dreieck, 4-4½ h

Durch die herrlichen Waldbestände auf dem Moaşei-Rücken, in denen besonders die prächtigen Eichen auffallen, läuft man in ca. einer Stunde bis zu dem Abzweig, wo der mit blauem Dreieck markierte Weg Richtung Poiana Florilor/Avrig nach Osten ins

Tal führt (4-4½h). Über den Comenzii-Gipfel (1059m) gelangen wir zu ein paar schönen Bergwiesen und steigen ins Moaşei-Tal ab, wo in kurzer Zeit die Gemeinde Sebeşu de Sus erreicht wird. Über den Fahrweg läuft man weiter nach Sebeşu de Jos und zum Bahnhof Sebeş Olt jenseits der Landstraße.

2. Şaua Surului (2110m) – Vârful Tătarului (1890m) – Chica Pietrelor (1606m) – Halta Valea Mărului (380m), rotes Band, 6½-7 h

Über die breiten grasbewachsenen Hänge des Găvanu (2062m) und Moaşa (2034m, auch Cocorâciu genannt) läuft man in Serpentinen und zwischen ein paar goßen Felsblöcken hindurch zum La-Apa-Cumpănită-Sattel (1807m), in dem eine der wenigen Markierungsstangen steht. Es folgt ein steiler Anstieg zum Tătaru-Gipfel (1890m), von dort gelangt man hinunter in den gleichnamigen Sattel. Der schlecht erkennbare Weg findet sich – besser ausgetreten – am Südhang wieder und führt bis zu einem Betonsockel, auf dem vor 15 Jahren eine Biwakschachtel errichtet wurde, die Rowdys oder dem Wetter zum Opfer fiel. Über einen gut sichtbaren Trampelpfad gelangt man durch Wacholder und über kleine Bäche in einer Viertelstunde zum Abzweig der Markierung rotes Kreuz nach Südwesten hinunter in die Ortschaft Câineni (3½ -4 h, in Câineni halten alle Schnellzüge auf der Strecke Bukarest -Sibiu). Irritiererenderweise sind auch die Orientierungsstangen, die den Hauptkamm weiter Richtung Westen markieren mit dem roten Kreuz gekennzeichnet.

In einer weiteren Viertelstunde folgt der Abzweig rotes Kreuz, Gemeinde Turnu Roşu, die man in 3½ h erreicht. Nach 20 min, in denen wir die Chica Pietrelor auf der Nordseite umgehen, befinden wir uns am Waldrand auf dem Strâmbanu-Kamm. Nach links fällt eine Steilwand in das Curpănului-Tal ab, rechts vom Pfad ein Wegweiser, der weder Markierungen noch Orte oder Zeiten anzeigt und dem wir ins Dickicht folgen.

Jetzt wird es kompliziert. Die rote Bandmarkierung müßte rechts im Wald abbiegen und den Berg ca. 800-1000 m talwärts führen, bis sie auf einen kahlen Bergrücken hinausläuft. Wir haben hier die Markierung nicht mehr gefunden und sind einen gerade noch erkennbaren Trampelpfad durch den Wald und über ein paar Lichtungen unterhalb des Kamms immer geradeaus gelaufen. Nach einer halben Stunde erreichten wir eine große mit Kalksteinbrocken übersäte Wiese, von der sich ein wunderbarer Blick ins Olt-Tal und hinüber auf die Hänge des Lotru- und Cindrel-Gebirges bot. Hier zweigt die blaue Bandmarkierung nach links zur Haltestelle Valea Fratelui ab (ca. 2½-3 h, Haltestelle nur für Personenzüge). Nach Nordosten über eine Alm mit Schafstall in großem Bogen um einen Taleinschnitt herumlaufend, gelangen wir auf einen weiteren Kammausläufer, wo plötzlich das rote Band wieder auftaucht.

Nun wieder genau nach Westen über den Bergrücken bis zum Waldrand absteigen, dort verschwindet der Pfad nach links in einem Birkenhain, und immer steiler geht es hinunter in den Buchenwald. Nach ca. 20-30 min Abstieg öffnet sich eine Lichtung mit einem kleinen Hügel in der Mitte, auf dem ein paar abgestorbene Birken vor sich hinkümmern. Durch Jungwuchs hindurch, wieder in den Hochwald eintauchen und auf einem breiten Weg weiter, bis wir auf der nächsten großen Bergwiese ankommen, von der man weit in die Olt-Niederung nach Norden blickt.

Auch der Weg verläuft jetzt in Richtung Nord/Nordwest parallel zum Hang, bis wir an eine "stâna" kommen. Der Trampelpfad folgt unterhalb der Hütte dem Bergfuß immer auf seinem Rükken, bis es erneut links bergab geht – diesmal in dichten Nadelwald.

Von jetzt an ist der Weg eigentlich klar erkennbar bzw. kann man sich den Verlauf auf den letzten Hügeln oberhalb des Olts denken und erreicht so ein Gehöft in der Nähe des Bahndamms. Ein paar hundert Meter nach links die Gleise entlang kommt man zur Haltestelle Valea Mărului, rechts muß man den Strâmba-Bach durchwaten und gelangt auf einem Fahrweg links der Bahnlinie ins 6 km entfernte Turnu Roşu.

Sâmbăta, Cozia, Curtea de Argeş – drei Klosterkirchen am Gebirgsrand

Mănăstirea Brâncoveanu

Wer über das Sâmbăta-Tal auf den Făgăraş-Kamm aufsteigt, sollte einen kurzen Besuch in diesem Kloster abstatten, das etwas abseits des "Touristik-Komplex'" am Taleingang liegt (Anfahrt s.S. 166). Es ist vor allem durch die Hinterglas-Ikonen des Mönches Timotei Tohăneanu bekannt geworden. Eine Ausstellung dieser Kunstwerke, die auch auf Reisen durch Europa gegangen sind, können in einem Museum betrachtet werden.

Das Kloster stiftete um 1697/98 der Fürst Constantin Brâncoveanu, Kunstförderer und walachischer Herrscher im Zeitraum 1688 bis zu seiner Hinrichtung in Konstantinopel im Jahre 1714. Wie die meisten transsilvanischen Klöster wurde auch dieses Ende des 18. Jahrhunderts von den habsburgischen Truppen zerstört. Übrig blieb die Ruine der kleinen Klosterkirche. Der erstaunliche Baukomplex, den man heute betritt, wurde im sogenannten Brâncoveanu-Stil im Zeitraum von 1984-92 neu errichtet.

Eine Broschüre, die leider nur in rumänischer Sprache erscheint, informiert über "Tod und Auferstehung des Brâncoveanu-Klosters". In offenherziger Weise und nicht ohne Selbstgefälligkeit berichtet der Metropolit Antonie Plămădeală darüber, wie es ihm gelungen ist, in einer Zeit, in der man in Bukarest Kirchen abriß und ein "präsidentiales Mastodont" errichtete (gemeint ist die Casa Poporului), dieses Projekt zu realisieren. Der Bau durfte nicht mehr als 5 Millionen Lei kosten, da er sonst der persönlichen Genehmigung des "conducători" bedurft hätte, was natürlich ausgeschlossen war; anstatt eines Klosters gab man vor, ein Museum für Kirchenschätze zu errichten – der Rat stammte von einem Mitglied des Kulturministeriums... Man baute "mit hunderten Arbeitskräften täglich, die eigentlich an der Casa Poporului in der Hauptstadt hätten arbeiten müssen". Im Nordflügel des Klosterhofs befindet sich heute die eigentliche Kirche, die als Ausstellungsraum ausgegeben wurde. Den Altar verdeckte bis zum Ende der Diktatur eine Ziegelwand. Dichtung oder Wahrheit? Eine Frage, die man sich bei den Geschichten über die Regierungszeit Nicolae Ceauşescus öfter stellt. Wenn sie sich auch nicht immer exakt so abgespielt haben werden, sie sind oft wahrer, als man glauben möchte.

Mănăstirea Cozia

Die Westgrenze des Făgăraş zum Lotru-Gebirge bildet das tiefe Olt-Tal, einer der Hauptverkehrswege zwischen Transsilvanien und der Walachei. Nahe dem Kurort Călimăneşti ragen die Gneisfelsen des Cozia-Massivs über dem Fluß auf, eine bizarre Szenerie, die man auch vom Făgăraş-Kamm aus sehen kann. Das Kloster liegt am Olt-Ufer kurz vor dem Ortseingang von Căciulata – Călimăneşti. Hier befindet sich eine der bedeutendsten walachischen Kirchen, die Vorbild für viele andere Sakralbauten ihrer Zeit wurde.

Fürst Mircea der Alte gründete sie 1388 und liegt hier auch begraben. Welches Alter der walachische Herrscher wirklich erreichte, wird ein Geheimnis bleiben; von ihm sind nur die Daten seiner Regierungszeit 1386 bis zu seinem Tod 1418 überliefert. Von außen besticht der Bau durch seine ausgewogenen Proportionen, die Gliederung der Wände mit Blendbögen und roten Ziegelbändern, die um das ganze Gebäude herumlaufen. Am besten läßt sich diese byzantinische Bauweise erkennen, wenn man die Kirche einmal umrundet, da die erst Anfang des 18. Jahrhunderts errichtete Vorhalle die Wirkung etwas schmälert. Besonders beeindrucken die feingearbeiteten Fensterrahmungen und Rosetten mit ihrer reichen Ornamentik. Die ältesten Wandmalereien der Kirche befinden sich im Pronaos. Sie stammen noch aus dem Jahr 1391. In der Vorhalle, im Naos und Altarraum sind Fresken zu besichtigen, die 1704-07 unter Constantin Brâncoveanu angelegt wurden.

Wenn die Făgăraş-Wanderung mit dem Abstieg ins Olt-Tal endet, lohnt sich der Ausflug nach Cozia mit dem Zug. Aber nicht irrtümlich an der Station Cozia aussteigen! Dort steht man in einem Steinbruch. Das Kloster wird nach einem kurzen Fußmarsch über die Olt-Staustufe von den Haltestellen Mănăstirea Turnu oder Păuşa aus erreicht.

Curtea de Argeş

Bevor im 15. und 16. Jh. erst der Fürstenhof und später die Metropolie in die neue Hauptstadt Târgovişte verlegt wurden, war Curtea de Argeş Sitz der walachischen Fürsten und Bischöfe. Wörtlich übersetzt heißt der Ort auch der "Argeş-Hof". Zwei Kirchen lohnen den Besuch. Anziehungspunkt für die meisten Touristen ist die äußerlich prunkvolle Bischofs- oder auch Klosterkirche, erbaut zwischen 1512-17, deren Wände von über 150 geometrischen oder an Pflanzen erinnernden Mustern bedeckt werden. Eine ganz besondere Dynamik bekommt der Bau durch die beiden Tambourkuppeln über der Fassade mit ihren diagonal verlaufenden Fenster- und Ornamentbändern. Die wertvollsten Gemälde aus der Kirche, auf denen auch ihr Stifter Neagoe Basarab abgebildet ist, befinden sich leider nicht mehr in Curtea de Argeş, sondern müssen im Kunstmuseum Bukarest besichtigt werden. Mit der Bischofskirche verbindet sich auch eine der bedeutendsten rumänischen Volksballaden über Meister Manole. Danach soll der Erbauer der Kirche zum besseren Gelingen des Werks seine Frau in eine Wand eingemauert haben. Zwar baute Manole tatsächlich die schönste Kirche weit und breit, bezahlte diese Arbeit aber selbst mit dem Leben. Fürst Basarab befürchtete, der Baumeister könnte noch einmal für einen anderen Auftraggeber eine ähnlich schöne Kirche errichten und ließ die Gerüste abreißen, während Manole noch auf dem Dach beschäftigt war. Dieser versuchte mit selbstgebastelten Flügeln zu entkommen, stürzte aber ab. An der Stelle, wo der Meister auf das Pflaster schlug, befindet sich heute der Manole-Brunnen.

Die bescheidenere Fürstenkirche ist wesentlich älter; sie stammt aus der Mitte des 14. Jahrhunderts. Sie war vom baulichen Aspekt, vor allem aber durch ihre Innenmalereien stilbildend für die rumänische Kirchenarchitektur und Freskenmalerei. Besonders die Lebendigkeit der Figuren und ihre Gesichtsausdrücke sind auffallend. Man betrachte zum Beispiel die verängstigte schwangere Maria, als sie mit ihrem Mann bei der Volkszählung vor Quirinus erscheinen muß und nehme zum Vergleich die stupide Physiognomie des törichten Reichen, pikanterweise mit einer Krone versehen, den ein Engel davor warnt, sein Himmelreich auf Erden bauen zu wollen.

Curtea de Argeş bleibt vor allem den motorisierten Făgăraş-Urlaubern vorbehalten, die über die Transfăgărăşan anreisen. Wer Cozia besichtigt hat, kann mit dem Zug nach Piteşti und von dort auf einer Nebenstrecke in einer Stunde bis Curtea de Argeş fahren.

Munţii Bucegi / Piatra Craiului

Fiktion und Realität

Aus großer Entfernung betrachtet, wirkt das Bucegi-Massiv von allen Seiten wie eine unnahbare Felsfestung. Um so enttäuschter wird mancher Wanderer sein, wenn er den Hauptkamm erreicht hat und sich anstatt auf dem gezackten Gipfelgrat – wie eigentlich erwartet – auf einem sanft gewellten Plateau befindet, das nach Westen in ausgedehnten Wiesenhängen ins Ialomiţa-Tal abfällt. Noch mehr werden die "Errungenschaften" der Zivilisation sein Mißfallen erregen: Fahrwege und Skilifte, Seilbahnstationen und sogar ein Fußballfeld in 2000 m Höhe. Zu allem Überfluß ragt am Horizont auch noch der rot-weiß getünchte "Zeigefinger" des Coştila-Fernsehturms in den Himmel. Aber genau dort ändert sich das Landschaftsbild abrupt. Vor uns öffnet sich ein gewaltiger Talkessel, Valea Cerbului, über dem die zakkigen Moraru-Nadeln aufragen, deren Grat in weicheren Formen am Omul-Gipfel endet.

Der Omul (2505m) ist der höchste Berg des Bucegi und auch sein Mittelpunkt. Fünf Kämme zweigen von ihm ab, von denen die nach Westen, Norden und Osten verlaufenden die schönsten und wildesten sind. Über die umliegenden Täler läßt sich nur in Superlativen sprechen; selbst das durch menschliche Eingriffe am stärksten beeinträchtigte Ialomiţa-Tal bezaubert mit seinen Wasserfällen, der Bärenschlucht und der Ialomiţa-Höhle.

"Omul" – das bedeutet "der Mensch". Man kann lange Bergnächte in der Gipfelbaude bei mehreren Flaschen Rotwein verbringen und darüber philosophieren, ob die Namensgeber tatsächlich die Parallele ziehen wollten zwischen der Lage und Größe des Berges und dem Menschen als Mittelpunkt und Krönung der Schöpfung...

Die erste rumänische Königin Elisabeth veröffentlichte unter ihrem Pseudonym "Carmen Silva" mehrere Erzählungen über die markantesten Gipfel und Täler des Bucegi-Gebirges. Natürlich hat auch sie sich gefragt, wie der Omul zu seinem Namen kam und ein Kunstmärchen geschrieben, bewegt vom Glauben an das Gute im Menschen, der sich ständig um Vollkommenheit bemüht, an dieser Aufgabe jedoch immer wieder zu scheitern droht. Meistens tritt die Landschaft in ihren Geschichten in den Hintergrund, vor dem sich die Schriftstellerin mit der fragwürdigen menschlichen Natur auseinandersetzt. Das Ende ist meistens traurig.

In ihrer Erzählung über den Caraiman-Gipfel entwirft sie eine ideale Welt glücklicher Naturkinder, die von einem mächtigen, aber gütigen Zauberer geschaffen werden, indem er eine besonders fröhliche Melodie auf seinem gewaltigen Dudelsack bläst. Es herrschen glückliche Zeiten im "Königreich des Caraiman", solange die Kinder frei von Neid und Eifersucht sind, sich von Schafsmilch, Früchten und Kräutern ernähren, im Schatten von Bäumen und auf Moospolstern unter Steinen schlafen oder mit ihren Hunden durch die Gegend tollen.

Aber alles Übel beginnt wie immer mit der Eigentumsfrage, als die Kinder herangewachsen sind und um ihre Erdhütten zu streiten beginnen, die sie sich im Spiel errichtet haben. Zur Besänftigung gibt der Zauberer jedem ein paar Schafe, Hunde und einen Garten, aber natürlich stellt man bald fest, daß auf dem Nachbargrundstück alles viel besser gedeiht und die Schafe auch mehr Milch geben; also rotten sich die Faulen zusammen und fallen über die Fleißigen her; es gibt die ersten Toten und das nachfolgende Entsetzen über die schreckliche Tat.

Dem Caraiman wird darüber so schwer um's Herz, daß er zu weinen beginnt und mehrere Tränenbäche zu Tal fließen, aber die ungehorsamen Kinder verstehen nicht, daß es die Tränen ihres Schöpfers sind und streiten eifrig weiter. Auch seine Warnungen in Form von Steinschlag und Wildwassern, die Häuser, Gärten und Menschen unter sich begraben, werden nicht ernst genommen.

Wie sich das Märchen weiter entwickelt, ist vorauszusehen: Die Kinder schmecken Blut und beginnen Fleisch zu essen; erst schlachten sie ihre Schafe ab, danach sich selbst. Der Zauberer bestraft sie erneut mit einem gewaltigen Sturm aus seinem Dudelsack, aber nun richtet sich der Haß seiner Kreaturen auch gegen ihn und sein Instrument, das die Menschen zerstören wollen. Während der Riese schläft, wird ein Loch in den Sack gestochen, dem jedoch ein solcher Orkan entweicht, daß von den Geschöpfen kaum etwas übrigbleibt. Auch die Stürme, die heute manchmal durch das Prahova-Tal fegen, kommen aus dieser Öffnung in den Felsen, die in der Phantasie Carmen Silvas einem Dudelsack und dem auf ihm noch immer schlafenden Zauberer ähneln. "Wenn sich jemand fände, das Loch zu verstopfen, dann wäre die Welt wieder die der Kinder", endet diese Geschichte mit einem letzten Hoffnungschimmer.

Die Wirklichkeit ist ernüchternder. Heute steht auf dem Caraiman-Gipfel ein gewaltiges Kreuz, das in der Nacht illuminiert wird und dann direkt am Himmel zu schweben scheint. Hier treffen sich Märchen und traurige Realität:

Im Prahova-Tal tobte im Herbst und Winter 1916 eine der erbittertsten Schlachten, nachdem Rumänien in den 1. Weltkrieg eingetreten war und die deutschen und österreichisch-ungarischen Truppen versuchten, durch die Karpaten nach Bukarest durchzubrechen. Zwar mißlang der Versuch anfangs an dieser Stelle, die rumänische Hauptstadt wurde trotzdem am 6. Dezember 1916 eingenommen. Bis dahin metzelte man sich gegenseitig im Kampf um jede Bergkuppe unbarmherzig nieder und errichtete später eine ganze Reihe von Heldenfriedhöfen und -denkmälern, auf die der Besucher heute in allen Ortschaften des Prahova-Tals stößt.

Scham über diesen Massenmord oder Zweifel, gar Verzweiflung angesichts soviel menschlichen Versagens drückt keine dieser Gedenkstätten aus. Die Verzweiflung kann höchstens den pazifistisch gesonnenen Besucher überkommen, wenn er soviel nationaler Symbolik und unbekümmerter Heldenverehrung gegenübersteht. So lassen sich die Touristen mit fröhlichem Lächeln auf den Kanonen des Heldenfriedhofs von Sinaia fotografieren oder bewundern in Buşteni die martialische Statue des Korporals Muşat, der – obwohl ihm der linke Arm bereits amputiert wurde (wie der Fremdenführer lobend vermerkt) – noch seine letzte Granate in die feindlichen Linien schleudert. In Ermangelung eines Gegners wirft sie das Denkmal heute in die friedliche Bergwelt hinein – sinnigerweise ausgerechnet in die Richtung, wo das "Heldenkreuz" auf dem Caraiman-Gipfel steht.

Die echten Mahnmale – Schützengräben und Granattrichter – liegen etwas abseits der ausgetretenen Touristenpfade und geraten unter Waldwiesen und Fichtennadeln langsam in Vergessenheit.

Wenn sich der Zug von Braşov kommend über den Predeal-Paß gequält hat und die Fahrt hinunter ins Prahova-Tal geht, müßte er eigentlich jedesmal Schlagseite bekommen. Die Reisenden lehnen aus den Fenstern und zeigen sich gegenseitig begeistert die imposanten Ostwände des Bucegi-Massivs, das Kreuz auf dem Caraiman-Gipfel, die Seilbahn, die sich wie ein dünner Faden durch das enge Valea-Jepilor-Tal hinauf zu den Babele-Felsen zieht... Wir nähern uns Sinaia, der "Perle der Karpaten".

Seinen Namen erhielt der Ort durch das 1690-95 erbaute Kloster. Sein Gründer Cantacuzino hatte zuvor eine Wallfahrt nach Jerusalem unternommen und dabei auch das Sinai-Gebirge kennengelernt. Woher sich die Bezeichnung "St. Moritz Rumäniens" ableitet, kann sich jeder Reisende selbst denken. Die großen Hotelbauten entlang der Hauptstraße sind nicht unbedingt eine Zierde, und alte Bukarester, die früher hierher in die Sommerfrische fuhren, können nur noch mitleidig lächeln, daß es mit der "Perle" nicht mehr sehr weit her sei. In der "guten alten Zeit", als sich noch Seine Majestät der König aus der heißen Hauptstadt in den Schloßpark von Peleş zurückzog, konnte wohl kaum ein Normalverdienender den Urlaub in diesem Ort bezahlen. Wenigstens das war während des kommunistischen

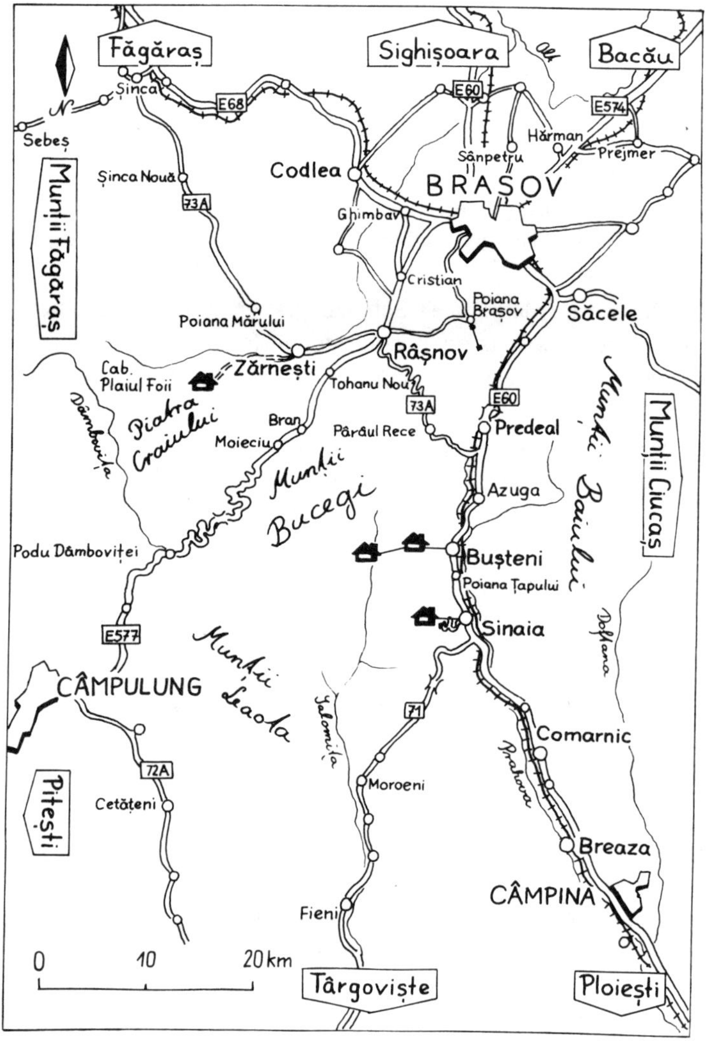
Făgăraş
Sighişoara
Bacău
Şinca
Sebeş
E68
E60
E574
Hărman
Sânpetru
Prejmer
Codlea
BRAŞOV
Şinca Nouă
73A
Ghimbav
Munţii Făgăraş
Cristian
Poiana Braşov
Săcele
Poiana Mărului
Râşnov
Cab. Plaiul Foii
Zărneşti
Tohanu Nou
73A
E60
Piatra Craiului
Bran
Pârâul Rece
Predeal
Munţii Baiului
Munţii Ciucaş
Moieciu
Dâmboviţa
Munţii Bucegi
Azuga
Podu Dâmboviţei
Buşteni
Poiana Ţapului
Sinaia
E577
Munţii Leaota
Doftana
CÂMPULUNG
Ialomiţa
71
Comarnic
Prahova
72A
Moroeni
Piteşti
Cetăţeni
Breaza
CÂMPINA
Fieni
0
10
20 km
Târgovişte
Ploieşti

Intermezzos ein wenig anders, allerdings stammen aus dieser Zeit auch die Hotelkästen im Zentrum und die häßlichen Neubaublöcke am Stadtrand. Heute können es sich die meisten Rumänen überhaupt nicht mehr leisten, Urlaub im eigenen Land zu machen, geschweige denn in Sinaia. In den Hotels herrscht entweder gähnende Leere oder die ersten ausländischen Reisegruppen die sich nach 1989 wieder ins Land wagen, geben sich mit der rumänischen Halbwelt, Managern und Militärs ein Stelldichein. Auf den Skipisten unterhalb des Furnica-Gipfels trifft man im Winter freundliche amerikanische Missionare und deren Familien, es wird englisch, französisch, auch deutsch gesprochen. Die Landessprache ist dagegen seltener zu hören...

Das Bucegi kann als das touristisch am besten erschlossenste Gebirge Rumäniens bezeichnet werden. Kein anderes Massiv ist so leicht zu erreichen, da alle Verkehrswege durch das Prahova-Tal führen, einem der wichtigsten Karpatenübergänge zwischen Transsilvanien und der Walachei. Vor allem weniger trainierte Wanderer, die zum erstenmal im Land weilen, sollten sich durch meine vorangegangene Beschreibung nicht abschrecken lassen und ihre ersten Erfahrungen mit dem Wetter, den Bergbauden und Wegen in den Karpaten lieber im Bucegi sammeln, als gleich ins Făgăraş- oder Rodna-Gebirge aufzubrechen. Vom Prahova-Tal aus können mehrere Tagesausflüge unternommen werden, eine Möglichkeit, die sich nirgendwo sonst in den rumänischen Hochgebirgen bietet. Man muß auch nicht unbedingt in Sinaia wohnen, sondern kann sich im Nachbarort Buşteni einmieten, wo ohnehin die schöneren Aufstiege beginnen. Zwei Seilbahnen nehmen den Wanderern die Anstrengung ab, zu Fuß den Kamm zu erreichen; eine dritte führt vom Babele ins Ialomiţa-Tal hinunter. Allein in der Kammregion gibt es auf einer Distanz von 12 km Entfernung sechs Bergbauden, im ganzen Bucegi zwanzig. Wem der Gedanke an Massentourismus unheimlich ist, der kann einen Tag in den stillen Baiu-Bergen auf der anderen Seite des Prahova-Tals verbringen oder sich auf die

"Rückseite" des Bucegi-Gebirges zurückziehen und im wesentlich stilleren Bran niederlassen. Je nach Wetterlage kann man sich dort für Exkursionen zum Omul oder in das wunderbare Königstein-Massiv (Piatra Craiului) entscheiden.

Ausgangspunkt Prahova-Tal

Anfahrt

Mit dem eigenen Fahrzeug: Wer über Oradea nach Rumänien einreist und sich die ganze Zeit auf der E 60 Richtung Bukarest hält, gelangt schließlich auch ins Prahova-Tal, durch das die Europastraße führt.

Mit öffentlichen Verkehrsmitteln: Auch die internationalen Züge, die von den Grenzstationen kommend über Braşov in die rumänische Hauptstadt fahren, müssen das Tal zwischen Bucegi- und Baiu-Bergen durchqueren. Sämtliche Züge halten in Predeal und Sinaia. In die drei dazwischenliegenden Stationen Azuga, Buşteni, Poiana ţapului gelangt man mit den häufig verkehrenden Personenzügen. Alle Ortschaften sind durch Buslinien miteinander verbunden, wenn mal gar kein Zug oder Bus verkehren sollte, bleibt dem valutabetuchten Ausländer immer noch das Taxi.

Unterkunft

Es empfiehlt sich, sein Quartier in Sinaia oder Buşteni zu nehmen, da in diesen Orten die meisten Wanderwege münden. Das dritte namhafte Touristeneldorado Predeal sollte man nur als Ausgangspunkt für Wanderungen ins Postăvarul-Massiv und nach Poiana-Braşov wählen. Bis man von hier den Fuß der Bucegi-Felswände erreicht hat, müssen stundenlange Waldmärsche oder die tägliche Anfahrt mit Auto, Bus oder Bahn in Kauf genommen werden.

Die Hotels in Sinaia und Buşteni verlangen vom ausländischen Touristen Preise, die von Normalverdienern durchaus zu bezahlen sind. (20 DM Einzelzimmer, 42 DM Dreibettzimmer im Januar '94)

Auf Studenten und Rucksackreisende warten dagegen bereits auf den Bahnhöfen oder den Hoteltreppen private Vermieter, bei denen zwei Personen für durchschnittlich ca. 10-15 DM übernachten können. (Stand Februar 1994).

Touristenunterkünfte, die vom Standard ungefähr dem einer Bergbaude entsprechen und wo man sich garantiert nur unter Rumänen befindet, gibt es in Sinaia: Furnica und Schiori, beide oberhalb des Schloßparks an der Straße zum Hotel Alpin gelegen, und in Buşteni: Caminul Alpin, Strada Morarului 22.

Herbergen und Campingplätze auf denen auch in einer "căsuţă" übernachtet werden kann, befinden sich in Sinaia am Ortsausgang Richtung Bukarest: Izvorul Rece und direkt an der Straße zwischen Sinaia und Poiana Ţapului/Buşteni: Vadul Cerbului. Zwischen Azuga und Buşteni liegt außerdem noch der Camping Azuga.

Wer schließlich lieber "ganz oben" übernachtet, kann eine der Bergbauden wählen, die über dem Prahova-Tal auf dem Kamm liegen, von denen aber keine besonders schön ist (siehe Abschnitt Wanderwege).

Seilbahnen

Sinaia – Cota 1400 – Cota 2000. An der Seilbahn hinauf zum Furnica-Gipfel muß einmal an der Zwischenstation umgestiegen werden . Etwas kompliziert ist immer noch der Kartenverkauf: Es werden keine Hin- und Rückfahrkarten für die gesamte Strecke ausgegeben, Ausländer bezahlen auch hier einen Sonderpreis.

Buşteni – Babele/ Babele – Peştera (Valea Ialomiţa). Ohne längere Wartezeiten kann man in einer halben Stunde über den Hauptkamm gelangen, mit Umsteigen an der Bergstation Babele. Die Fahrkarten hinunter ins Ialomiţa-Tal müssen an der Bergstation gekauft werden. Alle Seilbahnen verkehren gewöhnlich

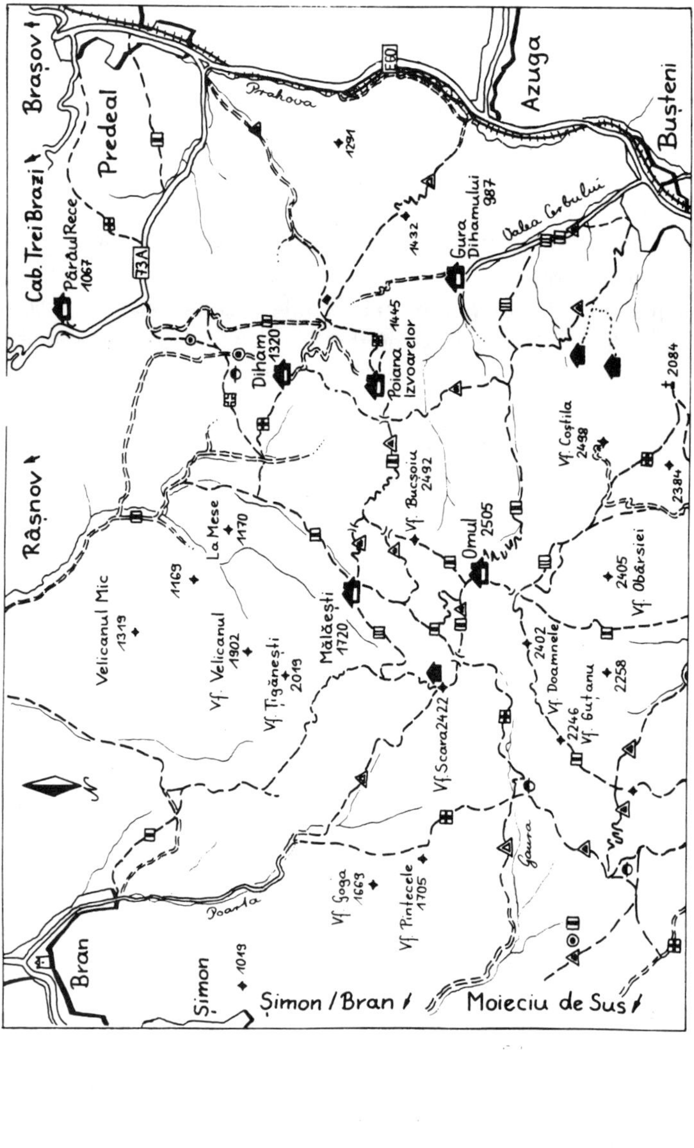
Brașov
Cab. Trei Brazi
Pârâul Rece
1067
Predeal
73A
E60
Prahova
1291
Azuga
Bușteni
Valea Cerbului
Gura Dihamului
987
1432
1445
Poiana Izvoarelor
Diham
1320
Râșnov
La Mese
1170
1169
Velicanul Mic
1319
Vf. Velicanul
1902
Vf. Țigănești
2019
Mălăești
1720
Vf. Bucșoiu
2492
Omul
2505
Vf. Coștila
2498
2084
2384
2405
Vf. Obârsiei
2402
Vf. Doamnele
2258
2246
Vf. Guțanu
Vf. Scara 2422
Vf. Goga
1663
Vf. Pintecele
1705
Gaura
Poarta
Bran
Simon
1019
Simon / Bran
Moieciu de Sus

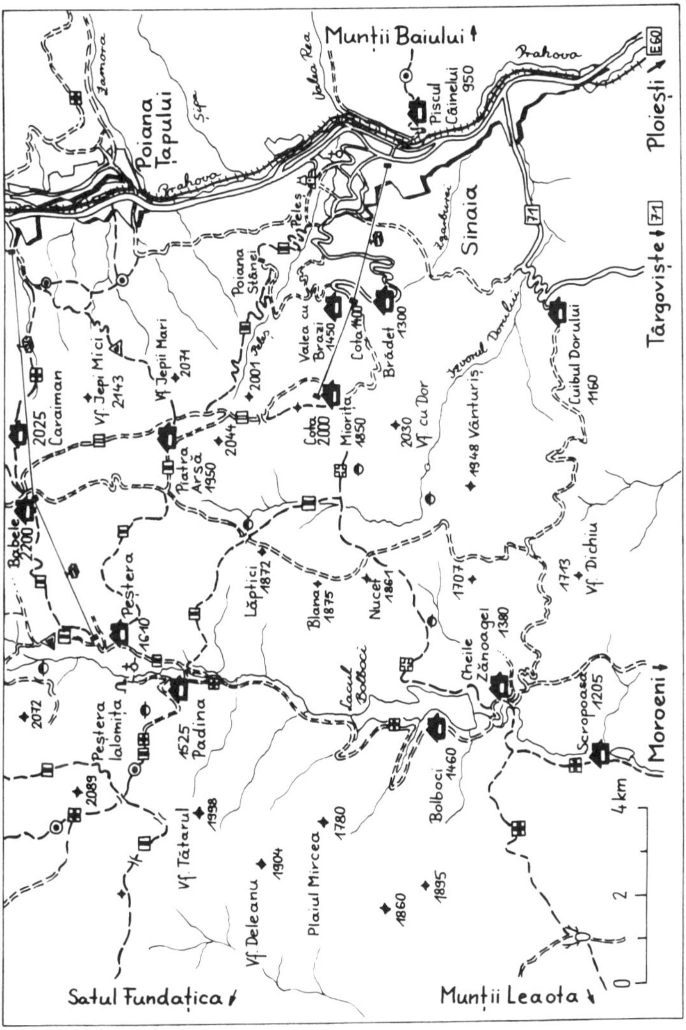
Munții Baiului
Piscul Câinelui 950
Prahova
E60
Ploiești
Poiana Țapului
Valea Rea
Sinaia
71
Târgoviște
Peleș
Poiana Stânei
Valea cu Brazi 1450
Cota 1400
Brădet 1300
Cuibul Dorului 1160
Vf. Jepii Mari 2074
Vf. Jepii Mici 2143
Caraiman 2025
Babele 2200
Piatra Arsă 1950
Cota 2000
Miorița 1850
Vf. cu Dor 2030
1948 Vânturiș
Peștera
Peștera 1610
Lăptici 1872
Blana 1875
Nucet 1861
1707
1713 Vf. Dichiu
Cheile Zănoagei 1380
Lacul Bolboci
Padina 1525
Peștera Ialomița
2072
2089
Vf. Tătarul 1998
Vf. Deleanu 1904
Plaiul Mircea 1780
Bolboci 1460
1860
1895
Scropoasa 1205
Moroeni
Satul Fundața
Munții Leaota
4 km
0
1
2

zwischen 9-17 Uhr täglich. Ein Liftwart sagte mir aber: "Wir fahren auch so lange, bis der letzte Tourist wieder unten im Tal angekommen ist", was sich an Wochenenden auch bis 19-20 Uhr hinziehen kann, wenn man wegen des Andrangs bis zu zwei Stunden auf eine Gondel warten muß. Wegen der wöchentlichen technischen Überprüfung ist die Seilbahn in Sinaia montags, die in Buşteni dienstags geschlossen.

Zwei Aufstiegsrouten zur Piatra-Arsă-Baude

Wie bereits erwähnt, ist der Kammabschnitt oberhalb von Sinaia bis Buşteni eher monoton und eine Sonntagstrasse für den Massentourismus. Die Kapazität der beiden Seilbahnen, die auf das Plateau fahren, ist dem Feiertagsansturm kaum gewachsen. Die Zeit, die man in einer mehrfach gewundenen Warteschlange verbringt, sollte besser für einen der schönen Auf- oder Abstiege durch die Bucegi-Steilwände genutzt werden.

Sinaia (825m) – Cabana Poiana Stânei (1270m) – Cabana Piatra Arsă (1950m), blaues Band, 4-4½ h

Die Markierung beginnt direkt am Bahnhof, führt am Hotel Sinaia vorbei und die Straße zum Hotel Palace hinauf. Am Heldenfriedhof für die Gefallenen des 1. Weltkrieges steigt man die Treppen zum Kloster Sinaia hoch, das ebenfalls einen kurzen Besuch lohnt. Um die Klostermauern herum folgt man den Touristenscharen, die zum Castelul Peleş unterwegs sind. Durch den Schloßpark, Gardekorps- und Wirtschaftshof hindurch läuft man an den Schlössern Pelişor und Foişor vorbei, bis der Weg zur Poiana Stânei nach rechts abzweigt.

Achtung: Wenn man Pech hat, werden in Foişor gerade hohe Staatsgäste empfangen, dann ist der Weg durch den oberen Parkteil gesperrt. In diesem Fall läuft man vom Wirtschaftshof, in dem heute ein gutes Restaurant untergebracht ist, den Weg nach links den Berg hinauf, zum Parkeingang an den ehemaligen

Pferdeställen in der Strada Furnica. Hier begegnen wir wieder der Markierung, die noch ein Stück die Straße zur Cota 1400 begleitet, dann eine Kurve durch den Wald abkürzt und in der nächsten Serpentine auf einen Fahrweg nach rechts Richtung Schloßpark abbiegt. Nach der Überquerung des Peleş-Baches verlassen wir den Weg nach links und steigen auf einem sehr gut ausgebauten Pfad in Serpentinen bergauf.

Dieser wurde schon zu Königs Zeiten angelegt und offenbar auch in der Ära Ceauşescu instand gehalten, das Areal durfte bis 1990 angeblich nicht betreten werden. Zwei Aussichts-Felskanzeln liegen auf der Strecke: Der Colţul Roşu (Roter Zacken) bietet einen Blick auf die Straße zum Hotel Alpin und die Seilbahnstationen Cota 1400 und 2000; vom Franz-Josefs-Felsen präsentieren sich das ganze Prahova-Tal und die Baiu-Berge. Hier ist man auch schon fast nach 1½-2 h Marsch an der Almwiese Poiana Stânei angelangt. Die Wiedereröffnung der Bergbaude nach Ceauşescus Ende war offenbar nur ein kurzes Zwischenspiel. Im Februar 1994 standen wir hier vor verschlossenen Türen und wurden aufgeklärt, das Gebäude sei inzwischen wieder Privatbesitz... Daneben ist eine neue Hütte im Bau, an der wohl künftig Getränke etc. verkauft werden sollen.

Von der Poiana Stânei aus laufen wir noch ca.100 m den Fahrweg entlang, der nach vielen Kurven an der Station Cota 1400 und dem Hotel Alpin endet. Bereits am Waldrand muß man aber rechts den steilen Pfad nehmen, der die Wiese hinaufführt und dann in mehreren Serpentinen durch den Wald zur oberen Baumgrenze weiterverläuft. Eine schöne Aussicht "belohnt" für den vergossenen Schweiß. Über den Piciorul Pietrei Arse steigen wir in die Talsenke hinauf, in welcher der Peleş-Bach entspringt und erreichen das Plateau in der Nähe der wenig einladenden und völlig verbauten Cabana Piatra Arsă.

Gipfelhütte auf dem Omul

2. Buşteni (900m) – Creasta Urlătorilor – Cabana Piatra Arsă (1950m), blaues Dreieck, 4-4½ h

Oberhalb des Hotels Silva und der Seilbahnstation führt der Weg links in den Wald. Bis zum Urlătoarea-Wasserfall können wir uns auch an den roten Punkt halten. (Dieser markiert aber den Weg geradeaus nach Poiana Ţapului, einem kleinen Ort zwischen Buşteni und Sinaia. 45 min -1 h)

Dem blauen Dreieck folgend, gelangen wir in die Steilwände oberhalb des Prahova-Tals und auf die Creasta Urlătorilor. Hier verrosten noch immer die Maste und Kabel der alten Holzseilbahn, die hinunter zur Papierfabrik nach Buşteni führte. Einheimische sagen auch heute noch: "Wir gehen auf den Schiel", wenn sie diese Stelle meinen, die den Namen des sächsischen Fabrikanten trägt, der die Firma gründete. Direkt an der Plateaukante versteckt sich in den Latschen der Canton Jepi (Schielhaus), ehemals die Bergstation der Seilbahn, heute eine kleine Forschungsstation. Bis zur Piatra Arsă läuft man von hier aus noch 10-15 min.

Fortsetzung der Tour von der Cabana Piatra Arsă auf dem Plateau und ins Ialomiţă-Tal:

Kammweg nach Süden zur Seilbahnstation Cota 2000 unterhalb des Furnica-Gipfels, gelbes Band, ca. 1½-2 h;

Kammweg nach Norden zur Seilbahnstation am Babele, gelbes Band, 1 h;

Abstieg zur Cabana Peştera (1610m) im Ialomiţa-Tal über einen landschaftlich sehr schönen Weg, wenn man das Plateau erst hinter sich gelassen hat (blaues Band, 2-2½ h).

Von der Peştera-Baude aus kann bis zu der Klosterzelle Schitul Peştera gelaufen werden. Die kleine "Außenstelle" des Klosters Sinaia fasziniert vor allem durch ihre Lage in der "wilden Natur". Einige Felsstufen führen hinunter in die Cheile Urşilor, die Bärenschlucht, durch die der Ialomiţa-Bach rauscht. Am anderen Ufer liegt die Höhle Peştera Ialomiţei, die man mit einer Taschenlampe besichtigen kann. Weniger empfehlenswert sind die Wachskerzen, die ein Mönch am Eingang verkauft. Die Höhle ist

1128 m lang und besitzt einen der größten Höhlensäle Rumäniens, Sala Urşilor, 60 m lang, 30 m breit und 25 m hoch. Hier gab es auch bis ins 20. Jahrhundert hinein Stalaktiten, die solchen barbarischen Aktionen zum Opfer fielen, wie im Jahre 1920 einem Schießwettbewerb (!) von Offiziersschülern... Ein paar Überreste sind aber noch heute zu sehen.

Omul-Wanderungen

Für die Besteigung des höchsten Bucegi-Gipfels sollten sich zwei Tage Zeit genommen werden, wenn man auf die Seilbahn verzichten und nicht in Hektik geraten möchte, ob man das Tal wieder vor Einbruch der Dunkelheit erreicht.

Übernachtet wird in der uralten Baude, die sich an den Gipfelfelsen des Omul anlehnt. Wer ohne Bergzelt wandert, hat wenigstens hier einmal Gelegenheit, in 2500 m Höhe den Sonnenuntergang über einem der schönsten Gebirgspanoramen Rumäniens zu erleben. Das wissen aber auch die Einwohner von Braşov und Bukarest, die im Hochsommer und an klaren Herbsttagen vor allem samstags den Berg stürmen, weshalb man seine Tour besser in die Wochenmitte verlegen sollte. Die begrenzte Bettenzahl (44) zwingt die Wirtin regelmäßig, Zuspätkommende auch noch in der Abenddämmerung zurück zur Babele-Baude oder hinunter ins Mălăeşti-Tal zu schicken.

Ein Tip für "Hartgesottene", die wenigstens ihren eigenen Schlafsack mitbringen: Wenn die Hütte überbelegt ist, kann man über den nach Westen verlaufenden Grat auf der roten Bandmarkierung oder dem gelben Dreieck in einer Stunde bis zum Scara-Gipfel laufen, wo ein Biwak-Iglu einen notdürftigen Schutz in einer klaren Sommernacht bietet. Die Tür fehlt bereits und auch die Wände haben Löcher, durch die der Wind pfeift. Keinesfalls bei instabiler Wetterlage benutzen!

Die zwei folgenden Tourenvorschläge können beliebig kombiniert werden:

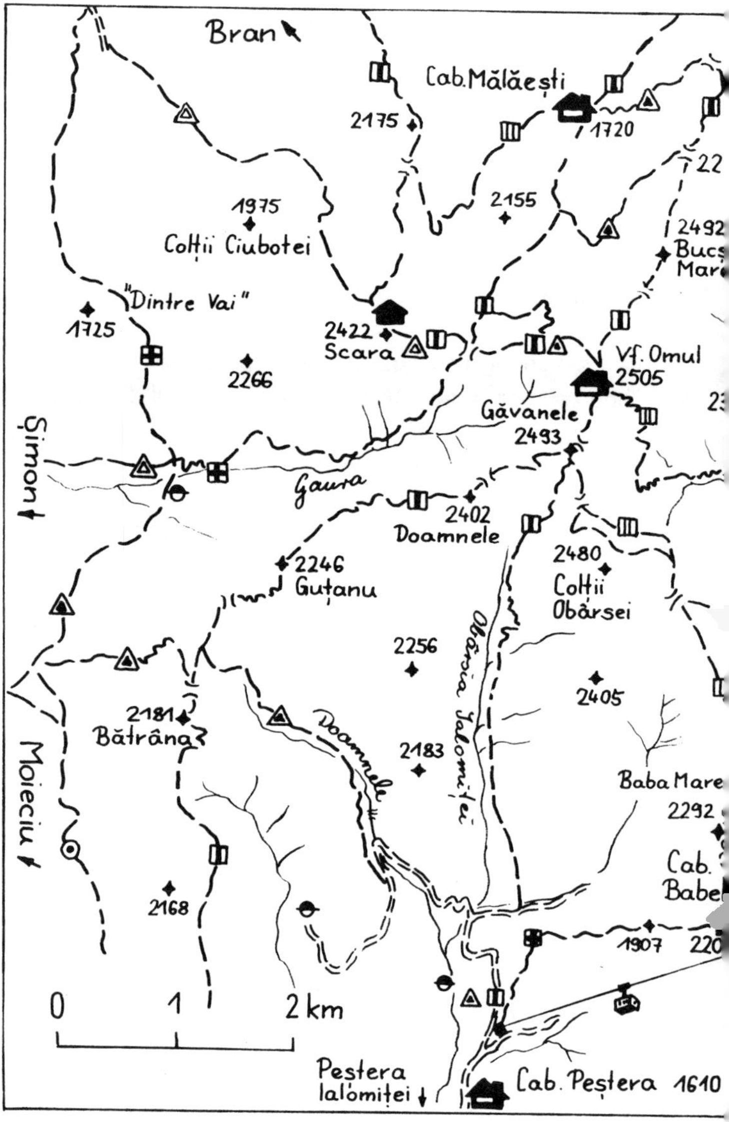
Bran
Cab. Mălăești
1720
2175
2155
1975
Colții Ciubotei
"Dintre Vai"
1725
2422
Scara
2266
Vf. Omul
2505
Găvanele
2493
Șimon
Gaura
2402
Doamnele
2246
Guțanu
2480
Colții
Obârșei
2256
Obârșia Ialomiței
2405
2181
Bătrâna
Doamnele
2183
Moieciu
Baba Mare
2292
Cab.
2168
1907
0
1
2 km
Peștera
Ialomiței
Cab. Peștera 1610

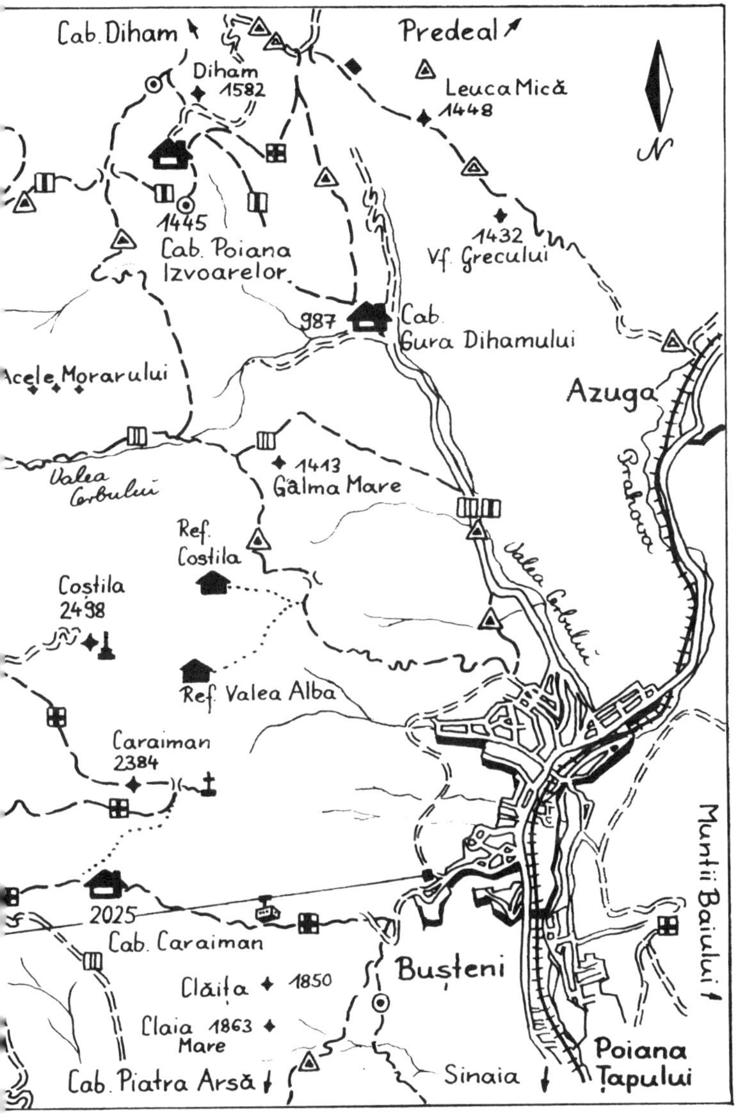

Cab. Diham
Predeal
Diham
1582
Leuca Mică
1448
N
1445
Cab. Poiana
Izvoarelor
1432
Vf. Grecului
987
Cab.
Gura Dihamului
Acele Morarului
Azuga
Prahova
1413
Gâlma Mare
Valea
Cerbului
Ref.
Costila
Costila
2498
Valea Cerbului
Ref. Valea Alba
Caraiman
2384
Muntii Baiului
2025
Cab. Caraiman
Bușteni
Clăița 1850
Claia 1863
Mare
Cab. Piatra Arsă
Sinaia
Poiana
Țapului

1. Aufstieg: Buşteni (900m) – Valea Jepilor – Cabana Babele (2200m), blaues Kreuz – Crucea Eroilor/Vârful Caraiman (2384m) – Omul (2505m), rotes Kreuz, gelbes Band, 6-6½ h

Der Aufstieg durch das Jepilor-Tal verläuft genau unter der Seilbahn durch eine atemberaubende Felslandschaft. An der Plateaukante erreicht man nach 3½-4 h die Cabana Caraiman (2075m), von der es bis hinauf zur Babele-Baude noch ca. 10-15 min Weg sind. Wer den Rummel an der Seilbahnstation umgehen möchte, kann aber auch den Südhang des Caraimans ersteigen, bis der mit rotem Kreuz markierte Weg erreicht wird, der Richtung Crucea Eroilor führt. Ein Besuch der "Babele" lohnt sich eigentlich nur wegen der riesigen Steinpilze und der etwas tiefer zum Ialomiţa-Tal gelegenen "Sphinx". Sand und Wind haben hier eigenartige Skulpturen aus dem Fels geschliffen, die zum Teil schon leider eingezäunt werden mußten, um nicht den touristischen Vandalen gänzlich zum Opfer zu fallen. Zum Omul kann man von hier dem breit ausgetretenen Kammweg folgen; die interessantere Alternative ist der Pfad zum Heldenkreuz unterhalb des Caraiman-Gipfels, das an die Schlacht im Prahova-Tal im Winter 1916 erinnert. Der Blick von der Felsspitze auf Buşteni ist wirklich schwindelerregend. Nach einem steilen Aufstieg zum wenig prägnanten Caraiman hat man die Plateauhöhe wieder erreicht. Den Fernsehturm auf dem Coştila-Gipfel (2498m) lassen wir rechts von uns liegen und peilen den nordwestlich gelegenen Sugările-Sattel an, wo der Weg wieder auf die gelbmarkierte Kammtrasse trifft. Im Nebel muß man hier vorsichtig sein, denn steil bricht die Wand in den riesigen Kessel des Hirschtals (Valea Cerbului) ab, auf dessen anderer Seite sich der Omul und die fotogenen Morarul-Nadeln erheben. Ganz nach Laune kann der Pfad am Fuß oder auf der Felsengalerie La Cerdac benutzt werden und nach 3-3½ h haben wir die Hütte auf dem Omul-Gipfel erreicht.

Abstieg: Omul (2505m) – Valea Cerbului – Buşteni (900m), gelbes Band, 4½-5 h

Der kürzeste Weg nach Buşteni verläuft durch das malerische Hirschtal (Valea Cerbului), über mehrere Gletscherstufen, vorbei an Schafweiden mit freundlichen Hirten und grimmigen Hunden. Sicher eine der schönsten Landschaften des Bucegi! Nach 2½-3 h erreicht man den Talgrund und eine Kreuzung mit Wegweiser. Dem gelben Band folgend würde man bis zur Forststraße hinuntersteigen, die nach links zur Gura-Dihamului-Baude und rechts nach Buşteni führt. Schöner und auch nicht länger ist der Waldweg (rotes Dreieck), der genau am Căminul Alpin in Buşteni endet.

2. Aufstieg: Azuga (940m) – Vârful Grecului (1432m) – Şaua Baiului (1363m), gelbes Dreieck – Cabana Poiana Izvoarelor (1445m), blaues Kreuz – Vârful Bucşoiu (2492m) – Vârful Omul (2505m), rotes Band, 8-9 h

Der Aufstieg zum Omul über das Massiv des Bucşoiul Mare gehört zu den schönsten Touren im Bucegi, verlangt aber etwas Kondition. Die Strecke bis zur Cabana Poiana Izvoarelor kann auch von Buşteni aus auf der Straße bis Gura Dihamului und anschließend auf einem Waldweg zurückgelegt werden (rotes Band, 2-2½ h) bzw. auf dem mit rotem Dreieck markierten Pfad bis zum Sattel Pichetul Roşu (2½-3 h). Der Weg von Azuga aus bietet dagegen eines der beeindruckendsten Panoramen auf die Felswände des Bucegi-Massivs, weswegen sich der etwas anstrengende Marsch lohnt.

Mit dem Personenzug gelangt man von Sinaia in einer Viertelstunde, von Buşteni in 5 min nach Azuga. Am Ortsende (Richtung Predeal) müssen zuerst einmal die Gleise überstiegen und die Brücke über die Prahova gefunden werden. Auf dem Forstweg folgt man dem gelben Dreieck in die Valea Grecului hinein bis zum Talschluß, und dann beginnt ein steiler Aufstieg durch den Wald, den die schlechte Markierung zusätzlich erschwert. Am besten hält man sich neben dem Bachbett und gelangt so

Gemsen

bis in einen Sattel unterhalb des Vârful Grecului. Auf diesen großen Grasbuckel sollte wegen des bereits angepriesenen Panoramas unbedingt hinaufgestiegen werden. Die hervorragende Aussicht wußte man auch schon im ersten Weltkrieg zu schätzen, wenn auch nur zu strategischen Zwecken. Die üppig mit Glockenblumen, Nelken und Gänseblümchen überwachsenen Granattrichter erinnern an eines der heftigsten Gefechte im Prahova-Tal und wirken angesichts der heutigen friedlichen Stille an diesem Ort besonders absurd.

Über die Leuca Mică (1448m), einen unbedeutenden Hügel, und an einer von Militär okkupierten Baude vorbei gelangt man in den Baiului-Sattel, wo ein Forstweg weiter Richtung Diham-Baude führt (rotes, gelbes oder blaues Dreieck, 1 h). Wir halten uns an das blaue Kreuz und treffen ca. 3 Stunden nach unserem Abmarsch von Azuga an der Cabana Poiana Izvoarelor ein.

Die Markierung rotes Band führt jetzt bis zum Omul. In einer Viertelstunde erreicht man die Wiese am Pichetul Roşu, wo unser Weg von dem Pfad gekreuzt wird, der von Buşteni zur Diham-Baude führt. Geradeaus steigen wir jetzt den Hang hinauf, queren mehrere Seitentäler und im Sommer meistens ausgetrocknete Bergbäche, die am Massiv des Bucşoiul Mare entspringen. Gelegentlich gibt der Wald den Blick auf das Postăvarul-Massiv im Norden und auf die Diham-Baude im Tal frei. An der Baumgrenze erwartet uns ein Wegweiser ("La Prepeleac" genannt), der neben dem Aufstieg über den Bucşoiul noch eine Variante durch das Mălăeşti-Tal anbietet, die vor allem genutzt werden sollte, wenn man hier schon spät am Nachmittag oder bei aufziehendem Gewitter, Nebel etc. eintrifft. (Beschreibung siehe weiter unten.)

Der sogenannte Friedrich-Deubel-Weg führt uns nun noch eine Weile durch Krummholz und Latschenbestand, bis wir die Zone der alpinen Matten erreicht haben. In ca. 30-45 min gelangen wir zum Brâna-Caprelor-Sattel, wo das blaue Dreieck den Gemsensteig ins Mălăeşti-Tal markiert. Eine weitere Möglichkeit, Schlechtwetter auf dem Kamm auszuweichen; allerdings, wie der Name schon andeutet, geht es mitten durch eine Wand hindurch, und man sollte schon etwas schwindelfrei sein (ca. 1-1½ h Abstieg bis zur Cabana Mălăeşti).

Der Bergrücken wird immer schmaler, immer beeindrukkender die Felslandschaft um uns herum. Vom Bucşoiul Mare bietet sich der erste Blick zum Omul und auf den nach Osten abzweigenden Morarul-Kamm, dahinter taucht der Fernsehturm auf dem Coştila-Gipfel auf. Im Osten wird das Prahova-Tal durch die Baiu-Berge begrenzt, hinter denen an klaren Tagen sogar die Ciucaş-Felsen zu erkennen sind. Das Postăvarul-Massiv verdeckt Braşov im Norden. Näher gelegen, im Westen, die Kämme Padina Crucii und Ţigăneşti, hinter denen sich die Bran-Senke erstreckt. Über ihr thront das Kalkmassiv der Piatra Craiului (Königstein). Bis zum Omul-Gipfel laufen wir auf dem Kamm nun noch ca. 1-1½ h.

Alternative durch das Mălăeşti-Tal: Von "La Prepeleac" aus folgen wir dem roten Dreieck zum felsigen Mălăeşti-Sattel über einen stellenweise mit Drahtseilen gesicherten Weg und eine "atemberaubende" Brückenkonstruktion. Vom Sattel sieht man bereits die Baude, zu der in einer halben Stunde über ein paar Felsnasen und durch den Wald abgestiegen wird. Bis zur Baude von "La Prepeleac" aus 30-40 min.

An der Mălăeşti-Hütte, die in einem der wildesten Bucegi-Täler liegt, treffen sich mehrere Wege. (Bei anhaltendem Schlechtwetter kann über einen mit blauem Band markierten Waldweg in 2-2½ h zur Cabana Diham zurückgekehrt werden. Dem gelben und später roten Band über den Padina-Crucii- Kamm und durch das Ţigăneşti-Tal über den gleichnamigen Kamm folgend, wandert man in 5-6 h nach Bran.)

Zum Omul steigt man das Mălăeşti-Tal auf blauem Band aufwärts, wo nach einer halben Stunde der "Gemsensteig" links in die Felswände führt (blaues Dreieck, ca. 3-3½ h bis zum Omul). Nicht ganz so aufregend ist die Route zum Gipfel über den Sommerweg, der nach 30 min links abzweigt (1½ h) oder durch die enge Schlucht zum Şaua Hornurilor (2384 m). Beide Wege sind mit blauem Band markiert. (Dem Wegweiser im Şaua Hornurilor sollte man nicht zuviel Beachtung schenken, da er falsch ausgerichtet ist und auch die angegebenen Wegzeiten recht abenteuerlich sind. Über den Grat gelangt man in einer Stunde bis auf den Omul bzw. auf einer der drei gut markierten Abstiegsrouten in 4½-5 h nach Bran. (Beschreibung in der Gegenrichtung S. 217f)

Abstieg: Omul (2505m) – Şaua Bătrâna (2150m), rotes Band – Cascada Doamnele – Seilbahnstation Peştera (1610m) / (Peştera Ialomiţei), rotes Dreieck, 4½-5 h

Vom Omul aus folgen wir dem Kamm, der das Hirschtal zur Linken und Gaura-Tal rechts von uns trennt, nach Süden bis zum Găvanele-Gipfel, wo die rote Bandmarkierung nach Westen abbiegt. Über die breiten Bergrücken des Doamnele-Massivs laufen wir bis in den Bătrâna-Sattel. Die ganze Zeit über bietet sich eine einmalig schöne Aussicht nach Westen auf die Bran-Senke und das Königstein-Massiv.

Im Bătrâna-Sattel kreuzt der von Moieciu de Sus kommende Weg die Kammtrasse (rotes Dreieck, 4-5 h), und führt links hinunter ins Doamnele-Tal. Entlang dem hier entspringenden Bachlauf gelangen wir zur Cascada Doamnele, einer der wenigen Erfrischungen, die das Bucegi im Hochsommer bietet – die meisten Bäche und Tümpel sind gewöhnlich ausgetrocknet. Unten im Talgrund kommt man am Eingang der Cheile Urşilor (Bärenschlucht) vorbei, durch die sich der Ialomiţa-Bach über riesige Felsblöcke hinweg und kleine Wasserfälle bildend sein Bett gegraben hat. Wer einen Blick in die Schlucht werfen möchte, durch die kein Weg hindurchführt, läuft an der Cabana Peştera vorbei bis zum kleinen Kloster Schitul Peştera und zur Höhle Peştera Ialomiţei (siehe auch S. 206).

Zurück nach Buşteni fährt entweder die Seilbahn oder es wird über den an der Talstation beginnenden Weg aufgestiegen, der über den sogenannten Elefantenfriedhof zur Babele-Baude führt (blaues Kreuz, 2-2½ h). Durch das Jepilor-Tal steigt man von dort ebenfalls auf blauem Kreuz in 2½-3 h ins Prahova-Tal ab.

Wege zwischen Omul und Bran

Für alle, die ohne Auto Urlaub im Prahova-Tal machen, aber trotzdem das vermeintliche "Draculaschloß" in Bran besichtigen wollen (s.S. 245ff), empfiehlt sich der Fußweg übers Gebirge. Zurückkehren kann man dann immer noch mit Bus und Bahn über Râşnov/Rosenau und Braşov/Kronstadt, was ungefähr einen halben Tag in Anspruch nimmt. Natürlich kann man die Tour auch zu einem drei-viertägigen Rundweg ausbauen oder sogar zu einer einwöchigen Exkursion ins Königstein-Massiv.

1. Vârful Omul (2505m) – Vârful Scara (2422m) – Culmea Ţigăneşti – Bran (700m), rotes Band, 5 h

Bis zum Omul wählt man einen der bereits beschriebenen Wege, dann folgt man dem Westgrat Richtung Scara-Plateau, auf dem sich als kleiner Punkt die Biwakschachtel erkennen läßt. Mehrere Markierungen laufen bis zum Sattel Şaua Hornurilor, in dem rechts der Weg ins Mălăeşti-Tal abzweigt (blaues Band, ca.1½ h) und links der mit rotem Kreuz markierte Pfad ins Gaura-Tal hinunterführt. (Nach Bran 4½-5 h, wegen Drahtseilstellen im Aufstieg empfehlenswerter, Beschreibung s.S. 219)

Wir laufen auf dem Kamm weiter, bis nach einer Stunde vom Omul aus der Scara-Gipfel mit seinem leider beschädigten Iglu erreicht wird. Uns nach den Orientierungsstangen richtend, gelangen wir zu einem Wegweiser, an dem sich die Trasse verzweigt. Das gelbe Dreieck führt hinunter ins Ciubotea-Tal (ca. 4 h bis Bran, Beschreibung in der Gegenrichtung , S. 218); wir wenden uns Richtung Norden und laufen auf einem stellenweise gesicherten Pfad um die Felstürme auf dem Ţigăneşti-Kamm herum. Nach 30-40 min Weg verwandelt sich dieser in einen breiten Grasrücken, wo wir auf den Pfad treffen, der von der Mălăeşti-Baude hier hinaufführt (gelbes Band, 1-1½ h).

Ein letzter Blick auf die beeindruckenden Massive von Bucşoiul und Omul, dann durchquert man nach Westen eine Graswand im Halbkreis und gelangt zum Felsgarten La Stânci.

Hier beginnt die Waldgrenze, aber nach 20-30 min Abstieg lichtet sich das Dickicht nochmals, und von einer Felskanzel bietet sich ein schönes Panorama auf das wilde Scara-Massiv, das Ciubotea-Tal, Bransenke und das Piatra-Craiului-Massiv. Südlich davon die letzten Ausläufer des Iezer-Păpuşa-Gebirges und am nördlichen Ende die kleine Stadt Zărneşti, deren Neubaublöcke fast die Illusion einer gewaltigen Stadtmauer erwecken. In einer Viertelstunde steht man auf der Wiese Poiana Panicerului, von der aus im Nordosten das Postăvarul-Massiv, Râşnov/Rosenau und seine Bauernburg zu sehen sind. Wer seinen Durst nicht mehr bis Bran bezähmen kann, folgt von den Rastbänken dem roten Punkt zu einer Quelle.

Unser Weg vollzieht einen scharfen Knick nach Norden und verschwindet im Wald. 20-30 min Abstieg bis zu drei Wegweisern, wo wir uns an denjenigen halten, der links hinab auf einen Forstweg weist und mit "Spre Bran prin Poarta 1½ ore" beschriftet ist.

Den Markierungen folgend, haben wir nach 20-30 min einen Hohlweg ereicht, der zwischen den ersten Grundstücken von Bran hinunter in den Ort führt. Von einem Wegweiser, an dem die asphaltierte Straße beginnt, läuft man noch 20 min bis ins Ortszentrum.

2. Bran (700m) – Valea Ciubotea – Vârful Scara (2422m) – Vârful Omul (2505m), gelbes Dreieck, 6-7 h

Von der Hauptstraße in Bran zweigt neben dem kleinen "Alimentara" eine asphaltierte Nebenstraße ab, in der uns ein Telegraphenmast mit den drei Markierungen rotes Band, rotes Kreuz, gelbes Dreieck den Weg weist. Nach einer knappen halben Stunde haben wir einen Wegweiser erreicht. (Weg über den Ţigăneşti-Kamm zum Omul nach links, rotes Band, 5-6 h, siehe vorhergehende Beschreibung in der Gegenrichtung). Nach rechts führen uns rotes Kreuz und gelbes Dreieck bis zum Ortsende und die Forststraße entlang des Poarta-Baches. An der Poiana Urlătoarea verläßt uns der mit rotem Kreuz markierte

Weg (Beschreibung s.u.), geradeaus geht es weiter den Fahrweg entlang, bis unser Pfad an der Cascada Urlătoarea links auf den Urlătoarea-Clincei-Rücken hinaufführt. Durch dichten Waldbestand läuft man oberhalb des Wildbachs in das Ciubotea-Tal hinein, über dem bald die Felsspitzen des Scara-Massivs auftauchen. Nachdem man den Bach überquert und die Baumgrenze hinter sich gelassen hat, steigt der Weg in dem engen Talschluß kurvenreich am Ciubotea-Osthang hinauf zum Scara-Gipfel. Eine wunderschöne Tour, die vielleicht nur noch von der durch das Gaura-Tal übertroffen wird.

3. Bran (700m) – Poiana dintre Văi (1623m) – Stâna din Gaura (1500m) – Valea Gaura – Şaua Hornurilor (2315m) – Vârful Omul (2505m), rotes Kreuz, 6-7 h

Bran – Poiana Urlătoarea (siehe vorhergehende Beschreibung)

Von der Urlătoarea-Wiese steigt man 20-30 min einen Forstweg hinauf, dann folgt ein steiler Anstieg durch dichten Fichtenwald, aber wenigstens mit weichem Nadelboden unter den Füßen. Nach ca. 1-1½ h gelangt man auf die Poiana dintre Văi (Wiese zwischen den Tälern). Auf den neuesten Wanderkarten ist hier noch immer eine Notunterkunft eingezeichnet, die aber nicht mehr existiert. Vielleicht fiel auch sie einem Sturm zum Opfer, wie der Windbruch der weitverstreuten Fichtenstämme im Umkreis. Nach einer weiteren halben Stunde wird die mit Felsblöcken übersäte Gaura-Alm erreicht. An der Wegkreuzung biegen wir nach links ab. (Geradeaus führt der Weg zur Poiana Guţanului und über den Bătrâna-Sattel ins Peştera-Tal – eine Möglichkeit, den Omul zu umgehen. Blaues Dreieck bis Plaiul Ţapului und von dort rotes Dreieck bis zur Seilbahnstation Peştera, ca. 3½-4 h, Wegbeschreibung ab Bătrâna-Sattel s. S. 216)

Je höher wir das Gaura-Tal hinaufsteigen, um so gewaltiger wachsen die Felswände um uns. Stellenweise muß man etwas klettern, was durch ein paar Drahtseile (Vorsicht, aufgesplissen!) erleichtert wird. Nach 1½-2 h verändert sich das Landschaftsbild. Hinter einer gewaltigen Gletscherstufe dehnt sich vor uns

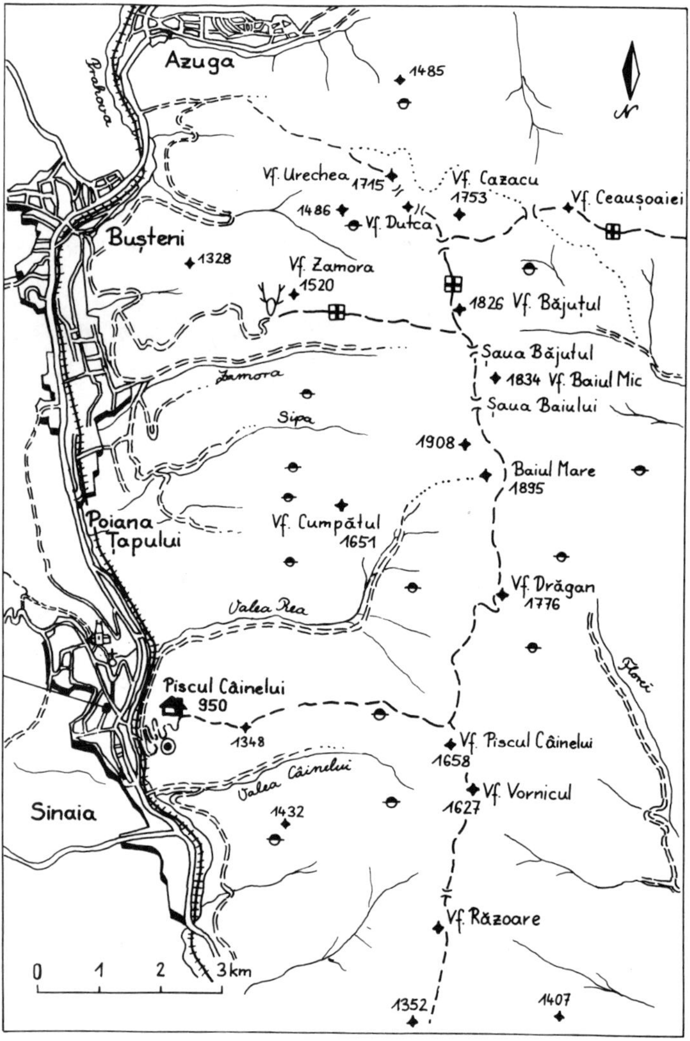
Azuga
Prahova
1485
N
Vf. Urechea 1715
Vf. Cazacu 1753
Vf. Ceaușoaiei
1486
Vf. Dutca
Bușteni
1328
Vf. Zamora 1520
1826 Vf. Bájuțul
Șaua Băjutul
1834 Vf. Baiul Mic
Zamora
Șaua Baiului
Sipa
1908
Baiul Mare 1895
Vf. Cumpătul 1651
Poiana Țapului
Vf. Drăgan 1776
Valea Rea
Florei
Piscul Câinelui 950
1348
Vf. Piscul Câinelui 1658
Valea Câinelui
Vf. Vornicul 1627
Sinaia
1432
Vf. Răzoare
0 1 2 3km
1352
1407

ein weiter Talkessel, über dem auf dem Kamm bereits die Omul-Hütte zu erkennen ist. In dieser Landschaft könnte die rumänische Filmindustrie ihre Western gedreht haben. Am im Sommer ausgetrockneten Bachlauf entlang und den Markierungen folgend, die den linken Hang hinaufführen, steigen wir in den Hornul-Mare-Sattel und von dort auf den Omul.

Tagesausflug in die Baiu-Berge

Während die malerischen Felstürme und Steilwände des Bucegi den Blick immer wieder magisch anziehen, geraten die Munţii Baiului im Rücken des Betrachters etwas ins Abseits. Dabei nehmen sie ein fast so großes Areal wie ihr westlicher Nachbar ein, auch wenn dessen Höhe bei weitem nicht erreicht wird. Der höchste Gipfel oberhalb von Predeal, Vf. Neamţu, mißt "nur" 1923 m.

Überwiegend aus Sandsteinen und Kalk aufgebaut, beherrschen weiche Formen das Landschaftsbild der Munţii Baiului, die nur selten Wanderer anlocken. Für einen stillen Sommertag auf unendlichen Wiesenmatten mit einer unvergleichbar schönen Aussicht auf das Bucegi-Massiv ist dieses Gebirge aber genau das Richtige. Was hier allerdings fast völlig fehlt, sind Wegmarkierungen, weshalb jeder Ausflügler selbst wissen muß, wann und wo er wieder vom Kamm absteigen möchte. Folgender Wegabschnitt sei hier trotzdem empfohlen:

Sinaia (825m) – Cabana Piscul Câinelui (950m), blauer Punkt, später nur noch sehr selten – Vârful Piscul Câinelui (1658m) – Vârful Drăgan (1776m) – Vârful Baiul Mare (1895m/1908m) – Şaua Baiului (ca.1730m) – Şaua Băiuţului, unmarkiert – Buşteni (900m), rotes Kreuz, 7 h

In Sinaia gegenüber dem Hotel Montana in die Piaţa Unirii einbiegen und über den Markt bis hinunter zur Umgehungsstraße Calea Prahovei laufen. Den Weg Richtung Piscul-Câinelui-Baude zeigen uns auch mehrmals Hinweisschilder, die der geschäftstüchtige Wirt angebracht hat. Auf der Calea Prahovei ein paar Meter nach rechts und dann über die Brücke, die über die Prahova führt. Auf der Strada Piscul Câinelui überqueren wir die Bahngleise. Die Straße endet am Waldrand, wo ein breiter Weg in Serpentinen hinauf zur Hütte führt. Wegzeit ca.1 h.

Schon von der kleinen Bergwiese oberhalb der "cabană" bietet sich eine schöne Aussicht über Sinaia und den Bucegi-Kamm, aber gleich darauf geht es wieder in den Wald hinein, und ein mörderischer Aufstieg beginnt. Nach einer Stunde, in der wir ca. 400 Höhenmeter überwunden haben, wird die Waldgrenze erreicht, in deren Nähe ein geodätischer Aussichtsturm steht. Vor uns breiten sich nun die kahlen Berghänge des Baiu-Massivs aus, auch der Vf. Piscul Câinelui ist bereits sichtbar. Bis dorthin benötigen wir weitere 1-1½ h, vorbei an einer "stâna".

Am Piscul-Câinelui-Gipfel wird der Hauptkamm erreicht, der Weg wendet sich mit ihm nach Norden. Östlich begleitet uns die ganze Zeit das Panorama des Bucegi, im Osten das Grohotiş-Gebirge und an klaren Tagen sind im Nordosten die Kalkspitzen des Ciucaş zu sehen. In einer Stunde wird über den Drăgan-Gipfel hinweg die Doppelspitze des Vf. Baiul Mare erreicht. Die Orientierung fällt nicht schwer, da man sich immer nur auf dem Hauptkamm zu halten hat, der parallel zum Prahova-Tal verläuft. Vom ersten Gipfel des Baiul Mare kann wieder Richtung Sinaia abgestiegen werden. Unterhalb des Gipfels entspringt der Bachlauf der Valea Rea, dem wir bis ins Tal folgen. Ein Forstweg führt genau bis an den Punkt zurück, wo wir unsere Tour begonnen haben (ca. 2-2½ h).

Die Wanderung kann aber auch bis Poiana Ţapului verlängert werden. Hierzu steigen wir in den Baiul-Sattel ab, umgehen den Baiul-Mic-Gipfel und gelangen in den Băiuţul-Sattel. Zur Linken erstreckt sich die Culmea Zamora, ein Seitenkamm, der wieder hinunter ins Prahova-Tal führt. Über ihn verlaufen die Markierung rotes Kreuz und ein Forstweg, der am Forsthaus Zamora vorbei in 2-2½ Stunden hinunter nach Buşteni zum Bahnhof führt.

Felsenfenster am Deubel-Weg

Piatra Craiului (Königstein)

Die Wanderung aus dem Prahova-Tal über das Bucegi-Gebirge nach Bran und von dort ins Königstein-Massiv gehört zu den abwechslungsreichsten und schönsten Wanderungen in den Karpaten. Aus diesem Grund habe ich die beiden Gebirge an dieser Stelle zusammengefaßt, auch wenn es mir rumänische Geografen und Bergfreunde kaum verzeihen werden, daß ich dem Königstein kein eigenes Kapitel in diesem Buch gewidmet habe, wird er doch von vielen Wanderern und Alpinisten als "das schönste Gebirge Rumäniens" bezeichnet. Eigentlich handelt es sich "nur" um einen einzigen 25 km langen Bergkamm aus Kalkgestein, dessen weißleuchtende Felsspitzen vom Bucegi-Gebirge über die Bran-Senke hinweg gut sichtbar sind. Dieser Anblick wird aber bei weitem übertroffen,wenn man die 12 km lange Forststraße von Zărneşti nach Plaiul Foii zurücklegt und über sich die gewaltigen 500-700 m hohen Nordwestwände aufragen sieht. Der Kammweg kann in seinem schönsten und wildesten Abschnitt an einem Tag zurückgelegt werden und ist eine echte Genußtour. Die Auf- und Abstiege sind dagegen äußerst steil und schweißtreibend, besonders der mit Gepäck nur schwer zu bewältigende Deubel-Weg von Plaiul Foii zum Grind-Sattel. Von einer Besteigung bei unsicheren Wetterlagen ist Wanderern ohne längere Bergerfahrung unbedingt abzuraten. Die im Sommer '93 existierenden Markierungen waren zum Teil so verblichen, daß selbst ein rumänischer Freund und guter Kenner des Königstein mehrmals irrte, als wir im aufziehenden Nebel unseren Weg suchen mußten. Viele – sehr spannende – Routen durch die Nordwestwände sind unmarkiert bzw. nur mit Steinhäufchen versehen. Auch sie sollten nur in Begleitung eines einheimischen Führers begangen werden, den man eher unter den Bergfreunden an einem Refugium auftreibt, als an der für rumänische Verhältnisse recht teuren Plaiul-Foii-Baude.

Ausgangspunkt Bran

Anfahrt

Mit dem eigenen Fahrzeug: In Braşov/Kronstadt orientiert man sich an den Wegweisern in Richtung Piteşti. Je nach Landkarte wird die Straßenbezeichnung mal mit E 574 oder E 577 angegeben, am besten richtet man sich noch nach der Nationalstraßenmarkierung DN 73. Über Râşnov/Rosenau mit seiner berühmten Bauernburg gelangt man nach Bran. Wer aus dem Prahova-Tal anreist, kann den Weg über die DN 73A von Predeal nach Râşnov über Pârâul Rece abkürzen und fährt außerdem durch eine schöne Berglandschaft mit Ausblicken auf das Postăvarul-Massiv.

Mit öffentlichen Verkehrsmitteln: Zwischen Braşov und Bran verkehren täglich Busse, außerdem halten auch alle Fernlinien, die weiter nach Câmpulung in die Walachei fahren. Bis nach Râşnov kann man außerdem auch den Zug benutzen, der von Braşov nach Zărneşti fährt. Die letzten 12 km bis Bran müssen per Bus oder per Anhalter zurückgelegt werden.

Unterkunft

Dank der legendären Törzburg in Bran haben sich auch hier einige private Initiativen entwickelt, den Tourismus zu fördern . Man kann nur hoffen, daß sie nicht wie im Prahova-Tal in großen Hotelbauten und Seilbahnanlagen enden. Im Gespräch mit den Gründern des Fremdenverkehrsvereins fühlte ich mich mehrere Male genötigt zu betonen, daß ausländische Touristen diese ruhige Gegend vielleicht gerade wegen ihrer Urwüchsigkeit bevorzugen würden und man anstelle von Skiliften doch besser einen Fahrradverleih einrichten solle.

Das vom staatlichen Reisebüro betriebene Hotel mit seinen speziellen Ausländerpreisen kann ich weniger empfehlen.

Für 15-20 DM für zwei Personen/Halbpension wohnt man sehr viel schöner in Privatunterkünften, die durch Herrn Pedestru im Haus Nr. 15 (direkt an der Aufstiegsroute Richtung Bucegi gele-

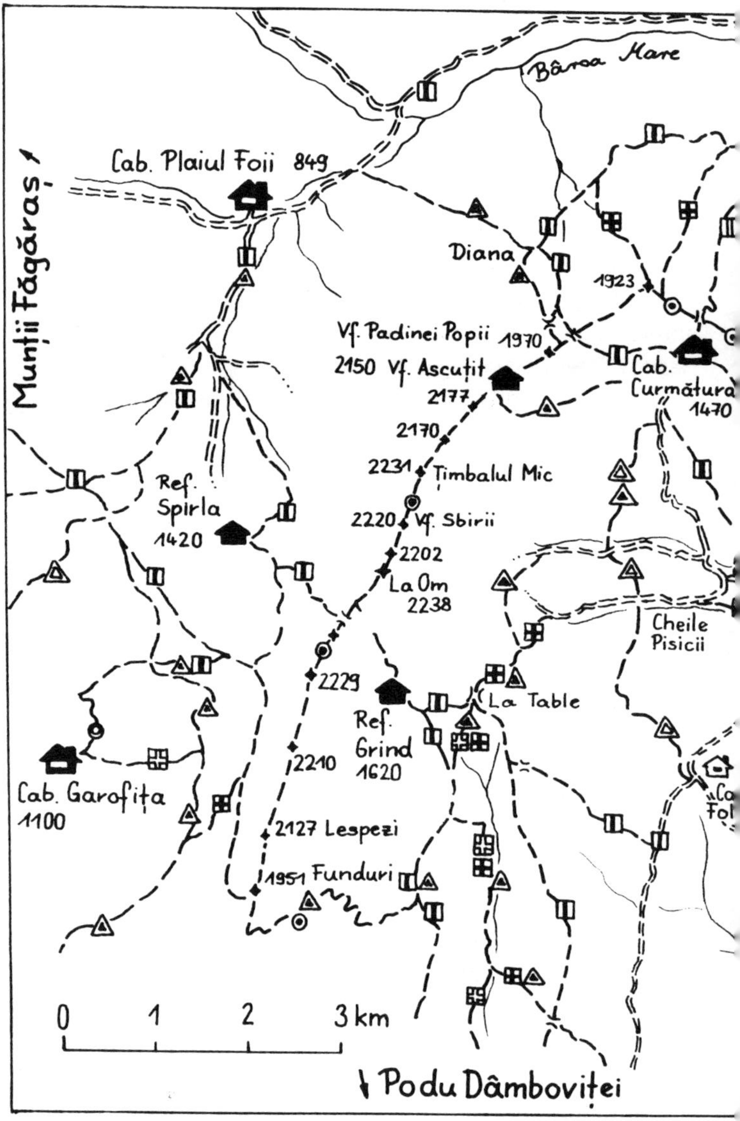
Bârsa Mare
Cab. Plaiul Foii 849
Munții Făgăraș
Diana
1923
Vf. Padinei Popii 1970
2150 Vf. Ascuțit
Cab. Curmătura 1470
2177
2170
2231 Țimbalul Mic
Ref. Spirla 1420
2220 Vf. Sbirii
2202
La Om 2238
Cheile Pisicii
2229
La Table
Ref. Grind 1620
2210
Cab. Garofița 1100
2127 Lespezi
1951 Funduri
0 1 2 3 km
Podu Dâmboviței

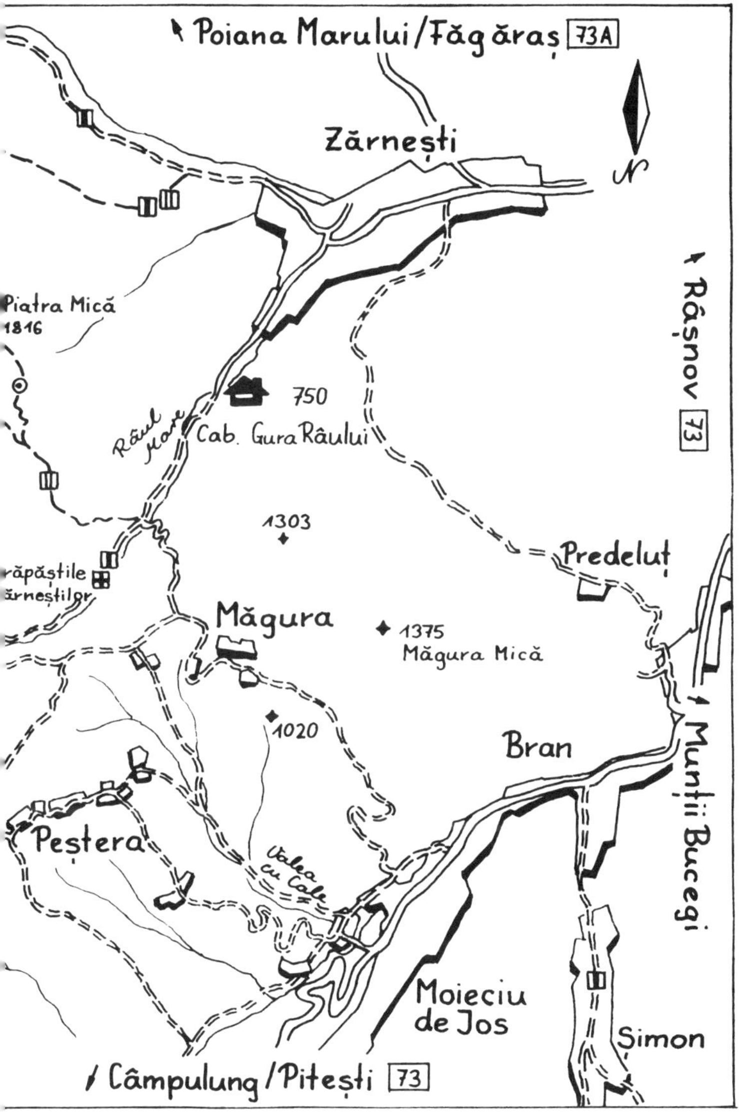
Poiana Marului/Făgăraș 73A
Zărnești
N
Piatra Mică
1816
750
Râul Mare
Cab. Gura Râului
Râșnov 73
1303
Predeluț
Măgura
1375
Măgura Mică
1020
Bran
Munții Bucegi
Peștera
Valea cu Cale
Moieciu de Jos
Șimon
Câmpulung/Pitești 73

gen) bzw. unter folgenden Telefonnummern vermittelt werden: Firma OVI-Tours-SRL 092/ 236666 oder die Firma BRAN IMEX Tel. Bran 092/ 236642 bzw. 092/ 236362; Tel. Bukarest 6664607; Fax 3120689 ; Telex 11162. Die Vermieter legen allerdings Wert darauf, daß die Besucher wenigstens zwei Nächte bleiben und hätten es natürlich am liebsten, wenn man seinen ganzen Urlaub dort verbringt. Es wird dementsprechend auch einiges geboten, wie Bergführer (5 DM am Tag), Exkursionen mit Dolmetscher nach Braşov, Sibiu oder in andere Städte, Schlittenfahrten im Winter oder Weihnachts- und Silvesterunterkünfte bis zu 20 Personen.

Wer sich vor Sprachbarrieren bei seinen Gastgebern fürchtet und es gerne noch billiger hat, kann oberhalb von Bran in der Schutzhütte Bran-Castel am Măgura-Berg oder etwas komfortabler in 4 km Entfernung am Ortseingang von Tohanul Nou übernachten. Im direkt an der Landstraße gelegenen Gasthof mit dem verheißungsvollen Namen "Un băiat şi o fată" ("Ein Junge und ein Mädchen") bekommt man schon für 3 DM (Januar 94) pro Person Unterkunft. Die Eigentümer sind freundlich und bemühen sich, gelegentliche Probleme mit der Wasserversorgung und Heizung in den Griff zu bekommen. Das Gebäude ist allerdings sehr hellhörig und wer nicht bis früh um eins mit "Modern Talking" oder arabischer Popmusik beschallt werden möchte, sollte versuchsweise eine eigene Kassette anbieten.

In drei Tagen von Bran zum Königstein und zurück

Von Bran aus bieten sich die schönsten Anstiege zum Omul im Bucegi-Massiv (s.S. 217ff) und außerdem die Möglichkeit für einen dreitägigen Ausflug in den Königstein. Natürlich kann die Tour auch beliebig verlängert oder verkürzt werden. Zwar befindet man sich nur einen Tag wirklich im Piatra-Craiului-Massiv, aber der An- und Abstieg durch die Gegend am Bran-Paß sind außerordentlich schön und vermitteln ein wenig einen Eindruck vom Leben in den kleinen Bergdörfern. Mal etwas anderes als immer nur Felsen...

Eine Nacht kann in der Casa Folea oder weiter oben im Refugiul Grind verbracht werden, die zweite in der Cabana Curmătura. Der Schlafsack, Verpflegung für zwei Tage und mindestens zwei große Wasserflaschen gehören also ins Gepäck. Da die Grind-Hütte nur über ca.10 Plätze verfügt, sollte man hier an Wochenenden und in der Hochsaison nicht zu spät eintreffen.

1. Tag: Bran (750m) – Moieciu (800m) – Peştera (1100m), unmarkiert – Casa Folea (1190m) – Şaua Joaca (1436m) – La Table (1415m) – Refugiu Grind (1620m), rotes Band, 4 h

Den Weg von Bran bis zur zweiten Haltestelle in Moieciu sollte man mit dem Bus zurücklegen, ansonsten verlängert sich die Wanderung um wenigstens eine Stunde. Kurz vor der ersten großen Straßenkurve am Ortsausgang biegt man an einem grünen Haus mit auffälligem Holzgiebel in einen Weg nach rechts ein und gleich darauf wieder rechts. Am Hang entlang steigt man hinunter zum Sbârcioara-Bach und wendet sich hinter der Brükke nach links. Der Fahrweg führt in mehreren Kurven den Berg hinauf, bis nach einer knappen Stunde die ersten Häuser der Gemeinde Peştera erreicht werden. (Von Peştera bieten sich zwei Möglichkeiten, die Tour fortzusetzen. Die zweite Variante siehe weiter unten.)

Immer auf die Bergkette des Königstein zulaufend, gelangt man in einer halben Stunde an die Kreuzung unterhalb des Friedhofs. Direkt gegenüber auf der anderen Talseite öffnet sich die Felsschlucht Prăpăstiile Zărneştilor. Dem Kamm weiter nach links folgend, läuft man erneut durch einen Ortsteil von Peştera, letzte Möglichkeit im Lebensmittelladen an der Straße etwas einzukaufen. An der nächsten Wegkreuzung am Dorfende diesmal nach rechts abbiegen und bis zur Casa Folea laufen, einem kleinen Anwesen mit freundlichen Besitzern, bei denen auch übernachtet werden kann; allerdings hat man bis hier erst zwei Drittel des Weges zurückgelegt.

An der Weggabelung hinter der Hütte führt die Markierung gelbes Dreieck bergauf Richtung Cheile Pisicii, während der Weg zum Grind-Refugium nach links abbiegt. Anstatt mit der Markierung rotes Band ist diese Route auf den neuesten Wanderkarten irrtümlich mit einem roten Kreuz ausgeschildert. Nach 20-30 min steigt der Weg nach rechts durch das Tal des Valea Pietrelor-Bachs bergauf bis zu einer kleinen Holzhütte am Joaca-Sattel und auf der anderen Seite durch den Wald und eine Talsenke hindurch zu der als "La Table" bezeichneten Stelle, wo sich diverse Wanderrouten treffen und ein großer Wegweiser steht. Von hier bis hinauf zum Refugiul Grind sind es noch ca. 20-30 min. Unterwegs sollte man an der Vlădușca- Quelle unbedingt nochmals die Trinkflaschen auffüllen, da es an der Grind-Hütte kein Wasser gibt. Dieser Vorrat muß für den ganzen nächsten Tag ausreichen!

Variante: Bran (750m) – Moieciu (800m) – Măgura (1000m) – Podul Măgurii (820m), unmarkiert – Prăpăstiile Zărneștilor – Cheile Pisicii – La Table (1415m), rotes Kreuz – Refugiu Grind (1620m), rotes Band, 4½ h

Dieser Weg ist zwar etwas anstrengender, als die vorher beschriebene Route, dafür bekommen wir Gelegenheit, zwei der Felsschluchten in diesem Gebiet zu besichtigen. Zwar kann die Strecke auch auf dem Rückweg in umgekehrter Richtung begangen werden, allerdings verzichtet man dann auf die sehr eindrucksvolle Katzenklamm (Cheile Pisicii), in der an manchen Abschnitten über Felsblöcke geklettert und ganz nach Wasserstand auch durch den Wildbach gewatet werden muß. . Bis zur Überquerung des Sbârcioara-Baches in Moieciu benutzen wir den gleichen Weg, laufen diesmal aber hinter der Brücke nach rechts und dann links das Tal Valea Măgura (oder auch als Valea cu Cale bezeichnet) immer am Bach entlang bis hinauf ins Dorf Măgura.

In der Gemeinde auf der Hügelkette angelangt, laufen wir an der Kreuzung nach Norden weiter und nach ca. 500 m den Fahrweg links hinunter ins Tal des Râul Mare. Hier begegnet man der Forststraße, die nach links in die Schlucht Prăpăstiile Zărneștilor führt. Die Felsmassen vermitteln eine sehr bedrückende Atmosphäre, die sich noch steigert, sobald der Wegweiser erreicht wird, der den Pfad in die Katzenklamm markiert.

Geradeaus würde man zur Cabana Curmătura gelangen (blaues Band, 1½-2 h), wir biegen aber links ab, in die Cheile Pisicii. Hier wird alles noch viel enger und vor allem wilder, es existiert kein richtiger Weg, die Richtung geben nur der Vlăduşca-Bach und die Felsen an. Weiter oben im Tal klettert man dann einen Steilhang zum Forstweg hinauf, dem wir weiter nach links folgen. Ca. eine Stunde später kommt der mit gelbem Dreieck markierte Weg von Casa Folea (1-1½ h) links den Hang herunter, kreuzt das Tal und verläßt es wenig später an einer kleinen Holzhütte Richtung Cabana Curmătura wieder (2½-3 h). Nach ca. einem Kilometer trennen auch wir uns von dem breiten Weg und steigen der Markierung folgend einen Waldpfad weiter am Bach entlang. Über den Baumspitzen leuchten jetzt immer öfter die Kalkgipfel auf, die sich in Kürze in voller Schönheit präsentieren werden. Nach 10-15 min erneut ein mit rotem Dreieck markierter Abzweig zur Cabana Curmătura nach rechts, und eine Viertelstunde später wird "La Table" erreicht. Dem roten Band bis zum Refugium folgen und auf dem Weg das Auffüllen der Wasserflasche nicht vergessen!

2.Tag: Refugiu (1620m) – Şaua Grind (2210m), rotes Band – Vârful La Om (2238m) – Refugiu Vârful Ascuţit (2150m), roter Punkt – Cab. Curmătura (1470m), blaues Dreieck, 6-6½ h

Der nächste Tag beginnt mit mehreren Serpentinen, die sich vom Refugium aus den Hang hinaufziehen. Unterhalb der Colţii Găinii muß eine Geröllhalde überquert werden, das Terrain wird immer steiler aber nicht wesentlich schwieriger, bis wir schließlich nach einer guten Stunde den Kamm zwischen Grind-Sattel und dem höchsten Gipfel des Königsteins La Om (oder auch Piscul Baciului) erreicht haben. (Folgen wir dem Kammweg nach links und steigen den Deubelweg nach Westen ab, würden wir in ca. 3½ Stunden an der Plaiul- Foii-Baude ankommen, die wir unter uns im Tal liegen sehen.)

Wir steigen auf die Spitze La Om und können uns von dort bei klarem Wetter einer phantastischen Aussicht erfreuen, die über das Postăvarul-Massiv und Bucegi-Gebirge im Osten, bis tief nach Süden in die Walachei hinein reicht. Westlich liegen das Iezer-Păpușa-Massiv und die letzten Ausläufer des Făgăraș-Gebirges. Über die kahlen Hügel am Gebirgsfuß kann die ganze Aufstiegsroute von Moieciu bis hier oben spielerisch verfolgt werden. Und auch der weitere Wegverlauf ist eindeutig: Immer den strahlend weißen Kamm entlang nach Norden. So läuft man ca. 2½ Stunden von einem Gratturm zum nächsten, immer wieder mit Schaudern in die steilen Abstürze der Nordwestwände hinunterblickend, bis die Iglu-Notunterkunft am Ascuțit-Gipfel erreicht wird. Hier bietet sich die erste Abstiegsmöglichkeit hinunter zur Curmătura-Baude (blaues Dreieck, 2 h).

Wer noch gerne eine Stunde länger auf dem Kamm verbringen möchte, setzt die Wanderung bis zum Sattel Șaua Padinei Închise fort und benutzt dort den mit blauem Band markierten Weg nach Osten. In einer Stunde ist man über Felsklippen und durch den steilen Bergwald hindurch an der Cabana angekommen, die sehr idyllisch auf einer großen Bergwiese liegt, mit Blick auf den Hauptkamm und hinunter zum Schluchteingang der Prăpăstiile Zărneștilor.

3. Tag: Cabana Curmătura (1470m) – Poiana Zănoaga (1314m) – Fântâna lui Botorog/Podul Măgurii (820m), gelbes Band – Măgura (1000m) – Moieciu (900m) – Bran (850m), unmarkiert, 3½ -4 h

Mit Rücksicht auf fußmüde Wanderer ist die Strecke am letzten Tag die kürzeste und könnte durch trainierte Läufer noch am vorhergehenden Tag zurückgelegt werden. Auch hier gibt es verschiedene Varianten, wie man den Heimweg nach Bran antritt:

Schnellster und leichtester Abstieg hinunter zur Botorog-Quelle. Ab hier ist der Rückweg identisch mit der Aufstiegsvariante des ersten Tages. Von der Brücke aus, die über den Râul Mare führt, den Fahrweg auf der anderen Talseite wieder hoch ins Dorf Măgura und durch das Măgura-Tal hinunter nach Bran steigen.

Variante: Cabana Curmătura (1470m) – Prăpăstiile Zărneştilor – Podul Măgurii (820m), blaues Band – Măgura – Moeciu – Bran, unmarkiert, 4½ -5 h
Der schönere Weg führt von der Baude hinunter zur Sennhütte auf der Poiana Curmăturii, steigt dann noch einmal ein wenig an, um den Bergrücken der Muchia Curmăturii zu überqueren, und erreicht so nach 1-1½ Stunden den Beginn des Felseneldorados Prăpăstiile Zărneştilor. Von der Măgura-Brücke an nehmen wir den gleichen Weg wie in oben beschriebener Route.

Wer zum Aufstieg nach Măgura keine Lust mehr hat, kann auch an den Steinbrüchen vorbei die Straße nach Zărneşti hinunterlaufen – bis zum Bahnhof ca. eine Stunde – und mit Zug und Bus über Râşnov nach Bran zurückkehren. (Die letzten zwei Züge Richtung Braşov über Râşnov fahren ab Zărneşti um 17.14 u. 23.09 Uhr, Fahrplan 1994/95.)

Ausgangspunkt Plaiul Foii

Nach Plaiul Foii fährt eigentlich nur, wer alpinistisch ambitioniert ist oder die schönste Seite des Königsteins auch einmal von unten sehen möchte. Außerdem bieten sich die bereits beschriebene Königsteinkammwanderung an oder auch der südliche Kammabschnitt, die beide über den Drumul lui Deubel begonnen werden. Dieser Weg ist für Karpatenverhältnisse schon fast ein echter Klettersteig und wird von allen Wanderern immer mit einem gewissen Respekt erwähnt. Außerdem dient Plaiul Foii auch allen Fernwanderern als Ausgangspunkt für die gesamte Făgăraş-Durchquerung (s.S 166ff).

Anfahrt

Mit dem eigenen Fahrzeug: Auf der DN 73 fährt man bis Râşnov und biegt im Ort auf die DN 73A ab, in Richtung Zărneşti/Făgăraş. Im Zentrum von Zărneşti notfalls nach der Straße Richtung Plaiul Foii fragen; allerdings endet deren Asphaltdecke kurz hinter dem

Ortsende und eine lange staubige Buckelpiste beginnt. Vielleicht läßt man den Wagen doch am besten bei einem Bauern stehen und versetzt sich zur Abwechslung einmal in die Situation eines Anhalters (siehe weiter unten).

Mit öffentlichen Verkehrsmitteln: Züge von Braşov nach Zărneşti verkehren mehrmals am Tag. Nach einer Dreiviertelstunde Fahrt wird die Endstation am Fuß des Piatra-Craiului-Massivs erreicht. Vom Bahnhof folgt man der Hauptstraße ins Zentrum, an der Kirche vorbei bis zu einem Platz mit einer kleinen Grünanlage, wo nach rechts die Straße Richtung Plaiul Foii abbiegt. Hier fahren alle Forstfahrzeuge vorbei, und gerade vormittags wird man an diesem Ort selten alleine sitzen. Irgendwelche Waldarbeiter oder Wanderer warten immer, die einem auch erfahrungsgemäß sagen können, um wieviel Uhr die Chance besteht, mitgenommen zu werden. Mit etwas Glück wird auch ein Pferdegespann halten, allerdings haben die wenigsten Bauern Anlaß, bis nach Plaiul Foii zu fahren.

Unterkunft

Die Cabana Plaiul Foii ist ganzjährig geöffnet und macht eher den Eindruck eines etwas heruntergekommenen Hotels, als den einer Bergbaude. Dementsprechend sind die Preise doppelt so hoch wie auf anderen Hütten, für Ausländer zwar immer noch lächerlich billig, die Einheimischen bevorzugen aber die kostenlose Spirla-Schutzhütte. Dort kann es gerade an Wochenenden quetschend eng werden, besonders unter dem Dach.

Rundweg Cabana Plaiul Foii (849m) – Refugiul Spirla (1420m) – Drumul lui Deubel – Şaua Grind (2210m) , rotes Band – Vârful La Om (2238m) – Vârful Padinei Popii (1970m), roter Punkt – Plaiul Foii, blaues Band bzw. blaues Dreieck, gelbes Dreieck, 10-11 h

Äußerst anstrengende Tour! Nur geübten Wanderern zu empfehlen. Von der Plaiul-Foii-Baude aus steigt man dem roten Band folgend durch einen Wiesengrund und Laubwald in 1½ Stunden hinauf zum Refugiul Spirla. Eine Viertelstunde, bevor die Notunterkunft erreicht wird, bietet sich die letzte Möglichkeit, die Wasserflasche aufzufüllen! Etwas unterhalb des Weges entspringt eine Quelle.

Durch Nadelwald läuft man vom Refugium in 15 min zu einem Wegweiser am Wandfuß, wo der Kammaufstieg nach links abbiegt. Über einer Geröllhalde steht der Wegweiser "La Zăplaz" (1640m). Hier beginnt der eigentliche Deubelweg, das "Glanzstück" des Königsteins. Über uns sind durch Auswaschungen aus dem Kalkgestein riesige Torbögen entstanden, durch die wir nach 10 min noch einmal von oben ins Tal hinabschauen können, nachdem ein mit Seilen gesicherter kleiner Kamin durchstiegen worden ist. An einem Wegweiser auf einer Felskanzel vorbei, traversieren wir an drei Kabeln ein Wandstück und klettern durch eine Geröllschlucht, die in einem Sattel endet. Hier bietet auch eine kleine Grotte rechts in der Wand etwas Schutz vor Gewitter.

Eine Viertelstunde später wird der nächste Felskessel erreicht, aus dem an zwei Seilen durch eine schmale Schlucht aufgestiegen wird. Dort orientiert man sich an dem gelben abgetretenen Gestein, die Markierung ist nicht mehr klar erkennbar. Eine Kette sichert eine etwas ausgesetzte Stelle, über lockeres Geröll läuft man nach links in freieres Gelände und in mehreren Kurven hinauf zu einem Wegweiser. Von "La Zăplaz" bis hierher ca. 30-45 min.

Um eine Felsnase herum geht es wieder nach rechts in eine Schlucht, an deren Ende wir immer weiter hinauf in die Wand steigen. 10-15 min später folgt erneut eine scharfe Linkskurve. Über ein schmales Felsband laufen wir in eine enge Schlucht, durch die der Kamm erreicht wird. (Die Zeit von ca. 1½-2 h Refugiu Spirla – Grind-Sattel ist kaum einzuhalten, wenn man den Deubel-Weg mit schwerem Gepäck begeht.)

Im Sattel finden wir einen Wegweiser und die Markierung roter Punkt. (Trasse nach Süden, s.u., Wegbeschreibung bis zum Vârful Padinei Popii, s.S. 231f)

Nach gut 4 Stunden hat man den Padina-Popii-Gipfel erreicht. Nach Nordwesten auf der Markierung blaues Dreieck ca. 100 m absteigend, kommt man zu einem kleinen Sattel, wo entschieden werden kann, ob durch die Schlucht Padina Popii (blaues Dreieck) oder über Brâna Caprelor (blaues Band) ins Tal hinabgeklettert wird. Beide Wege führen durch eine aufregende Felslandschaft, sind streckenweise abgesichert, und treffen sich unterhalb der Diana-Türme nach 1½ h Abstieg am Prăpăstiilor-Sattel (1493m) an einem kleinen Unterstand, wo sich früher das Refugiul Diana befand. Der mit blauem Band markierte Weg ist vielleicht der etwas schönere, weil er an der höchstgelegenen Quelle im Königstein – La Găvan – und den Felswänden der Orga Mare (Große Orgel) vorbeikommt. Außerdem muß eine Steilwand auf dem Gemsensteig traversiert werden. Von dem Unterstand aus halten wir uns an die Markierung gelbes Dreieck und kehren durch das Bärental und über den Fahrweg in 2 Stunden zurück nach Plaiul Foii.

Rundweg Plaiul Foii (849m) – Drumul lui Deubel – Şaua Grind (2210m), rotes Band – Vârful Funduri (1951m), roter Punkt – Marele Grohotiş – Şaua Tămăşelului (ca.1640m), blaues Dreieck – Plaiul Foii, rotes Band, 8½-9 h.

Wem die zuvor beschriebene Tour zu lang erscheint, der sollte lieber vom Grind-Sattel aus nach Süden wandern. Vor uns liegt der Grind-Gipfel (2229m), dessen Verbindungsgrat zur Coama Lungă (2210m) eine der schmalsten und spannendsten Stellen des Kammwegs bietet. In ca. 2 Stunden gelangen wir über Vârful Lespezi (2127m), Vârful Pietrei (2086m) zum Vârful Funduri (1951m), wo nur noch der Stab eines Wegweisers übriggeblieben ist. Hier führt uns die Markierung blaues Dreieck wieder nach Westen ins Tal hinunter. Eine Viertelstunde lang rutscht man auf einer großen Schutthalde abwärts, zwischendurch am Seil, und weiter geht die Abfahrt im Geröll. Nach weiteren 20 min erreichen wir den Wegweiser, an dem ein mit rotem Kreuz markierter Pfad zum Grenzerkreuz (Crucea Grănicerului) abzweigt. Wir richten uns aber weiterhin nach dem Dreieck und wandern am Wandfuß entlang, wo wir nach einer Viertelstunde das riesige Felsentor zum Ceardacul Stanciului und die links davon liegende Höhle bewundern können.

10 min später muß man sich den Weg über einen gewaltigen Geröllberg bahnen (Marele Grohotiş). (Links zweigt ein für uns uninteressanter Weg zum Plaiul cu Brazi ab.) Am Tămăşelului-Sattel, der nach einer halben Stunde erreicht wird, steht die Alternative, dem blauen Dreieck über den Vârful Tămăşelului und Curmătura Foii in ca. 2½-3 h nach Plaiul Foii zu laufen bzw. über das rote Band weiter geradeaus zum Refugiul Spirla und über die Aufstiegsroute zurückzukehren (2h).

Wenn es mal regnet... Ausflugsziele für Kulturbeflissene

Egal, wo er in der Gegend zwischen Bucegi- und Königsteinmassiv sein Quartier aufgeschlagen hat – dem motorisierten Urlauber bietet sich eine breite Auswahl an Sehenswürdigkeiten. Aber auch der auf Bus und Bahn Angewiesene kann vom Prahova-Tal aus sogar Tagesausflüge bis nach Bukarest unternehmen und wird bei seiner Rückkehr am Abend die Ruhe der Berge und das angenehme Klima um so mehr zu schätzen wissen. Selbst für einen Abstecher ins berühmte siebenbürgische Kokelstädtchen Sighişoara/Schässburg würde ein Tag ausreichen. (Drei Stunden Bahnfahrt von Sinaia.) Beginnen sollte man aber natürlich in der allernächsten Umgebung. Gleich zwei Schlösser liegen auf beiden Seiten des Bucegi-Gebirges, die wegen ihrer Geschichte und den mit ihnen verwobenen Legenden zu Berühmtheit gelangt sind: Castelul Peleş bei Sinaia und Castelul Bran.

Castelul Peleş

"Wie kommt eigentlich ein Hohenzollernschloß nach Sinaia?", wird sich der mit rumänischer Geschichte weniger vertraute Besucher beim Gang durch den Park von Peleş fragen. Ganz einfach: "Das rumänische Volk hat gefühlt, wie jedes junge Volk,

das aufstrebt (...) und im Bewußtsein seiner Kraft ist, daß die erste Existenzvoraussetzung für eine Nation ist, das Prinzip der Stabilität in seinem Vaterland zu festigen. Nach dem Vorbild anderer Nationen hat es sich seinen treuen Herrscher außerhalb seiner Mitte gewählt, in einer Familie von königlichem Blut mit glorreichen und historischen Traditionen." 1866 erschien eine Delegation mit dieser Note bei Seiner Königlichen Hoheit Karl-Anton von Hohenzollern und hielt um die Hand seines Sohnes an. Rumänien bekam seinen Prinzen.

So märchenhaft die Geschichte auch klingt – sie war für diese Zeit nichts Ungewöhnliches und ein Versuch, der politischen Misere des Landes ein Ende zu bereiten. Vor allem zwei Großmächte lieferten sich seit 1768 auf dem Territorium der zwei Fürstentümer Moldau und Walachei erbitterte Kämpfe: die Türkei, die das Gebiet seit dem Mittelalter beherrschte und Rußland, dem es zunehmend gelang , den Einfluß der Osmanen in Südosteuropa zurückzudrängen. In Folge dieser Auseinandersetzungen kam es 1821 zum Aufstand der rumänischen Bevölkerung gegen die seit 100 Jahren als Landesherren eingesetzten griechischen Fanarioten, die bald darauf auf Anordnung Istanbuls gegen einheimische Fürsten ausgetauscht wurden. 1848 folgte wie in ganz Europa auch hier die Revoution gegen die feudalen Machtverhältnisse, die aber russische und türkische Truppen – in diesem Fall mit vereinter Kraft – rasch beendeten. Nachdem im Krimkrieg die beiden Fürstentümer abwechselnd von russischen und österreichischen Truppen besetzt worden waren, beschlossen die Rumänen, ihre politischen Geschicke endlich selbst in die Hand zu nehmen und wählten in einer für sie günstigen Situation 1859 den Fürsten Alexandru Ioan Cuza zum Herrscher der Moldau und der Walachei. Die Vereinigung zum Fürstentum Rumänien wurde 1861 proklamiert. Die von Cuza durchgeführten Reformen – Verstaatlichung der Kirchengüter, Befreiung der leibeigenen Bauern und Bodenvergabe – brachten ihm den Haß der Bojaren ein, sein autoritäres Regime fand dafür bei den liberal gesinnten Kräften keinen Anklang. In der Nacht zum 11. Februar 1866 wurde Cuza durch einen Putsch gestürzt und sofort setzte eine fieberhafte diplomatische Tätigkeit der ausländischen Großmächte ein, die ihre Machtinteressen in der Region auch künftig gewahrt sehen wollten. Die Rumänen wußten selbst nur zu gut, daß sie in dieser politisch instabilen Lage auf dem Weg zu einem Nationalstaat kein Risiko mehr eingehen durften. Auf die Empfehlungen Napoleons III. und Fürst Otto von Bismarcks hin entschied man sich bereits im Mai selben Jahres für den deutschen Prinzen, der die rumänische Autonomie und europäische Anerkennung des Staates garantieren sollte. 1881 war es endlich soweit: Nachdem die Türkei als Verlierer im russisch-türkischen Krieg von 1877/78 ihren Anspruch auf Rumänien aufgeben mußte, konnte Karl von Hohenzollern-Sigmaringen zum ersten rumänischen König Carol I. gekrönt werden.

Der Gedanke, oberhalb von Sinaia eine Sommerresidenz zu errichten, kam dem Prinzen aber schon lange vor dieser Zeremonie. Im Herbst 1873 wurde auf dem Gelände des heutigen Schloßparks ein Barackendorf für 400 Arbeiter errichtet, die mit den Vorarbeiten begannen. Zwei Jahre später legte Prinz Karl am 10. August 1875 den Grundstein für ein Schloß, welches später gar nicht gebaut werden sollte. Bei der Betrachtung alter Entwurfszeichnungen des Wiener Architekten Wilhelm Doderer merkt man, welcher Kolossalbau Sinaia erspart geblieben ist. Dem Prinzen waren diese Pläne zu kostspielig, weshalb Doderers Gehilfe Johann Schultz seine große Chance bekam und mit dem Bau beauftragt wurde. Ein babylonisches Völkergemisch von Maurern, Steinmetzen, Zimmermännern und Tagelöhnern muß auf der Baustelle gearbeitet haben. Nach den Erinnerungen der Prinzessin Elisabeth von Wied "... trafen sich hunderte von Nationaltrachten und wurden vierzehn Sprachen gesprochen; gesungen, gestritten und beleidigt in allen Dialekten und in allen Tonarten...". Verzögert durch den Ausbruch des russisch-türkischen Krieges, in den natürlich auch Rumänien verwickelt war, konnte das Schloß erst am 7.Oktober 1883 eingeweiht werden.

So wie wir heute Peleş erleben, wurde es nach 1896 durch den tschechischen Architekten Liman umgebaut. Natürlich ist das Schloß schönster Historismus; wie die meisten anderen Gebäude der Umgebung äußerlich dem Stil der deutschen Renaissance nachempfunden. In seinem Inneren für unseren Zeitgeschmack furchtbar überladen, ist jedes Einzelstück aber ein Beispiel hervorragender Handwerkskunst und ein Beweis dafür, daß hier alles nur vom Besten sein durfte: Spiegel und Leuchter aus venezianischem Glas, Möbel aus Teakholz und Mahagoni, Kamine aus Carrara-Marmor, Teppiche aus den berühmtesten anatolischen Webereien usw. Peleş besitzt 160 Räume, von denen selbstverständlich nur die wichtigsten vorgeführt werden, unter anderem die große Eingangshalle, der Saal mit der umfangreichen Waffensammlung, das königliche Arbeitszimmer, die Bibliothek, deren Bestände nach Bukarest überführt wurden, der Thronsaal, türkischer und maurischer Saal (letzterer einem Raum der spanischen Alhambra nachgebildet), das kleine Theater, in dem auch die Gedichte und Stücke der "Carmen Silva" aufgeführt wurden.

Seit 1993 kann nun auch das weiter oben im Park gelegene Castelul Pelişor besucht werden, das noch unter Carol I. gebaut wurde und seinem Neffen, dem Thronfolger Ferdinand und dessen Familie als Residenz diente. Mit seinen "nur" 70 Zimmern wirkt es relativ bescheiden und wohnlicher. Liebhaber des Jugendstils kommen hier voll auf ihre Kosten.Vor allem die Königin Maria (Nichte der Queen Victoria und des Zaren Alexander II.) war für das Design verantwortlich und sammelte auserlesene Arbeiten der Wiener Sezessionisten und des Art Nouveau. Carol I. soll die Ausstattung so abscheulich gefunden haben, daß er das Schloß nie mehr betrat. Umgekehrt wird gerne kolportiert, daß sich Staatschef Ceauşescu, der den Park seit den 70er Jahren bis zu seinem Tod okkupierte, von Schloß Peleş ferngehalten habe, weil ihm Wissenschaftler einredeten, ein krankheitserregender Pilz würde das Gebälk bevölkern. Der Diktator soll Pelişor als zeitweiligen Aufenthaltsort bevorzugt haben und lud hierher auch ausländische Gäste ein.

Das dritte Schloß im Park – Foişor – dient heute als Repräsentations- und Gästehaus des Staates. Es wurde ab 1931 durch Ferdinands Sohn Karl erbaut.

Carol II. errichtete 1938 eine profaschistische Königsdiktatur, die ihrerseits wieder 1940 durch die Militärdiktatur des Marschalls Antonescu gestürzt wurde. Karls Sohn Michael, damals im Alter von neunzehn Jahren, regierte zwar offiziell weiter, mußte sich aber der Politik Antonescus beugen. Der Marschall wurde jedoch auf Anordnung des jungen Königs am 23. August 1944 verhaftet; Rumänien, das bis dahin an der Seite Hitlerdeutschlands gekämpft hatte, wechselte die Fronten und schloß ein Bündnis mit der Sowjetunion. Drei Jahre später hatte sich im Land ein kommunistisches System etabliert, der letzte rumänische König mußte ins Schweizer Exil gehen. Vorläufig – wie die Monarchisten hoffen. Demonstrationen, auf denen heute tausende von Menschen aller Alters- und Berufsgruppen nach ihrem König "Regele Mihai" rufen, sind bereits etwas Alltägliches. "Monarhia salvează România!" kann man immer wieder auf Hauswänden lesen: "Die Monarchie rettet Rumänien!" Wie 1866? Vielleicht wiederholt sich die Geschichte ja doch immer wieder?

Öffnungszeiten: Das Schloß ist außer Montags und Dienstags täglich in der Zeit von 9-15 Uhr geöffnet. Für das Castelul Pelişor muß man ein zweites Ticket kaufen. Die Kasse schließt eine halbe Stunde vor Toresschluß. Die Eintrittspreise für ausländische Touristen liegen erheblich über dem der Einheimischen, dafür wird man durch einen Nebeneingang "for strangers" ins Schloß Peleş geschleust und bekommt eine Führung auf englisch oder französisch geliefert. Wenn man an einer der letzten Führungen des Tages teilnimmt, kann es durchaus sein, daß für ein zusätzliches Eintrittsgeld eine Sonderführung durch die oberen Etagen des Schloßes veranstaltet wird, die normalerweise der Öffentlichkeit nicht zugänglich sind.

„Dracula-Schloß" in Bran

Castelul Bran

Natürlich fahren die meisten Touristen nach Bran um das berüchtigte "Dracula-Schloß" zu besichtigen. Die Fremdenverkehrsindustrie ist ihnen inzwischen schon etwas entgegengekommen und veröffentlicht wenigstens Ansichtskarten, auf denen vor der romantischen Kulisse der Törzburg eine Dracula-Büste steht, die der Besucher vor Ort allerdings vergeblich suchen wird. Mittels Fotomontage ist alles möglich...

Die echten Fans, die sich neben Stokers Roman auch mit Sekundärliteratur auseinandergesetzt haben, wissen natürlich, daß der vermutliche Stammsitz derer von Dracula weder in Bran noch auf dem Tihuţa-Paß im Norden des Landes stand, sondern die Überreste der Burg in der engen Argeş-Schlucht an der Transfogarasch-Straße zu finden sind. Sie haben vielleicht auch erfahren, daß Dracula kein blutsaugendes Monstrum war, sondern in seiner längsten Amtszeit als walachischer Fürst (1456-62) einer der entschiedensten Gegner der osmanischen Okkupation, der Tributzahlungen verweigerte und dafür mehrfach in den Kampf mit dem türkischen Heer zog. Der Umgang mit seinen Feinden, die zur Abschreckung auf Pfähle gespießt wurden, hat ihm den Ruf besonderer Grausamkeit und den Beinamen Vlad Ţepeş – "der Pfähler"- eingetragen. Was Dracula mit Burg Bran verbindet, sind wohl relativ wenige Besuche, die historisch auch kaum belegt sind und der etwas unrühmliche Umstand, daß der Fürst hier – vielleicht – eine Zeitlang gefangen gehalten wurde.

Die ab 1377 auf Geheiß des ungarischen Königs errichtete Festung sollte natürlich der Sicherung der ungarischen Reichsgrenzen und der Überwachung des Bran-Passes dienen. Am Bau beteiligten sich freiwillig und auf eigene Kosten die sächsischen Bürger und Handwerker von Braşov/Kronstadt. 12 Dörfer in der Umgebung hatten für den ständigen Unterhalt der Burgbesatzung zu sorgen. Am 7. März 1395 traf sich der ungarische König Sigismund von Luxemburg mit dem walachischen Fürsten Mircea cel Bătrân (Mircea der Alte) zum Abschluß der ersten antiottomanischen Allianz. Im Vertragswerk war unter anderem auch vorgesehen, daß die Burg Bran in den Herrschaftsbereich Mirceas fiel, dem Großvater des legendären Dracula. Der Vater – Vlad Dracul – mußte zwischen 1428-36 aus der Walachei fliehen, nachdem die Osmanen dort bereits mehrmals eingefallen waren und das Land Tribut an die Hohe Pforte zu entrichten hatte. Der Sohn Dracula wurde um 1430/31 im siebenbürgischen Exil in Sighişoara/ Schäßburg geboren und im Alter von 11 Jahren als Geisel ins Osmanische Reich verschleppt, um seinen Vater zur Loyalität gegenüber dem Sultan zu zwingen. 1448 gelang ihm die Flucht und für einen Monat ernannte sich Dracula zum Fürsten der Walachei. Dann mußte er aber auch schon wieder das Weite suchen, wie sein Vater vor ihm. Nach achtjährigem Aufenthalt in Transsilvanien gelang Dracula die Rückkehr auf den walachischen Thron mit Unterstützung des siebenbürgischen Fürsten Iancu de Hunedoara und durch Ermordung seines Vorgängers, des Wojwoden Vladislav. Gleich zu Beginn seiner Amtszeit weigerte sich Dracula, weiterhin jährlich die stolze Summe von 10.000 "galbeni" an den türkischen Sultan zu bezahlen und kämpfte gemeinsam mit dem ungarischen König in dem sich neu entfesselnden Krieg.

Aber nicht nur mit den Osmanen schlug er sich herum, sondern auch die Adligen seines eigenen Landes intrigierten gegen ihn. Die Kaufleute von Kronstadt und Hermannstadt machte sich der Fürst zu Feinden, nachdem er sie in ihren Vorrechten gegenüber walachischen Händlern empfindlich beschnitten hatte und auch den Handel mit den Türken zu unterbinden versuchte. 1462 wurde mit dem Sultan Waffenstillstand geschlossen, nachdem die halbe Walachei in Schutt und Asche lag – ein zweifelhafter politischer Sieg für Vlad Ţepeş. Draculas Gegenspielern war es inzwischen gelungen, den ungarischen König Matthias Corvinus vom Verrat des walachischen Fürsten an der antiottomanischen Allianz zu überzeugen. Irgendwo zwischen Königsteinmassiv und Schloß Bran wurde Ţepeş am 26.11.1462 verhaftet und nach Budapest gebracht, wo er 13 Jahre gefangen gehalten wurde. Erst auf die

Bitte des moldauischen Herrschers Ştefan cel Mare (Stefan der Große) wurde Dracula entlassen und durfte sogar wieder auf den walachischen Thron zurückkehren. Ein Jahr später ließen ihn die Bojaren umbringen.

Die Braner Burg blieb noch eine Weile im Besitz des ungarischen Königs, bis es den immer um ihre Selbständigkeit bemühten Sachsen gelang, 1498 die Törzburger Grundherrschaft an sich zu reißen und die Zollkontrolle am Paß zwischen Transsilvanien und der Walachei selbst auszuüben. Als Verteidigungsbastion gegen türkische Angriffe hatte die Burg weitgehend ausgedient, nachdem das siebenbürgische Parlament 1541 formell die türkische Oberhoheit über Transsilvanien anerkennen mußte.

Was man heute in Bran besichtigen kann, ist natürlich ein Bauwerk, das im Lauf der Jahrhunderte mehrfach von seinen Eigentümern verändert und erweitert wurde und so seinen romantischen Charakter bekam, mit dem es die Besucher fasziniert. Während einer Generalrenovierung vor drei Jahren wurden die Ausstellungstücke zur Restauration ausgelagert und waren bis zu unserem letzten Besuch im Januar 1994 noch nicht zurückgekehrt. Die wenigen Exponate, die zur Zeit die Räume füllen – alte Truhen, Plastiken, ein paar Leuchter, dürften kaum zur ursprünglichen Ausstattung des Schloßes gehört haben und dienen eher dazu, etwas "Zeitkolorit" zu schaffen. Selbst die Türrahmungen sind nicht "original", sondern wurden aus alten Braşover Bürgerhäusern hierher umgesetzt.. Allein das Labyrinth von kleinen Kammern, Sälen, Fluren, Treppchen und Wehrgängen lohnt den Besuch.

Die Eintrittskarte ist auch für das ethnografische Museum im Schloßpark gültig, in dem typische Bauten aus der Gegend um Bran der Nachwelt erhalten werden. Vieles davon kann in der Umgebung wesentlich "belebter" besichtigt werden.

Auf der anderen Seite des Burghügels liegt die alte Zollstation, heute ebenfalls ein Museum, das eine sehr anschauliche Vorstellung davon vermittelt, wie zwischen Transsilvanien und Walachei vom Mittelalter bis ins 20. Jahrhundert hinein gereist wurde und wie enervierend schon damals Grenzen für Geschäftsreisende und "Touristen" gewesen sein müssen.

Öffnungszeiten: täglich 9-17 Uhr, außer Montag.

Braşov/Kronstadt und die Bauernburgen des Burzenlandes

Einen Tag muß man sich wenigstens Zeit nehmen für das mittelalterliche Braşov/Kronstadt und seinen schönen Marktplatz mit dem charakteristischen Rathaus und seinem 58 m hohen Trompeterturm. In Kronstadt werden die traditionellen Beziehungen zum deutsch- bzw. ungarischsprachigen Ausland offenbar wieder rekultiviert, was sich in gepflegten Restaurants, gut eingerichteten Läden und Boutiquen und größerer Sauberkeit – wenigstens im Zentrum – widerspiegelt.

Mehrere Stunden lassen sich allein im Wahrzeichen Braşovs, der protestantischen Schwarzen Kirche (Biserica Neagră), verbringen, der größten Hallenkirche zwischen Wien und Istanbul, mit einer der größten Orgeln Osteuropas, der größten Turmglokke Rumäniens, einer der reichsten Sammlungen orientalischer Teppiche in Europa ..., die Superlative scheinen kein Ende zu nehmen. Eine ständige Ausstellung informiert mehrsprachig über die Kirchengeschichte und das Wirken des siebenbürgischen Reformators Johannes Honterus.

Von der alten Stadtbefestigung sind ebenfalls einige Mauerreste, die Burg und verschiedene Zunfttürme erhalten geblieben. Außerhalb der sächsischen Stadttore befand sich die rumänische Vorstadt, das heutige Schei-Viertel, in dem auch die älteste rumänische Kirche in Braşov aus dem 14.Jahrhundert stand, an die heute aber nur noch ein Kreuz erinnert. Zur Kirche gehörte auch eine Schule, in der ab dem 16. Jahrhundert in rumänisch unterrichtet wurde. Das Gebäude, das heute neben der Sf.-Nicolae-Kirche steht, beherbergt das Museum der rumänischen Sprache und Schule.

Lohnend ist auch eine Exkursion in die Dörfer Hărman/Honigberg und Prejmer/Tartlau (auch mit dem Personenzug Richtung Sfântu Gheorge/St. Georgen erreichbar) oder Ghimbav/Weidenbach und Codlea/Zeiden (mit dem Personenzug Richtung Făgăraş/Sibiu), wo die prächtigsten Kirchenburgen des Burzenlandes stehen, wie das Ţara Bârsei um Braşov auf sächsisch genannt wird. Auf Einladung des ungarischen Königs Andreas II. wurde das Gebiet um 1211 durch den deutschen Ritterorden besiedelt, der die Grenzen des Reiches nach Osten hin schützen sollte und in dessen Gefolge Siedler aus Thüringen und Franken ins Land kamen. Die Überreste der ersten Ordensburg, ihrer "Urmarienburg", sind heute noch in Feldioara (an der Bahnlinie nach Sighişoara/Schässburg) zu sehen, auch Bauernburgen wie die in Prejmer/Tartlau oder in Râşnov/Rosenau gehen auf Gründungen der Kreuzritter zurück. Erst als die Ritter versuchten, einen unabhängigen Ordensstaat im Staate Ungarn zu gründen, wurden sie 1225 des Landes verwiesen und mußten ihre neue Marienburg am polnischen Nugat-Ufer errichten.

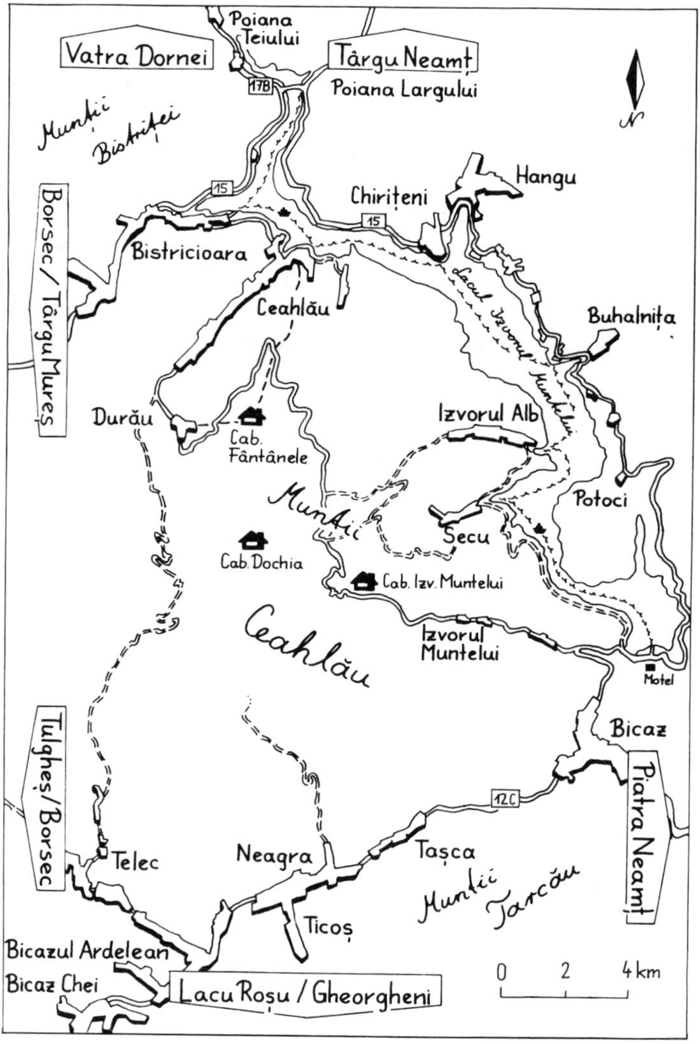
Poiana Teiului
Vatra Dornei
Târgu Neamţ
17B
Poiana Largului
N
Munţii Bistriţei
Borsec / Târgu Mureş
15
Chiriţeni
15
Hangu
Bistricioara
Ceahlău
Lacul Izvorul Muntelui
Buhalniţa
Durău
Cab. Fântânele
Izvorul Alb
Munţii
Potoci
Secu
Cab. Dochia
Cab. Izv. Muntelui
Ceahlău
Izvorul Muntelui
Motel
Bicaz
Tulgheş/Borsec
Piatra Neamţ
12C
Telec
Neagra
Taşca
Munţii Tarcău
Ticoş
Bicazul Ardelean
Bicaz Chei
Lacu Roşu / Gheorgheni
0
2
4 km

Munţii Ceahlău

Olymp der Moldau

Wir fahren in der Abenddämmerung am Lacul Izvorul Muntelui entlang. Die beiden Anhalter, die ich mitgenommen habe, wollen wissen, wo ich die Nacht verbringen werde. Heute noch bis nach Durău?

In der Dunkelheit und bei den vielen Kurven! "Nein das kommt überhaupt nicht in Frage", bestimmt die Großmutter auf dem Rücksitz und entscheidet: "Er schläft heute Nacht bei dir!" Der junge Mann neben mir widerspricht nicht und erst als die "baba" aussteigt, merke ich, daß sich die beiden gar nicht kennen, denn sie fragt ihn vor der Verabschiedung: "Wo wohnst du eigentlich?" Und nach seiner Antwort an mich gerichtet: "Na, da werden Sie den Koffer etwas den Berg hinauf schleppen müssen!" Ich frage mehrmals, ob ich ihn nicht stören würde, aber ganz nach den Geboten rumänischer Gastfreundschaft betont er immer wieder, daß ich überhaupt keine Probleme bereite. Vom Haus seiner Eltern, hoch oben am Hang, blicken wir hinüber auf das Gebirge mit dem für deutsche Zungen schwer zu sprechenden Namen.

Ceahlău – das klingt auf rumänisch ungefähr so: "Tschachlou". Einfacherer ist da schon "Moldauischer Olymp", wie er auch genannt wird.

Der Sitz der moldauischen Götter ist sehr klein, fast scheint er in den See hineinzupassen, den man zu seinen Füßen anstaute. Unten an einem Parkplatz am Ufer haben Zigeuner ihr Lager bezogen. Zwischen den Planwagen fliegen Funken in die blaue Nacht, über die Wellen huschen Lichtreflexe der Feuerstellen. In der Mitte des Sees scheint das Wasser ganz ruhig zu stehen und spiegelt die schwarze Gebirgsmasse, auf deren Spitze ein grünliches Licht schimmert. – Die Götter sind von den Meteorologen vertrieben worden, die auf dem Toaca-Gipfel ihre Wetterwarte eingerichtet haben. Und über dieser Szenerie prunkt ein klarer Oktoberhimmel mit so vielen Sternen, wie ich sie noch nie zuvor gesehen habe. Romantik pur – ein unvergesslicher Anblick.

Meinen Gastgeber an diesem Abend verbinden mit dem Stausee weniger angenehme Erinnerungen. Sein erstes Haus stand unten auf der Talsohle am Bistriţa-Fluß. Dann stieg das Wasser... Das zweite baute er weiter oben am Hang. Der rutschte in den See hinunter, das Haus mit ihm. Schließlich ging er auf Nummer sicher und setzte sein drittes Häuschen ganz oben an den Berg, noch über der Straße. Leider zu dicht am Wald – seine Schafe wurden von den Wölfen gefressen. Seitdem besitzt die Familie nur noch zwei Kühe.

Der Hausherr entschuldigt sich vielmals, daß man nicht auf Besuch eingerichtet gewesen sei und so wenig zum Essen im Haus habe. "Dar asta este situaţia", folgt der geläufigste rumänische Stoßseufzer. – Das ist die Lage! Die Familie sitzt auf dem breiten Bett in der Küche – einem der zwei kleinen Räume im Haus, die durch einen Flur verbunden sind – und sieht zu, wie ich den Maisbrei löffele. Der Hausherr hat bereits die Bibel in der Hand, begierig ein religiöses Gespräch mit einem Ausländer zu führen, aber seine Frau bremst ihn immer wieder und sagt, ich solle doch erst mal aufessen. Er ist Adventist und froh, endlich den wahren Glauben gefunden zu haben, schimpft über die Intoleranz der Orthodoxie, ihre Habgier und die Verlogenheit ihres obersten Patriarchen, der unter Ceauşescu im Parlament saß, Hymnen auf den "conducător" verfaßte und jetzt noch immer an der Spitze dieser Kirche steht... Ketzerische Worte am "rumänischen Athos". – So wird das Ceahlău-Gebirge gerne von den orthodoxen Christen bezeichnet.

Im 18. Jahrhundert soll es hier 12 Einsiedeleien und Klöster gegeben haben. Eines davon hieß Durău und war anfangs nur eine Nonnenklause, die erst später in den Rang eines "mănăstirs" erhoben wurde. Zu Beginn des 19. Jahrhunderts baute man die ersten Unterkünfte für Reisende und es kamen so prominente Gäste, wie der rumänische König Ferdinand nebst Gattin in der Zeit des 1. Weltkrieges. Noch einen Weltkrieg und eine "goldene Epoche" später und Durău verwandelte sich in einen Ferienort. Heute steht das Kloster inmitten mehrerer Hotelbauten.

Wie die Inschrift an der Außenwand der Klosterkirche berichtet, lebten die Mönche und Nonnen früher vom Mitleid der Bevölkerung. Heute zählen die orthodoxen Klöster zu den attraktivsten und prunkvollsten Bauten im Land. Im Ceahlău konnte man es sich sogar leisten, mit Hilfe von Armeehubschraubern direkt auf dem Plateau in 1800 m Höhe eine neue "Klosterkirche" zu errichten, die am 28. August 1993 geweiht wurde. Sie wird künftig der Mittelpunkt der einzigen Bergwallfahrt Rumäniens sein, die alljährlich zum 6. August, dem Feiertag "Schimbarea la Faţă" hunderte von Gläubigen ins Gebirge zieht.

Vielleicht liegt es an der frommen Umgebung, daß am Tresen der nahegelegenen Cabana Dochia ein Schild den gemeinsamen Aufenthalt von zwei Personen in einem Bett unter Strafe verbietet. Sie ist die einzige Bergbaude auf dem Kamm des Ceahlău-Massivs und Knotenpunkt aller Wanderwege.

Ein guter Läufer kann an einem Tag von der Bicaz-Klamm aus ins Gebirge aufsteigen, in der Dochia-Baude zu Mittag essen und dann nach Durău absteigen. Um alle seltsamen Felstürme zu besichtigen, die sich aus Konglomeraten gebildet haben, sind aber schon zwei-drei Tage notwendig. Die respektloseste Interpretation für diese Naturgebilde lieferte ein Asterix-Leser: "Hinkelsteine" nannte er die freistehenden Felszapfen...

In der moldauischen Sagenwelt verbinden sich natürlich viel poetischere Geschichten mit den Ceahlău-Gipfeln, wie z.B. der Südspitze des Gebirges, dem Turnul lui Budu şi Ana (1715m). Hier wurden ein tapferer Krieger, der auf dem Schlachtfeld starb, und seine Geliebte, die sich gegen eine erneute Heirat sträubte, von einer gutherzigen Hexe in Felsen verwandelt, um auf ewig beieinander bleiben zu können.

Auch die Panaghia – einer der gewaltigsten und charakteristischsten Türme, der fast aus allen Himmelsrichtungen zu sehen ist – war einst ein überirdisch schönes Mädchen, das vor den Blicken der Sterblichen auf dem Ceahlău-Massiv versteckt werden mußte. Aber von dort sah Panaghia die Sonne aus der Nähe und verliebte sich in sie, und auch das Himmelsgestirn blieb verzaubert stehen, und der Tag wurde immer länger. Die Abenddämmerung siegte schließlich doch, die Sonne wurde damit bestraft, künftig nur noch in Wolken gehüllt, aufgehen zu dürfen. Panaghia, die den Geliebten nun nie mehr sehen konnte, weinte solange, bis sie vor Schmerz zu Stein erstarrte.

Auch die Tochter des Dakerkönigs Decebal, Dochia, hat auf der Flucht vor den Römern im letzten Moment ihren Gott gebeten, sie in einen Felsen zu verzaubern, der jetzt am Berghang unterhalb des Toaca-Gipfels aus dem Wald ragt. Wegen dieser Legende sieht man im Ceahlău auch gerne den heiligen Berg der Daker "Kogaionul" und der Wanderer versteht, wie die Bezeichnung "Olymp der Moldau" entstanden ist.

Anfahrt

Mit dem eigenen Fahrzeug: Bis nach Târgu Mureş kann man vom Grenzübergang Borş über Oradea – Cluj-Napoca – Turda immer auf der E 60 fahren. Je nachdem, ob man sofort ins Ceahlău-Gebirge will oder auf dem Weg dorthin die Bicaz-Klamm besichtigen möchte, fährt man ab Târgu Mureş auf der DN 15 über Reghin – Topliţa – Borsec nach Durău am Fuß des Gebirges bzw. auf der DN 13A, 13B über Sovata nach Gheorgheni und auf der DN 12C über Lacu Roşu und Bicaz an den Ceahlău-Stausee.

Aus dem Făgăraş oder Bucegi kommend, benutzt man von Braşov über Sfântu Gheorghe – Băile Tuşnad – Miercurea Ciuc die DN 12 nach Gheorgheni.

Mit öffentlichen Verkehrsmitteln: Mit dem Corona-Express Budapest – Braşov kann über Oradea – Cluj-Napoca direkt nach Gheorgheni durchgefahren werden. Von dort verkehren Busse über Lacu Roşu und Bicaz bis nach Piatra Neamţ. Etwas um-

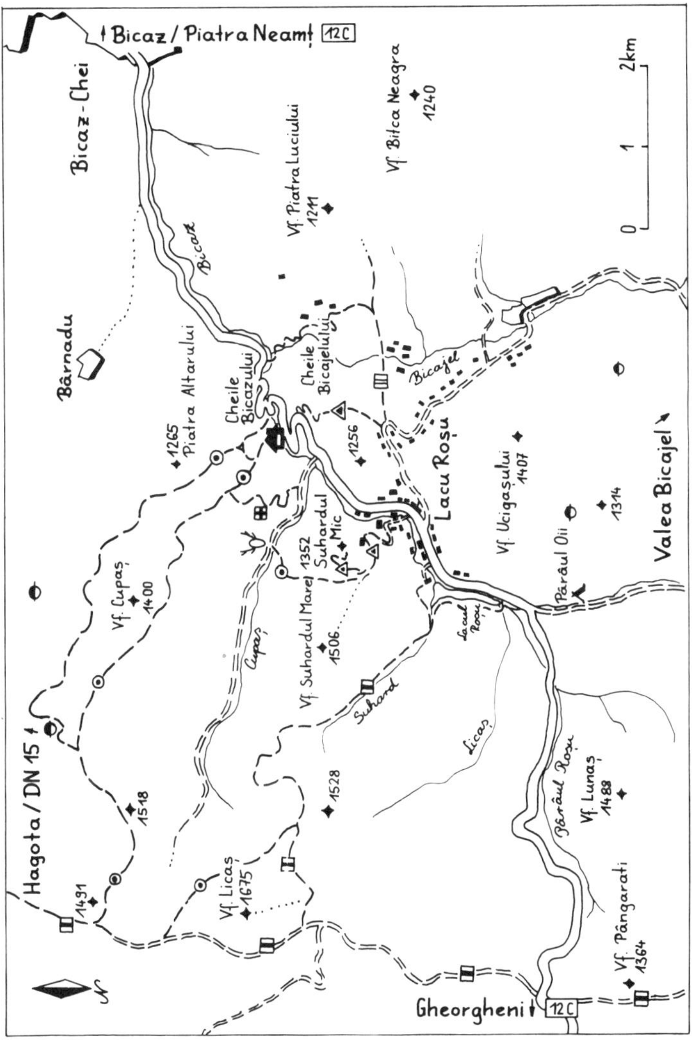
Bicaz / Piatra Neamț
12C
Bicaz-Chei
2km
1
0
Vf. Bitca Neagra
1240
Vf. Piatra Luciului
1211
Bicaz
Bârnadu
Piatra Altarului
1265
Cheile Bicazului
Cheile Bicajelului
Bicajel
1256
Lacu Roșu
Vf. Ucigașului
1407
1314
Valea Bicajel
Pârâul Oii
1352
Suhardul Mic
Vf. Suhardul Mare
1506
Vf. Cupaș
1400
Cupaș
Lacul Roșu
Suhard
Licaș
Hagota / DN 15
1518
1528
Pârâul Roșu
Vf. Lunaș
1488
Vf. Licaș
1675
1491
Vf. Pângarați
1364
Gheorgheni
12C

ständlicher kann man mit jedem anderen internationalen Expreß über Oradea oder Arad bis nach Braşov reisen. Ab Kronstadt fahren überwiegend Personenzüge über Ciceu nach Gheorgheni. Wer mit der Bahn von Bukarest anreist, fährt auf der Linie nach Suceava bis Bacău und steigt dort um in den Zug nach Bicaz.

Cheile Bicazului

Wäre Bram Stoker tatsächlich einmal in Rumänien gewesen, hätte er sicherlich das Dracula-Schloß in diese Gegend der Ostkarpaten verlegt. Auf dem Weg in das Ceahlău durchquert der von Süden kommende Reisende das Hăşmaş-Gebirge und die Schlucht von Bicaz. Diese sieht tatsächlich ungefähr so aus, wie in Jonathan Harkers Tagebuch beschrieben: Riesige Felswände aus jurassischem Kalk rücken immer enger an die Straße, bis man im Gâtul Iadului, dem Höllenschlund, das bedrückende Gefühl hat, in die Unterwelt zu fahren. Aber die Hölle ist nur relativ kurz und schnell vorbeigeflogen. Wer es nicht allzu eilig hat, sollte auf der Fahrt von Gheorgheni nach Bicaz wenigstens einen Tag im Hăşmaş-Gebirge "opfern" und durch die Bicaz-Klamm eine Rundwanderung unternehmen, die sowohl durch die wilde Schluchtlandschaft, als auch über sanfte Almidyllen führt und etwas Orientierungsvermögen verlangt, weil die Markierungen sehr rar sind.

Ausgangspunkt ist der kleine Luftkurort Lacu Roşu – einige im Wald verstreute Hotels und Ferienheime – rund um den "Mördersee", aus dem die Stümpfe abgestorbener Fichten ragen. 1837 ereignete sich hier ein gewaltiger Bergrutsch, so daß der natürliche Stausee entstand. Ursache für die Naturkatastrophe sollen lange Regenfälle gewesen sein; viel schöner ist natürlich das Märchen, daß die Elemente die Pläne eines bösen Bojaren durchkreuzten, der sich in dieser Einsamkeit ein Bauernmädchen gefügig machen wollte. Während der Berg, "verbrüdert mit den Aufrechten und Reinen", den Bojaren unter einer Geröllawine verschüttete, entstand an der Stelle, wo sich das Mädchen mit einem ehrlichen Burschen verlobte, der Wasserspiegel des Lacul Roşu.

Übernachten kann man am besten in den Hotels Turist (privat, 3 DM) oder im immer noch staatlich geführten Raza Soarelui (Sonnenstrahl, 6-19 DM). Am Ortseingang weist ein Schild zum Zeltplatz Pârâul Oilor.

Lacu Roşu (986m) – Şaua Varaşcău (1011m) – Cabana Cheile Bicazului (860m), rotes Dreieck, schlecht markiert – Cheile Lapoşului – Munţii Cupaş (1400m), rotes Dreieck, blauer Punkt – Valea Cupaş, roter Punkt, rotes Dreieck – Vârful Suhardul Mic (1362m), blauer Punkt, blaues Dreieck – Lacu Roşu, blaues Dreieck, 5 h

Wo eine große Hinweistafel am linken Straßenrand die Einfahrt zum Hotel Turist markiert, beginnt auf der anderen Fahrbahnseite der mit rotem Dreieck markierte Weg. Zwischen zwei Gebäuden läuft man auf einen Fahrweg hinauf und diesem bergauf folgend in gemütlichem Spaziergang in den Varaşcău-Sattel. Nach links sieht man auf die mächtigen Felsabstürze des Surduc-Gipfels und des Suhardul Mic auf der anderen Talseite. Vom Sattel bietet sich eine bezaubernde Aussicht nach Südwesten in das Bicăjel-Tal, in dem kleine Bauernhäuser weit über die Berghänge verstreut sind und in ihrer Stille und Abgeschiedenheit mal wieder die Sehnsucht nach dem Landleben aufkommen lassen. In der ersten scharfen Kurve hinter dem Sattel müssen wir ein Lattentor öffnen, um auf einem Weg am Waldrand weiterzulaufen. (Variante durch die Bicăjel-Klamm siehe weiter unten.)

Die Markierung taucht selten auf bzw. das gelbe Band erscheint auch einmal fehlplaziert. Solange wir uns aber immer auf dem gut sichtbaren Weg halten, ist Verlaufen eigentlich unmöglich. Am Ţifleş-Sattel, über dem sich zur Rechten der Vârful Piatra Poienii erhebt, sehen wir hinüber auf den "Altar" (Piatra Altarului oder auch Turnul Bardosului), eine 200m hohe Felsnadel, die vor uns aus der Bicaz-Klamm aufragt. Ganz gemütlich steigt man in Serpentinen durch den Wald hinunter zur Cabana Cheile Bicazului, wo nach der ersten Wegstunde der Morgenkaffee eingenommen werden kann (Fortsetzung weiter unten).

Variante durch die Bicăjelului-Klamm: Mit etwas Pfadfindergeist kann die Tour auch noch um ca. 2 Stunden verlängert werden, wenn man in der bereits erwähnten Straßenkurve hinter dem Varaşcău-Sattel genau dort den Weidezaun überspringt, wo die Lichtleitung über die Straße führt. An den ersten Masten findet sich die Markierung gelbes Band, der man hinunter ins Tal folgt. Nach Überquerung des Bicăjel-Baches steigt man am Gegenhang auf einem Karrenweg hinauf zur Căprăresei-Wiese, auf welcher der Weg nach Norden eingeschlagen wird. Das "Hürdenspringen" über Weidezäune wiederholt sich hier noch einige Male. Links von uns beginnt die Bicăjel-Klamm. Es bedarf schon eines geübten Auges, um die Markierung am Waldrand und den Abstieg über den nicht besonders ausgetretenen Pfad zu entdecken. Weiter unten im Tal findet sich der Weg wieder leichter und nähert sich immer mehr dem Wildbach, der am Klammausgang überquert werden muß. Dafür stehen nur mehrere glitschige Felsbrocken zur Verfügung, und bevor man ausrutscht, sollte der eiskalte Bach lieber beherzt durchwatet werden. Zur Straße durch die Bicaz-Klamm balanciert man über eine unvollendete Brücke und läuft dann hinauf zur Cabana Cheile Bicazului.

Ab der Cabana Cheile Bicazului orientieren wir uns am roten Dreieck, das gleich an zwei Fichten auftaucht, zwischen denen der Weg hindurchführt. Rechts des Weges zwei Kreuze und unmittelbar darauf eine Weggabel, an der wir den rechten Trampelpfad nehmen. An der nächsten Abzweigung taucht neben dem Dreieck auch noch ein blauer Punkt auf; hier laufen wir nach links und nehmen einen zehnminütigen steilen Aufstieg in Angriff. Rechts von unserem Pfad rauscht ein Wasserfall, über dem sich die lotrechte Altar-Westwand erhebt. Eine Weile geht es links neben dem Bachbett entlang und dann erneut einen Steilhang in den Wald hinauf. Windbruch hat hier stellenweise den Weg unkenntlich gemacht. Umgestürzte Baumstämme umgehend, gelangen wir über eine Bergschulter wieder hinunter in die Lapoş-Klamm, direkt bis zum Bachufer, an dem die Felswände jetzt immer enger zusammenrücken. In einer Viertelstunde wird die engste Stelle der Schlucht durchquert, um am Ende in einer steilen Linkskurve den Berg hinaufzusteigen.

Ganz überraschend breitet sich plötzlich eine weite Almwiese vor uns aus. 10 min wird am Weidezaun bergauf entlanggelaufen, während sich nach Nordosten immer mehr die Aussicht auf die Ceahlău-Felsen weitet. Die Alm verlassend, wandern wir am Waldrand zum Kamm des Cupaş-Berges, über den die rote Punktmarkierung verläuft. Wir folgen dem Wegzeichen nach Südosten über ausgedehnte Wiesenhänge ins Tal. Nach einer halben Stunde tritt der Pfad wieder in den Wald ein, ca. 5-10 min später steht man an einer Wegkreuzung. Wer die Wanderung schneller beenden möchte, steigt hier nach links in einer halben Stunde zur Cabana Cheile Bicazului ab und kehrt auf der Straße nach Lacu Roşu zurück. Etwas abenteuerlicher biegen wir nach rechts ab und halten uns an die Markierung rotes Kreuz. Mehrere Wege kreuzen und verzweigen sich beim Abstieg. Mit etwas Aufmerksamkeit findet sich das Wegzeichen aber immer wieder; die letzten Meter kann man sich auch nach einer Stromleitung richten. Wer hier die Orientierung verliert, braucht nicht in Panik zu geraten – irgendwo enden schließlich alle Wege auf dem Fahrweg neben dem Cupaş-Bach, dem nach links zurück in die Bicaz-Klamm gefolgt werden kann; wir laufen aber talaufwärts weiter bis zur Försterei auf einer großen Wiese. Genau gegenüber der Zaunecke, wo das Grundstück beginnt, muß man den kleinen Steg suchen, der über den Bach und auf einen Waldweg führt. Nach fünf Minuten taucht die neue Markierung auf, ein blauer Punkt. (Anmerkung: Sollten auch Sie mit dem Förster Bekanntschaft schließen und aus dem rumänischen Redefluß nur das Wort "urs" übersetzen können – die Warnung vor den bissigen Bären bezieht sich vorrangig auf das obere Cupaş-Tal in das der Fahrweg führt.) Durch finsteren Nadelwald steigt man 15 min bergauf, bis die Wiese unterhalb des Suhard-Sattels erreicht wird.

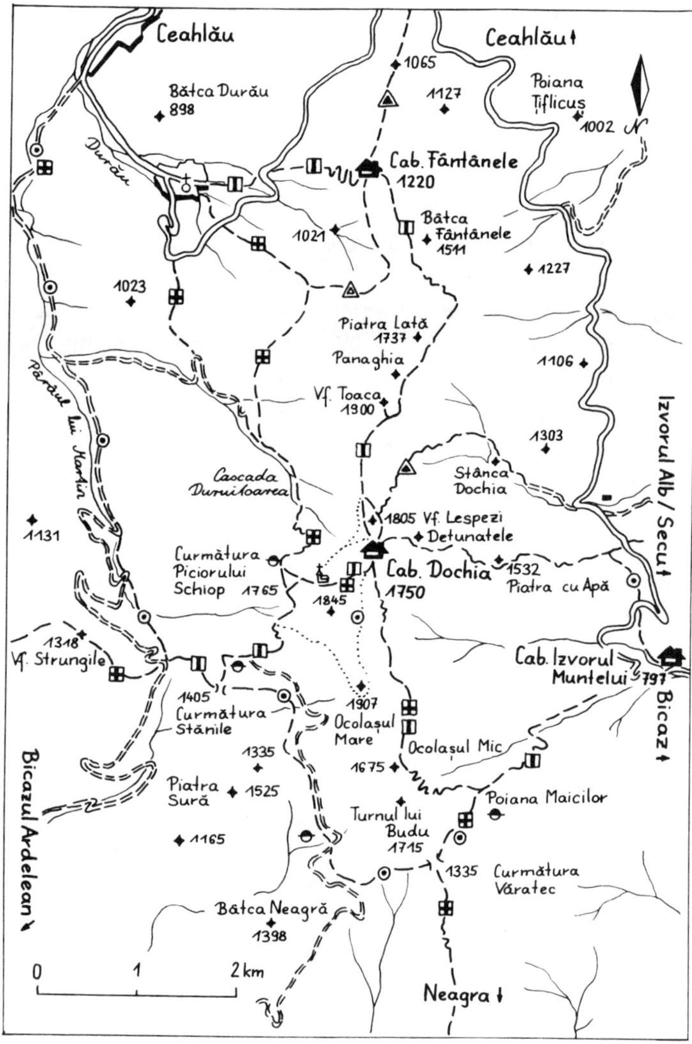
Ceahlău
Ceahlău
Bătca Durău 898
1065
1127
Poiana Ţiflicuş
1002
N
Durău
Cab. Fântânele 1220
Bâtca Fântânele 1511
1021
1227
1023
Piatra Lată 1737
Panaghia
1106
Vf. Toaca 1900
Pârâul lui Martin
1303
Cascada Duruitoarea
Stânca Dochia
Izvorul Alb / Secu
1805 Vf. Lespezi
Detunatele
1131
Curmătura Piciorului Schiop 1765
Cab. Dochia 1750
1532 Piatra cu Apă
1845
1318 Vf. Strungile
Cab. Izvorul Muntelui 797
1405
Curmătura Stănile
1907 Ocolaşul Mare
Ocolaşul Mic
Bicaz
1335
1675
Bicazul Ardelean
Piatra Sură 1525
Poiana Maicilor
Turnul lui Budu 1715
1165
1335 Curmătura Văratec
Bâtca Neagră 1398
0 1 2 km
Neagra

Die "Krönung" der Wanderung ist der Aufstieg auf den Suhardul Mic, in einer Viertelstunde über das blaue Dreieck bis zum Gipfel. (Abstieg auf demselben Weg.) Im Süden glitzert der Lacul Roşu, eingebettet in die bewaldeten Hänge des Hăşmaş-Gebirges. Läuft man bis zur Ostspitze des Gipfelfelsens kann die gesamte Bicaz-Klamm bis hinüber zum Ceahlău-Gebirge überblickt werden. In den Sattel zurückgekehrt, folgen wir dem blauen Dreieck hinunter zur Cabana Suhard und am Hotel Turist vorbei zum Ausgangspunkt an der Straße.

Ausgangspunkt Bicazul Ardelean / Neagra

Wer per Anhalter oder mit dem Bus durchs Land reist, kann gleich von den Dörfern am Ausgang der Bicaz-Klamm seine Wanderung ins Ceahlău starten und das Gebirge in 1-2 Tagen nach Durău durchqueren. In beiden Orten gibt es keine öffentlichen Übernachtungsmöglichkeiten, weshalb hierher mit dem Frühbus von Lacu Roşu gefahren werden sollte.

Bicazul Ardelean (530m) – Cabana Dochia (1750m), blaues Band, 6-6½ h

Aus dem Dorf läuft man die Seitenstraße ins Tal des Pârâul Jidanului hinein, bis in die Gemeinde Telec und von dort durch das Bistra-Mare-Tal auf einem Forstweg durch den Wald. Im Curmătura la Scaune (1247m), beginnt der Aufstieg über Curmătura Stănile und eine Alm auf das Plateau und endet an der Dochia-Baude. (Abstieg nach Durău, 2½ -3 h, siehe Beschreibungen S. 267ff)

Neagra (530m) – Vârful Neagra (1138m) – Curmătura Văratec (1335m) – Poiana Maicilor (1326m) – Cabana Dochia (1750m), blaues Kreuz, 6-7 h

Landschaftlich schöner ist der Weg von Neagra aus. Er beginnt in der Ortsmitte neben einem "Magazin Mixt + Bufet" und folgt einer Forststraße ins Neagra-Tal. Nach 3 km am Zusammenfluß der Bäche Neagra Mare und Neagra Mică verzweigt sich die Straße. Wir überqueren die Neagra Mare und laufen die linke Straße weiter hinauf, bis sich der Wald nach 2 km lichtet und wir auf einer großen Wiese stehen, die sich jenseits des Baches die Berghänge hinaufzieht. Rechts muß man den ersten Markierungspfahl auf der Wiese finden. Die Schafe haben im Sommer den Trampelpfad recht eindeutig markiert, weiter oben kann man sich an weiteren Masten orientieren, die auf einen Ausläufer des Neagra-Gipfels führen, wo uns eine "stâna" und ihre kläffenden Bewacher erwarten. Vom Neagra-Gipfel aus gelangt man immer weiter den Kamm hinauf – den Waldrand zur Linken – in den Văratec-Sattel, über dessen Baumspitzen die Felsfestungen Turnul lui Budu und Ocolaşul Mic auftauchen. In einer Viertelstunde laufen wir auf die Poiana Maicilor, auf der ein anstrengender Aufstieg zur Dochia-Baude beginnt. (Weitere Wegbeschreibung in umgelehrter Richtung S. 263f)

Ausgangspunkt Cabana Izvorul Muntelui

Nach Izvorul Muntelui biegt man kurz hinter Bicaz ab, bevor die Straße die Staumauer erreicht. Auf einer gut asphaltierten Fahrbahn kann direkt bis vor die Baudentür gefahren werden.

Vom Busbahnhof Bicaz (direkt neben dem CFR-Bahnhof), fährt einmal frühmorgens und am späten Nachmittag ein Bus zur "cabana". In der Baude kann man im 2-Bettzimmer (5-6 DM für zwei Personen) oder auch im Schlafsaal mit zehn Betten übernachten.

Cabana Izvorul Muntelui (797m) – Curmătura Lutul Roşu (1015m), blauer Punkt – Cabana Dochia (1750m), blaues Band – Platoul Ocolaşul Mic – Poiana Maicilor (1326m) – Cabana Izvorul Muntelui, rotes Band, 4½-5 h

Bereits aus dem Izvorul-Muntelui-Tal bietet sich eine der schönsten Aussichten auf die Ostwände der Ceahlău-Felsen. Von der Baude aus steigt man den gut markierten Waldweg (blauer Punkt) in 20-30 min zum Lutul-Roşu-Sattel hinauf, wobei einmal die Straße überquert wird, die nach Durău führt. Im Sattel wenden wir uns nach links und halten uns an das blaue Band. Nach nur einer Dreiviertelstunde liegt das anstrengendste Stück Weg hinter uns. Unterwegs kommt man an einer Felsnase vorbei, von der sich durch den gelichteten Wald die erste Aussicht auf den Stausee und den Toaca-(Ceahlău)-Gipfel bietet. Eine Hinweistafel kündigt weiter oben im Wald das Sonderreservat Poliţa cu Crini an, in dem die prächtigsten Lerchen Rumäniens wachsen (über 30 m Höhe, 90 cm Stammdurchmesser). Dem Sommerwanderer fallen diese Bäume weniger auf, um so großartiger ist ihr Anblick im Herbst, wenn das strahlende Gelb der abgestorbenen Nadeln durch den grünen Fichtenwald leuchtet und die Berghänge vergoldet. Nach fünf Minuten Abstieg gelangen wir zu einer Rastbank am Waldrand, 30m rechts davon liegt der Piatra-cu-Apă-Felsen, der zwar entgegen dem Namen keine Quelle, dafür aber mit seiner großen Grotte Regenschutz bietet. Von hier aus sieht man bereits die Dochia-Baude oben auf dem Kamm und rechts davon die gewaltigen Detunatele-Felsen, deren erster kleiner Ausläufer nach einer Viertelstunde erreicht wird.

Am Wandfuß bietet sich Gelegenheit, aus nächster Nähe die Zusammensetzung des Konglomeratgesteins zu betrachten, das so aussieht, als seien viele große Kieselsteine in Beton gegossen worden. In Serpentinen steigen wir auf den Felsen hinauf. Über uns ragen nun die eigentlichen Detunatele-Felsen lotrecht auf, an denen vorbei es in 20 min bis zur Dochia-Baude geht. Hier treffen sich so ziemlich alle wichtigen Wege, die über das Ceahlău-Massiv führen. (Abstieg nach Durău über Toaca-

„Himmelsleiter zum „[illegible] Olymp"

Gipfel und Cabana Fântânele, rotes Band 2½ -3 h; Abstieg nach Durău über Cascada Duruitoarea, Beschreibung S. 267ff) Wer Lust hat, kann den Rundweg zum höchsten Gipfel Ocolaşul Mare (1907m) in 2-2½ h zurücklegen, allerdings ist die Markierung blauer Punkt nur sehr schlecht zu erkennen. Man sollte sich aber 5 min Zeit nehmen und über das Plateau nach Westen laufen, wo sich von der kleinen Bergkirche eine schöne Aussicht ins Tal nach Durău bietet.

Den Markierungen rotes Band bzw. auch blaues Kreuz folgend, laufen wir weiter Richtung Süden, um zur Cabana Izvorul Muntelui zurückzukehren. Nach halbstündigem Marsch durch den Wald wird eine große Bergwiese betreten. Vor uns liegen die Felsspitzen des Ocolaşul Mic und Turnul lui Budu. Zwischen den freistehenden Türmen und durch den Wald in Serpentinen absteigend, erreicht man in 40 min die Poiana Maicilor, wo der Weg in die Gemeinde Neagra Richtung Süden abzweigt (blaues Kreuz, 3½h). Wir laufen die Wiese Richtung Nordosten hinab, von der uns ein breiter mit rotem Band markierter Forstweg durch den Wald bis zur Izvorul-Muntelui-Baude führt.

Ausgangspunkt Durău

Die Feriensiedlung erreicht man von Bicaz aus über die DN 15, die sich um den gesamten Stausee herumschlängelt und schon allein wegen der schönen Aussicht die Fahrt wert ist. Von der Cabana Izvorul Muntelui kann man aber auch auf der streckenweise noch im Bau befindlichen Straße nach Durău fahren. Von Piatra Neamţ verkehren Busse über Bicaz nach Durău. Wenn es der Wasserstand im Staubecken zuläßt, bietet sich außerdem dreimal täglich die Möglichkeit von der Anlegestelle Bicaz (neben der Staumauer am Motel Cristina) mit dem Motorboot über die Stationen Secu, Izvorul Alb, Buhalniţa, Chiriţeni nach Ceahlău zu fahren oder noch zwei Stationen weiter ans obere Seende nach Poiana Teiului.

Um das Kloster Durău herum gruppieren sich einige verhältnismäßig "teure" Hotels, die zum Teil wegen der Tourismusflaute bereits in der Nachsaison geschlossen werden (Hotel Cascada 12 DM pro Person, Cabana Bistrița 5 DM). Auch hier übernachtet man besser privat, besonders empfehlenswert ist die Casa turistică PAULO, gleich am Ortseingang auf der rechten Seite (1,20 DM pro Person, 0,60 DM Kinder zwischen 7-14; original moldauische Küche). Wer es spottbillig haben möchte, kann natürlich auch in der 30 min entfernten Fântânele-Baude für 80 Pfennige übernachten.

Durău (800m) – Cabana Fântânele (1220m) – Vârful Toaca (Ceahlău, 1900m) – Cabana Dochia (1750m), rotes Band – Cascada Duruitoarea – Durău, rotes Kreuz, 5-5½ h

An den Hotels Bistrița und Durău vorbei laufen wir aus dem Ort hinaus bis zur Wasserstation, wo unser Weg links den Berg hinaufführt. Nach Überquerung der Straße folgt ein steiler halbstündiger Anstieg durch den Wald zur Cabana Fântânele. (Vor der Hütte eine Wegkreuzung: gelbes Dreieck zur Cascada Duruitoarea, ca. 2 h; blaues Dreieck, Dorf Ceahlău, 2 h).

Weiter durch den Wald bergauf, bis wir 45 min später am Piatra-Lată-Gipfel stehen, wo sich vor dem Panorama des Stausees die ersten Felsnadeln präsentieren, die markanteste unter ihnen ist die 9-10 m hohe Căciula Dorobanțului. Wenn man den Muntelui-Sattel erreicht hat, ragt auf dem Bergrücken der Koloß der Panaghia auf, der den weniger auffälligen Ceahlău-Gipfel fast verdeckt. Die Panaghia umgehend, gelangen wir in einer Viertelstunde zur meteorologischen Station und der "Himmelsleiter".

445 Stufen müssen bis zur kleinen Wetterwarte auf der Ceahlău-Spitze bewältigt werden, wo eine Aufschrift an der Hauswand verkündet, daß wir hier eine "Neokommunismusfreie Zone" erreicht haben, während auf der Rückseite des Gebäudes

noch ein paar kleine Täfelchen an die Zeiten erinnern, als Arbeiterkollektive ins Gebirge zogen, um so ihrem Friedenswillen Ausdruck zu verleihen. Bei klarer Sicht kann man von hier einen großen Teil der Ostkarpaten überblicken. Unter uns im Norden Durău, dahinter nördlich und östlich des Stausees das Stânişoara-Gebirge, die Gosmanul- und Tarcău-Berge im Südosten und Süden, davor das Hochplateau des Ceahlău, an dessen Südende die Felsspitzen von Ocolaşul Mic und Mare aufragen, südwestlich das Hăşmaş-Gebirge mit der Bicaz-Klamm, im Osten und Nordosten Căliman- und Bistriţa-Gebirge, gelegentlich soll in der Ferne sogar das Rodna zu sehen sein. Der Abstieg auf knarrenden Holzstufen (ca. 60m Höhenunterschied) erzeugt ein besonders prickelndes Gefühl in der Magengegend; rechts der Treppe kann man an Spuren im Gelände erkennen, daß manche Touristen den sicheren Erdboden vorgezogen haben. Immer den Orientierungsstangen folgend, kann man sich 20-30 min später auf der Terasse vor der Dochia-Baude mit einem heißen Tee oder kühlen Bier dem Panorama hingeben. Von Durău bis hierher beträgt die Wegzeit ca. 2½-3 h. 100 m südlich der "cabana" zeigt ein Wegweiser nach rechts den Weg zur kleinen Bergkirche an. Dort stößt man auf zwei Fahrwege und nach einer Viertelstunde auf einen verwitterten Wegweiser, an dem der mit blauem Band markierte Pfad Richtung Bicaz-Ardelean abzweigt (4½h) Wir wenden uns dagegen Richtung Nordwesten und steigen einen kleinen Seitenkamm abwärts, von dem sich die "Schauseite" des Ceahlău-Gipfels erst in ihrer vollen Größe präsentiert. Über Felsnasen und durch den Wald läuft man in 45min hinunter zur Cascada Duruitoarea, die in langen eleganten Wasserbändern über zwei Felsstufen zu Tale stürzt. Eine Holzleiter dient als Kletterhilfe in das kleine Becken zwischen den beiden Wasserfällen. Wie so oft in Rumänien, wo eine Rastbank einlädt, ist auch dieser Ort mit Konservendosen, Zigarettenschachteln, Bonbonpapieren und Schlimmerem bunt dekoriert. 100 m unterhalb des Wasserfalls verzweigt sich der Weg. Beide Pfade führen in ca. einer Stunde nach Durău. Empfehlenswerter vielleicht die Markierung, der wir bis jetzt gefolgt sind, die am Skihang des Ferienortes endet.

Eine Empfehlung für die Weiterreise – die Moldauklöster

Wer vom Ceahläu-Gebirge aus in Richtung der alten moldauischen Hauptstadt Suceava fährt, registriert sicher die kleinen Schilder am Straßenrand, die immer wieder zur Besichtigung eines der vielen Klöster einladen. Zu den sehenswertesten zählen hier wohl Secu, Agapia, Văratec, vor allem aber das Mănăstirea Neamţ auf dem Weg nach Târgu Neamţ. Hier befand sich im Mittelalter eines der bedeutendsten geistigen Zentren der Moldau, mit der wohl ältesten rumänischen Bibliothek. Zahlreiche wichtige Manuskripte und Bücher wurden hier geschrieben und gedruckt, einige Exemplare und Druckstöcke sind im Klostermuseum zu besichtigen. Noch berühmter ist Neamţ aber wegen seiner von Stefan dem Großen gestifteten Kirche (gebaut nach dem Vorbild des Klosters Putna), deren architektonische Gestalt den typisch moldauischen Sakralbaustil verkörpert. Während die Außenwände in Neamţ nur durch glasierte Kacheln geschmückt werden, bietet sich dem Besucher in den nordwestlich gelegenen Bukowina-Klöstern an den charakteristischen Dreikonchenbauten eine unvergessliche Bildergalerie mit biblischen Szenen, die aber gleichzeitig versteckte politische Botschaften gegen die türkischen Okkupanten beinhalteten. Die prachtvolle Farbigkeit und Erzählfreude dieser Wandmalereien, die seit über 400 Jahren schutzlos den Witterungseinflüssen ausgesetzt sind, in Verbindung mit der sie umgebenden Landschaft ist berauschend und unbedingt die Reise wert. Für den vollen Genuß dieser einzigartigen Bauwerke sollte man einen Kunstreiseführer zu Rate ziehen.

Zwar existieren zwischen den Klöstern Voroneţ – Humor – Suceviţa und Moldoviţa Wanderwege, diese führen aber vorrangig über Landstraßen oder stundenlang durch tiefen Nadelwald, in dem man sich nach kurzer Zeit wirklich fernab aller Zivilisation wähnt. Die Markierungen sind verblichen und schwer zu entdekken, so daß ich diese Route in ihrem 1993 angetroffenen Zustand kaum weiterempfehlen kann.

Dorfkirche in der Maramureș

Munţii Rodnei

Eine Hirtendomäne

Es gibt viele Gegenden in Rumänien, in denen sich der Besucher um ein paar Jahrzehnte zurückversetzt fühlt. Im Norden des Landes, in der Maramureş, könnten es manchmal auch Jahrhunderte sein. Reisende berichten mit glänzenden Augen über die stillen Dörfer, in denen fast noch alles aus Holz gebaut wird – die Häuser, die prächtigen Hoftore, die so charakteristisch für die Region sind und natürlich vor allem die Holzkirchen mit ihren das ganze Dorf überragenden Türmen, die zu den höchsten Holzbauten dieser Art in der Welt zählen. Man schwärmt von den endlosen Blumenwiesen, den einsamen Bergspitzen und den Kontakten mit den gastfreundlichen Einheimischen.

Auch für die Rumänen ist die Maramureş ein ganz besonderer Landesteil. Hier sollen die freien Daker gehaust haben, die nie durch das römische Imperium besetzt wurden, sondern nur Handel mit ihm betrieben, die sich auch sonst allen Eindringlingen widersetzten, auch wenn das im Lauf der Geschichte immer schwieriger wurde und die Maramureş als transsilvanisches Gebiet über Jahrhunderte hinweg zum ungarischen Königreich gehörte. Die Rumänen sagen selbst, in der Maramureş leben die freundlichsten, hilfsbereitesten, aber auch die starrköpfigsten Einwohner ihres Landes. Ein Bauer, den ich nach stundenlangem Marsch über Bergweiden an seinem einsamen Hof, fern von jeder größeren Ortschaft und Straße, beim Sensenschleifen kennenlerne, bestätigt das. Mit Blick auf die jüngste Vergangenheit und den letzten "conducător", der das Land beherrschte, erklärt er nur: "Ceauşescu gab uns nichts... und umgekehrt haben wir ihm auch nichts gegeben. Und so sind wir ganz gut miteinander ausgekommen". So autonom wie

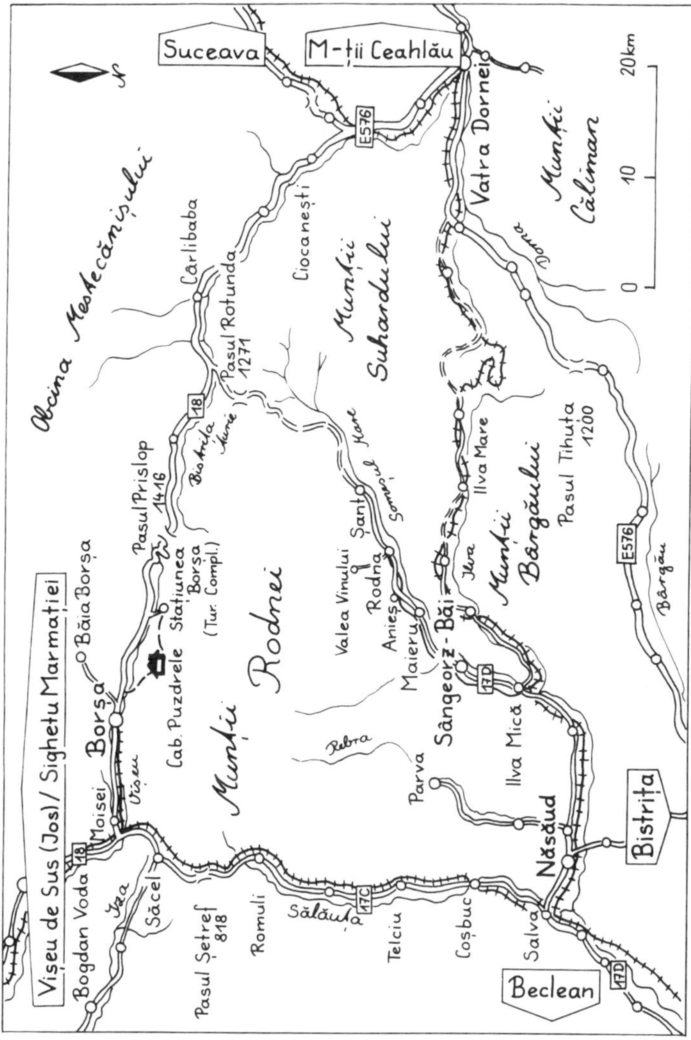
Suceava
M-ții Ceahlău
Vatra Dornei
Obcina Mestecănișului
Cârlibaba
Ciocanești
Pasul Rotunda 1271
Munții Suhardului
Munții Călimani
Dorna
E576
18
Pasul Prislop 1416
Bistrița Aurie
Stațiunea Borșa (Tur. Compl.)
Băia Borșa
Borșa
Cab. Puzdrele
Munții Rodnei
Vișeu de Sus (Jos) / Sighetu Marmației
Moisei
Vișeu
Bogdan Voda
Iza
Săcel
Pasul Șetref 818
Romuli
Sălăuța
17C
Telciu
Coșbuc
Salva
Beclean
17D
Năsăud
Bistrița
Parva
Rebra
Ilva Mică
Sângeorz - Băi
Maieru
Anieș
Rodna
Valea Vinului
Șant
Someșul Mare
Ilva Mare
Ilva
Munții Bârgăului
Pasul Tihuța 1200
Bârgău
0
10
20km

das klingt, wurde sicher auch in der Maramureş nicht gelebt. Aber während die Bauern im Rest des Landes ihre Böden mehr oder weniger freiwillig (meistens weniger) in Staatsgütern und Genossenschaften gemeinsam bewirtschaften mußten, hat man in der Maramureş in fast allen Dörfern seinen kleinen Akker weiter allein mit Pferd und Holzpflug bearbeitet. Ein typisches Landschaftsbild am Fuß des Rodna-Gebirges sind die vielen kleinen Höfe, die sich aus den Tälern bis auf die entferntesten Bergkuppen verteilen; neben dem Haus ein Brunnen, ein kleines Feld, Heuschober und die Kreuze der auf ihrem Grund begrabenen Vorfahren. Von diesen Höfen läuft man bis zu drei-vier Stunden in die nächste größere Gemeinde, was in der Regel nur zum sonntäglichen Kirchgang unternommen wird oder wenn man den Arzt konsultiert. Wer am Wochenende über die Dörfer fährt, muß sich Zeit nehmen. Denn dann sind die Straßen – wie schon seit Generationen üblich – voll von Flanierenden, die ihre Sonntagstracht zur Schau stellen und gewohnheitsgemäß auch die ganze Fahrbahn dafür in Anspruch nehmen.

Liebgewordene Traditionen haben aber auch ihre Kehrseiten, und die Förster des Rodna-Naturschutzgebietes können ein Lied davon singen. Der Holzreichtum der Maramureş ist sprichwörtlich, und die Bauern sehen nicht ein, weshalb sie ihr Gewohnheitsrecht, Bäume zu fällen, einfach aufgeben sollen. Wir stehen kopfschüttelnd in einem Kahlschlag von dreißig Bäumen, die ein Dorfbewohner mit leichter Hand an einem Tag umgelegt hat. Noch sind die Strafen so niedrig, daß es die Bauern immmer wieder riskieren, den Wald zu lichten, zu jagen oder ihre Kühe von den Kindern in das Naturschutzgebiet treiben zu lassen. Der kleine Hirte steht dann mit grimmigem Gesicht dabei, wenn der Förster seiner Kuh die Glocke vom Halsband abschneidet und als Pfand behält, bis der Eigentümer die "amenda" bezahlt hat. Da kann dann Tradition auch sehr bedrohliche Formen annehmen: Der Waldhüter erzählt über einen Stoß anonymer Briefe auf seinem Schreibtisch. Die Drohungen reichen von Brandstiftung bis Mord und wurden auch schon in die Tat umzusetzen versucht.

Das Schutzgebiet um den höchsten Gipfel des Rodna-Gebirges, Pietrosu (2303m), nimmt aber nur eine Fläche von 2800 ha ein; 750 ha davon wissenschaftliches Reservat mit den strengsten Auflagen. Für die Hirten und ihre Schafherden bleibt dagegen überreichlich Platz – fast möchte man sagen "zuviel", angesichts der Zerstörungen, die durch Überweidung entstehen.

Das gesamte Rodna-Gebirge erstreckt sich an der Südostgrenze der Maramureş mit einer Ausdehnung von 1300 km^2, das sind über 45 km Länge vom Sălăuţa-Tal im Westen bis zum Prislop-Paß – der Grenze zur Bukowina – im Osten, und eine Breite von über 25 km zwischen Borşa im Norden und dem Someşul-Mare-Tal im Süden. Im Rodna-Gebirge dominieren nicht die wilden Felswände und Gipfelgrate, sondern die großen, bis oben hin mit Gras bewachsenen Bergriesen, auf denen die Wolken mit ihren dahinfliegenden Schatten eigenartige Formen malen und an wechselhaften Tagen den ganzen Kamm wie ein grünes wildbewegtes Meer "wogen" lassen. Schon nach einem Tag wird der Wanderer merken, daß er sich hier in einer Hirtendomäne befindet, in welcher der Tourismus immer noch nicht viel zu sagen hat. Zwar wurde am oberen Ortsende von Borşa ein stolzer Touristik-Komplex mit mehreren Hotels errichtet, aber die Rezeptionsdamen sitzen gelangweilt hinterm Tresen und warten auf bessere Zeiten und große ausländische Reisegruppen. Aber auch die werden kaum bis in die Einsamkeit der Bergkämme vordringen, solange der Sessellift zum Ştiol-Gipfel weiterhin sommers abgeschaltet bleibt mit dem Hinweisschild: "Greva generală până la 15.decembrie 199-" ("Generalstreik bis zum 15. Dez. 199-"). So sind Wanderer und Hirten alleine unter sich und können ungestört die berauschende Stille genießen, die über dieser Landschaft liegt.

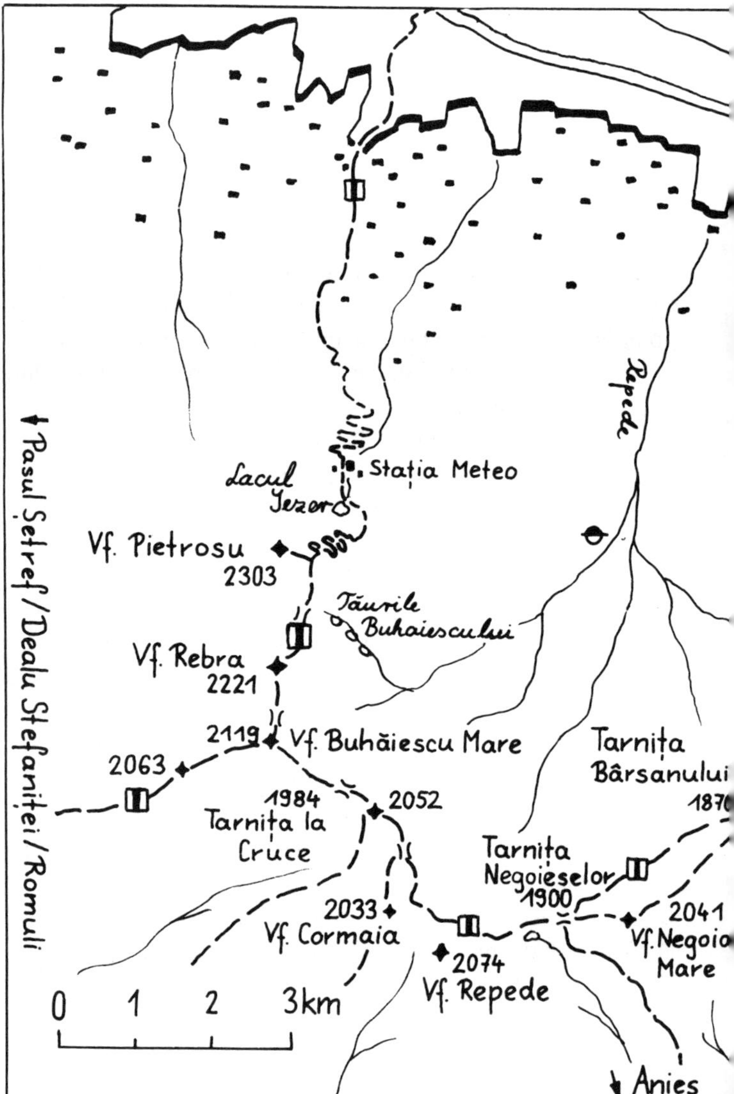
Repede
Stația Meteo
Lacul Iezer
Vf. Pietrosu
2303
Tăurile Buhăiescului
Vf. Rebra
2221
2119 Vf. Buhăiescu Mare
2063
1984
Tarnița la Cruce
2052
Tarnița Bârsanului
187
Tarnița Negoieselor
1900
2033
Vf. Cormaia
2074
Vf. Repede
2041
Vf. Negoi
Mare
Anieș
Pasul Șetref / Dealu Ștefaniței / Romuli
0 1 2 3km

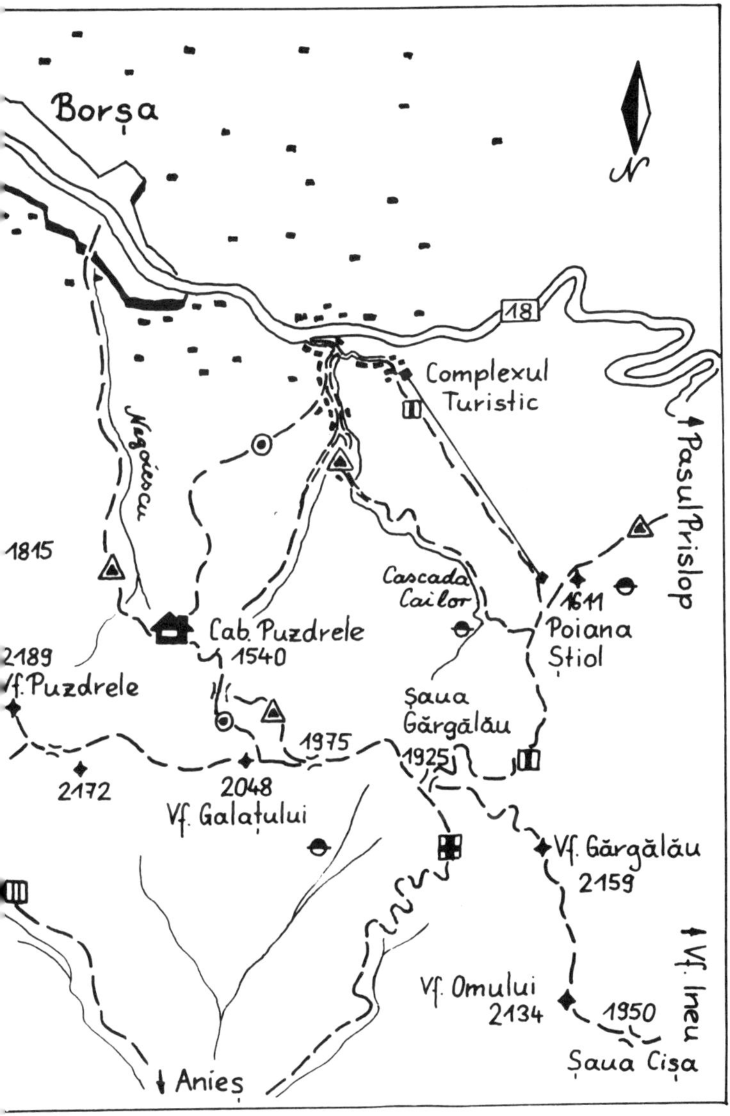
Borșa
N
18
Complexul
Turistic
Pasul Prislop
Negoiescu
1815
Cascada
Cailor
1611
Poiana
Știol
Cab. Puzdrele
1540
2189
Vf. Puzdrele
Șaua
Gărgălău
1975
1925
2172
2048
Vf. Galatului
Vf. Gărgălău
2159
Vf. Ineu
Vf. Omului
2134
1950
Șaua Cișa
Anieș

Anfahrt

Mit dem eigenen Fahrzeug: Schon die Anreise ins Rodna-Gebirge ist ein landschaftliches Erlebnis und auf jeder Strecke schön. Für die Einreise ins Land wählt man am besten den nördlichsten Grenzübergang Csengersima/Dorolt bei Satu Mare, an dem auch gewöhnlich die kürzeste Wartezeit am Zoll verbracht werden muß. Von Satu Mare nach Sighetu Marmaţiei kann man sich zwischen zwei Routen entscheiden.

Die DN 19 führt über Negreşti Oaş durch das Oaşer-Land in vielen Kurven über den Huta-Paß (587m) ins Tisa-Tal an der ukrainischen Grenze. Hier sollte man unbedingt einen Besuch des Cimitirul vesel in Săpânţa einplanen. Auf diesem "heiteren Friedhof" lassen sich Stunden mit dem Betrachten der geschnitzten und buntbemalten Holzkreuze verbringen, auf denen die Biographien der Dorfbewohner in Versen und mit oft recht drastischen Bildern illustriert werden.

Über die DN 1C von Satu Mare nach Baia Mare und dann über den Gutâi-Paß (987m) gelangt man ins Mara-Tal, wo in Deseşti, Sat Şugatag und Berbeşti ein paar schöne Beispiele der berühmten Holzkirchen bewundert werden können.

Von Sighetu Marmaţiei fährt man auf der DN 18 durch das Vişeu-Tal bis nach Borşa oder parallel dazu durch das malerische Iza-Tal, in dem die größten Holztore der Maramureş die Dorfstraßen flankieren.

Aus dem Zentrum Siebenbürgens führt die E 576 über Cluj-Napoca – Dej nach Beclean pe Someş und von dort die DN 17D/C durch das Sălăuţa-Tal nach Borşa.

Wer schließlich aus dem Ceahlău-Gebirge anreist, benutzt die DN 17B durch das Bistriţa-Tal nach Vatra Dornei und fährt von dort aus über den Prislop-Paß (1416m).

Mit öffentlichen Verkehrsmitteln: Eine Bahnlinie führt in die Maramureş und zum Fuß des Rodna-Gebirges. Von Cluj aus fährt man bis Salva, wo die Gleise durch das enge Sălăuţa-Tal Richtung Sighetu Marmaţiei führen. In Vişeu de Jos muß nach Borşa umgestiegen werden.

Busverbindungen ins Rodna-Gebirge gibt es zwischen Satu Mare – Sighetu Marmaţiei – Borşa bzw. für den, der aus dem Ceahlău oder der Bucovina kommt, zwischen Vatra Dornei und Borşa.

Ausgangspunkt Borşa

Borşa ist ein ca.15 km langgestreckter Ort, an dessen oberem Ende Richtung Prislop-Paß, 10 km vom Zentrum entfernt, ein paar Hotels errichtet wurden, der sogenannte Touristik-Komplex (Complexul Turistic). Für ein Zweibettzimmer bezahlt man hier um die 40 DM pro Nacht. Wer an der Rezeption der Villa Bradeţ neben dem Sessellift höflich fragt, kann gewöhnlich auf der Wiese hinter dem Haus zelten. (Busse fahren nach jedem eingetroffenen Zug vom Bahnhof ins Zentrum, allerdings nicht alle zum Touristik-Komplex. Fragen Sie die Kassiererin auf der Fahrt, wohin die Reise geht, um nicht unversehens in Baia Borşa zu landen. Nach Aussagen der Rezeptionsdamen verkehren angeblich stündlich Busse von den Hotels zurück in den Ort.)

Auch die wenigsten Bauern werden etwas dagegen haben, wenn man auf der Aufstiegsroute zum Pietrosu an einem Grashang sein Zelt aufschlägt.

Wer eine kürzere Tour durch das Gebirge beabsichtigt, kann am Ankunftstag vom Ortsteil Poiana Borşa (auf dem Weg zum Prislop-Paß) über die Markierung blaues Dreieck am Negoiescu-Bach entlang zur Cabana Puzdrele (1540m) aufsteigen und dort übernachten (2-2½ h). Sie ist die einzige Berghütte im gesamten Rodna-Massiv. (Aufstieg von der Baude in den Galaţu-Sattel auf dem Hauptkamm in 2 h über blaues Dreieck).

Complexul Turistic Borşa (850m) – Poiana Ştiol (1611m), blaues Band – Cascada Cailor – Complexul Turistic, rotes Dreieck, 2½ h

Nicht mehr als eine Akklimatisierung und Vorbereitung für die Kammwanderung ist ein Tagesausflug zur Cascada Cailor. Am sichersten findet man den Weg, wenn auf dem Skihang unter dem Sessellift zur Bergstation gestiegen wird, von wo sich ein schöner Blick auf die Berge der Maramureş und hinüber zum Prislop-Paß bietet. Am Ende der Ştiol-Wiese zweigt rechts ein breiter Forstweg in den Wald ab, der in mehreren Kurven hinunter zur Cascada Cailor führt. Über eine 80 m hohe Gletscherschwelle stürzt hier der Fântâna-Bach in die Tiefe. Man sollte den schönsten Punkt dieser Wanderung eine Weile genießen, denn der Abstieg führt über einen Forstweg und durch Holzeinschlag, der den Wald ziemlich verwüstet hat, hinunter zum Bergwerk und zur Auffahrtsstraße am Touristik-Komplex.

Viertägige Kammwanderung von Borşa nach Rodna

Die Lage und Unerschlossenheit des Gebirges, die wenigen Auf- und Abstiegsrouten nach Norden und die langen Ausläufer nach Süden lassen die meisten Wanderer gewöhnlich den "Standardweg" über den Kamm einschlagen: Die Tour von Borşa über den Hauptkamm in die Gemeinde Rodna auf der Südseite des Gebirges. Zwar wird der Kamm so nicht in seiner vollen Länge abgelaufen, aber in seinem schönsten Teil. Außerdem kommt man durch das Reservat unter dem Pietrosu und über den höchsten Gipfel des Rodna-Gebirges. Grundvoraussetzung für die Wanderung ist ein großer Rucksack, in dem alles mitgeführt werden muß, was man für vier Tage fernab der Zivilisation benötigt. Es ist aber möglich, nach zwei Tagen am Galaţu-Massiv zur Cabana Puzdrele oder im Gărgălău-Sattel zum Touristik-Komplex abzusteigen. Wer bis nach Rodna läuft, kann ohne Probleme an einem Tag mit dem Zug nach Borşa zurückkehren und kommt dabei in den Genuß, eine der schönsten Bahnstrecken des Landes durch das Sălăuţa-Tal kennenzulernen. (Verbindungen am Ende des Kapitels).

1. Tag: Borşa (845m) – Lacul lezer (1786m) – Vârful Pietrosu (2303m) – Vârful Rebra (2221m) – Vârful Buhaiescu Mare (2119m), blaues Band – Tarniţa la Cruce (1984m), rotes Band, 6½-7 h

Unser Weg verläuft fast den ganzen Tag durch das Naturschutzgebiet des Pietrosu Mare, für dessen Betreten eine Genehmigung beim Forstamt in Borşa eingeholt werden muß (Strada Zorilor Nr.2, unterhalb des Krankenhauses). Es handelt sich hier lediglich um eine formale Angelegenheit; jeder Förster, dem man unterwegs begegnet, wird dem Wanderer entweder ein entsprechendes Papier ausstellen oder ihn nach einer kurzen Belehrung weiterziehen lassen. (Man sollte allerdings die Gesetze der Reservation respektieren, um nicht zur Kasse gebeten zu werden. Dazu zählen selbstverständlich das Einhalten der markierten Wege, das Zelt- und Lagerfeuerverbot und die Aufforderung, seinen persönlichen Müll wieder mit ins Tal zu schleppen. Große Wandergruppen von über 20 Personen müssen fünf Tage vorher beim Forstamt angemeldet werden.)

Hinter dem Hospital, einem unübersehbaren mehrgeschoßigen Gebäude direkt an der Hauptstraße in Zentrumsnähe (Richtung Touristik-Komplex) biegt man den ersten Fahrweg nach rechts ein und gelangt über eine Holzbrücke auf die andere Seite des Vişeu-Baches. Dort den linken Weg einschlagen. Gleich nach den ersten Häusern taucht die blaue Bandmarkierung auf, die uns zum Hauptkamm führt. Die Neubauten im Zentrum von Borşa, das sich als "Stadt" bezeichnet, können nicht darüber hinwegtäuschen, daß wir uns hier tief auf dem Dorf befinden, was bei unserem Aufstieg in der nächsten halben Stunde um so offensichtlicher wird. Wir laufen auf einem steinigen, bei Regenwetter äußerst schlammigen Fahrweg zwischen den Bauernhöfen bergauf, zwei Weggabelungen folgen, an der ersten wählen wir die rechte, an der zweiten die linke Straße. Zwei Kreuzungen werden geradeaus überquert und bald haben wir den geschlossenen Ortskern verlassen, die Gehöfte verteilen sich immer weiträumiger über die Bergwiesen.

Nach dreiviertelstündigem Aufstieg von der Hauptstraße aus steht man bereits auf einem der vielen "Bergfüße" des Pietrosu, der sich jenseits einer kleinen Talsenke auftürmt. Hier fehlte im Sommer '93 jede Markierung. Wir steigen nicht geradeaus in den Kessel hinunter, sondern laufen rechts weiter an seinem Rand entlang, einem Weidezaun folgend. So gelangt man auf einen sanftgewellten kleinen Kamm, von dem sich nach allen Seiten der Blick auf die Maramureş öffnet. Auf dem gut ausgetretenen Weg geht es immer steiler bergauf über Wiesen und Blaubeerfelder, bis man sich nach einer Stunde an der Grenze des Naturschutzgebiets auf eine Bank zur ersten Rast fallenlassen und das großartige Panorama genießen kann. Links des Weges liegt die Ranch des kontaktfreudigen Försters Traian Timiş, den schon fast alle Rodna-Wanderer aus dem In- und Ausland kennengelernt haben.

Von jetzt an muß man sich auf dem breiten Forstweg halten, der durch den Wald und aus der Baumzone hinaus bis zur meteorologischen Station im Zănoaga-Iezerului-Kessel führt. Verschiedene Trampelpfade verleiten dazu, den Weg abzukürzen. Wen eine Geldstrafe nicht abschreckt, der sei an dieser Stelle gewarnt, daß nicht alle dieser wild angelegten Pfade wieder auf dem Hauptweg enden, sondern auch in die Reservation führen, die reich an giftigen Schlangen, angriffslustigen Luxen und gefräßigen Bären ist...

Bis zur Wetterstation läuft man ca. 1½-2 Stunden; sie bietet keine Übernachtungsmöglichkeiten für "Normaltouristen" – höchstens bei extremen Wetterumschwüngen oder Ankunft spätabends im Dunkeln kann angeklopft werden.

Die Station liegt in einem der beeindruckendsten Gletscherkessel der rumänischen Karpaten mit dem Iezer-See in der Mitte. Von weiter oben betrachtet, ähnelt er fast ein wenig der rumänischen Landkarte – gehässige Zungen behaupten auch der Form eines "Dacias". Rechts des Sees zieht sich ein gut ausgebauter Pfad den Latschenhang hinauf – der sogenannte "Ceauşescusteig", den man für eine einzige Jagd des "conducători" anlegte, der zu diesem Zeck mit dem Helicopter eingeflogen wurde.

Weniger Mühe hat man sich mit dem Weg gemacht, den hunderte Wanderer alljährlich benutzen. Dieser führt vom linken Ufer aus in weitem Bogen durch die Geröllhänge im Kessel. Der Gemsenbestand in dieser Gegend ist außerordentlich zahlreich, und man muß schon einen sehr schlechten Tag oder viele schreiende Touristen treffen, um keines dieser scheuen Tiere zu Gesicht zu bekommen. Von den Murmeltieren, die hierher aus den Alpen angesiedelt wurden, sind meistens nur die schrillen Warnpfiffe zu hören, aber ihre Wühltätigkeit an den Serpentinen, die bis zum Pietrosu führen, ist unübersehbar.

Noch ein paar hundert Meter auf dem Kamm nach rechts und man hat nach 1½ -2 Stunden Aufstieg vom See aus den höchsten Punkt des Rodna-Gebirges und der Ostkarpaten erreicht. Der Gipfel wird durch die kleine Wetterstation und Drahtverhaue nicht gerade verschönt, aber die Aussicht ist an klaren Tagen ganz phantastisch: Unter dem Gipfel liegt im Norden der unzugängliche Zănoaga-Mare-Kessel, zur Linken vom Felskamm Turnul Roşu (Roter Turm) flankiert, dessen Gesteinsfarbe den Namen gab. Von hier oben erkennt man erst die Ausdehnung von Borşa. Auf der gegenüberliegenden Talseite erstrecken sich die vielen kleinen Bergkämme und Hügelgruppen der Maramureş, in 30-50 km Entfernung verläuft die Grenze zur Ukraine. Östlich und südlich von uns liegen die Kämme und Täler des Rodna-Gebirges, der letzte größere markante Gipfel im Osten ist der Ineu, den wir in zwei Tagen besteigen werden. Links von ihm liegt der Prislop-Paß, bei sehr klarer Witterung kann man im Südosten die Suhard-Berge, Birgău und Căliman sehen. Dem Rodna am nächsten liegt westlich des Sălăuţa-Tals das Ţibleş-Gebirge, ferner Munţii Lapuşului und Gutâiului. Den Pietrosu-Gipfel verlassend, kehren wir auf den Kamm zurück und steigen nun nach Süden in den Pietrosu-Sattel ab, von dem man links im Tal auf die an einem Wasserfall "aufgefädelten" Buhăiescu-Seen blickt. Steiler Aufstieg zum Rebra-Gipfel (2221m) hinter dem als nächster Berg der Buhăiescu Mare erscheint, das Verbindungsglied zwischen Haupt- und Nebenkamm, auf dem wir uns noch immer befinden.

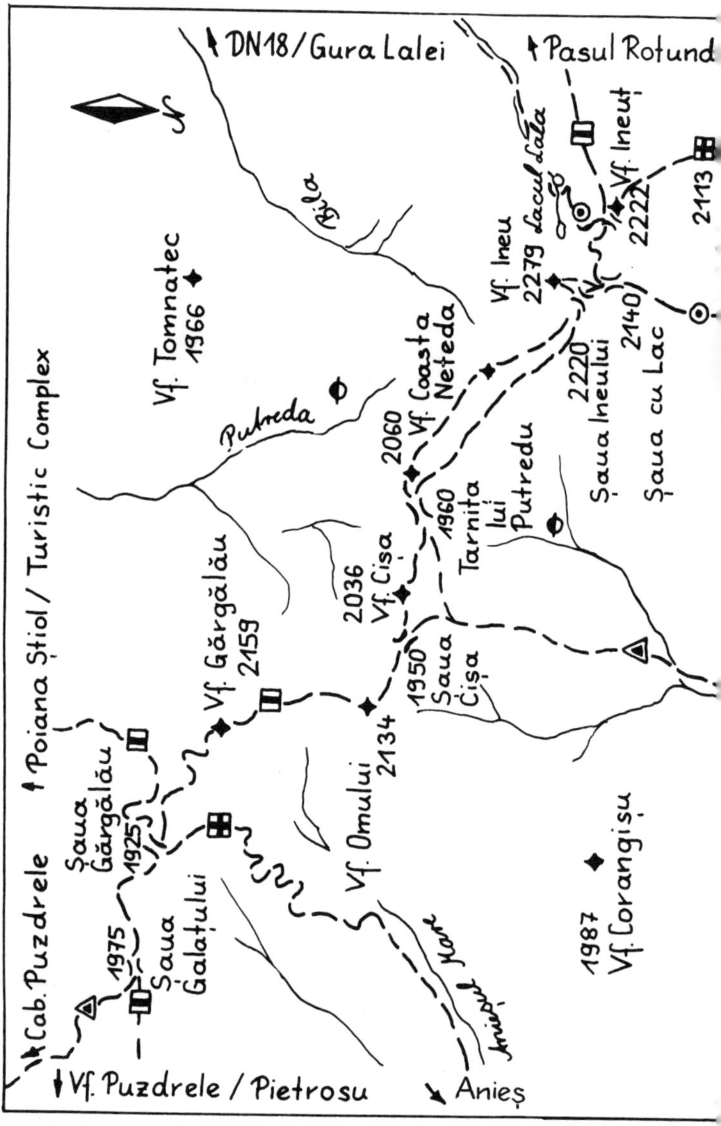
DN18/Gura Lalei
Pasul Rotund
Vf. Tomnatec 1966
Poiana Știol / Turistic Complex
Bila
Putreda
Vf. Coasta Neteda
2060
Vf. Ineu 2279
Lacul Lala
Vf. Ineuț 2222
2113
2140
2220 Șaua Ineului
Șaua cu Lac
Tarnița lui Putredu
1960
Vf. Cișa 2036
Vf. Gărgălău 2159
1950 Șaua Cișa
2134
Vf. Omului
Vf. Corangișu 1987
Cab. Puzdrele
Șaua Gărgălău 1925
1975
Șaua Galațului
Anieșul Mare
Vf. Puzdrele / Pietrosu
Anieș

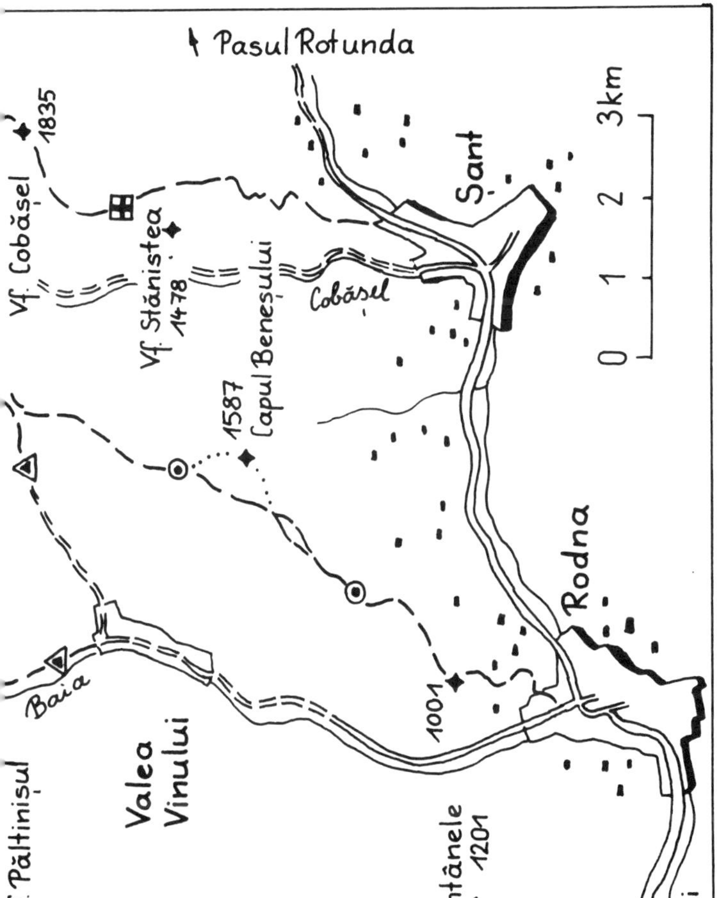
Pasul Rotunda
Vf. Cobăsel
1835
Vf. Stănistea
1478
Capul Beneșului
1587
Cobăsel
Sant
0
1
2
3km
Rodna
1001
Baia
Vf. Păltinișul
Valea Vinului
Vf. Fântânele
1201
Anieș
Sângeorz Băi
Șaua Gărgălău

Über den Buhăiescu-Gipfel verläuft die rote Bandmarkierung, die aus der Gemeinde Dealu Ştefăniţei im Sălăuţa-Tal bzw. vom Şetref-Paß über das Bătrâna-Massiv hierherführt (im Abstieg ca. 8 h) und uns weiter nach Osten in den Sattel Tarniţa la Cruce begleitet. Hier sollte man sein Zelt aufschlagen, da es nicht weit hinunter ins Quellgebiet des Buhăiescu-Baches ist, wo die Wasserflasche nachgefüllt werden kann. Auf das Campieren direkt an den Wasserlöchern sollte man verzichten – die Gegend ist etwas sumpfig, außerdem verläuft hier die Grenze des Naturschutzgebietes. Wer gut zu Fuß ist, kann auch noch 1-1½ h in den etwas geschützteren Tarniţa-Negoieselor-Sattel weiterlaufen, in dem auch eine Quelle direkt unterhalb "La Cărţi" entspringt.

2. Tag: Tarniţa la Cruce (1984m) – Şaua Galaţului (1975m) – Şaua Gărgălău (1925m), rotes Band, 5-5½ h

Von unserem Lagerplatz im Sattel folgt die Route weiter dem Hauptkamm ohne nennenswerte Höhenunterschiede, die meisten runden Bergkuppen werden an der Nordseite umgangen. Die Markierungen waren hier im August '93 kaum noch zu sehen, sollen aber in der Zwischenzeit erneuert worden sein. Außerdem bereitet die Orientierung bei klarem Wetter keine Probleme.

So gelangt man in 1½ Stunden über Vârful Obârşia Rebri (2052m), Şaua Obârşia Rebri (1985m) und entlang des Gipfels Cormaia (2033m) zum Repede (2074m), auf dessen Ostschulter einige große weiße Kalkplatten aufeinandergestapelt liegen. Auf die Entfernung hat man fast den Eindruck, anstelle der üblichen Konservendosen und Zigarettenschachteln habe hier jemand zur Abwechslung einen Stoß schwerer Folianten liegengelassen. Das Aussehen der Steine hat dem Ort auch den Namen gegeben: "La Cărţi" – "An den Büchern". Nach 10 min Abstieg wird der Sattel Tarniţa Negoieselor (1900m) erreicht, wo ein Weg nach Süden Richtung Sângeorz Băi abzweigt, der hier mit 10 Stunden angegeben wird bzw. 6 Stunden nach Anieş.

Vor uns erhebt sich jetzt der felsige Gipfel der Negoiasa Mare (2041m), der von Enthusiasten auf einem nur wenig benutzten Pfad erstiegen werden kann. Die meisten Wanderer bevorzugen die Umgehung durch die Latschenfelder auf der Nordseite. Immer imposanter wird der Anblick der hinter uns liegenden Rebra-Pietrosu-Gruppe, während wir uns dem markanten Puzdrele-Massiv nähern. Nach 1½ -2 h treffen im Tarniţa-Bârsanului-Sattel (1870m) Gipfelweg und Umgehung wieder zusammen. (Ein gut ausgetretener Weg führt von hier ins Anieş-Tal, gelbes Band, 6 h). Über die Südschulter des Puzdrele-Massivs, dessen nach Norden vorgelagerter Gipfel zusätzlich in einer halben Stunde erstiegen werden kann, läuft man durch den Puzdrelor-Sattel über den Laptelui-Mare-Gipfel (2172 m) bis in einen Sattel unterhalb des Galaţului-Gipfels (2048 m), auf dem ein Weg nach Norden zur Puzdrele-Hütte abzweigt (blauer Punkt, 45 min -1 h).

Über den Galaţului-Gipfel gelangt man zum gleichnamigen Sattel, wo der mit blauem Dreieck gekennzeichnete Weg zur Cabana Puzdrele beginnt (1½ h). Auf den von Schafen kahlgefressenen Berghängen laufen wir noch ca. eine halbe Stunde weiter, bis das Quellgebiet des Arieşul Mare unterhalb des Gărgălău-Sattels erreicht wird. Mehrere Terassen mit Blick nach Süden bieten sich zum Zelten an. (Achtung! Egal, wie gut Sie in der Zeit liegen – das Weiterwandern am Nachmittag Richtung Ineu lohnt nicht, da es auf dem folgenden Kammabschnitt kein Wasser mehr gibt und auch die Gegend weniger zum Zelten geeignet ist.)

3. Tag: Şaua Gărgălău (1925 m) – Vârful Gărgălău (2159 m) – Vârful Omului (2134 m) – Vârful Coasta Neteda (2060 m) – Şaua Ineului (2220 m) – Vârful Ineu (2279 m) – Şaua cu Lac (2140 m), rotes Band – Lacul Lala Mică (1932 m), blauer Punkt, 5½-6 h

Aus dem Gărgălău-Sattel zweigt ein mit blauem Kreuz markierter Weg südlich ins Anieş-Tal ab (7 h) oder die Tour kann bereits im Abstieg zum Complexul Turistic Borşa beendet werden (blaues Band bis zum Ştiol, von dort unter dem Sessellift oder über die Cascada Cailor, rotes Dreieck, zu den Hotels absteigen, 3 – 4 h).

Wer die Kammwanderung fortsetzt, hat gleich den ersten schwierigen Anstieg des Tages vor sich – den massigen Gărgălău-Gipfel. Von der Bergspitze läuft man weiter nach Süden an schönen Gesteinsfaltungen vorbei zum Vârful Omului. (2½ h vom Gărgălău-Sattel aus). Nach Osten zu wird der Kamm jetzt immer schmaler, ein Stück überhängender Fels bietet Regenschutz.

1½ Stunden später steht man im Sattel Şaua Cişa, unter dem aus dem nördlichen Putreda-Kessel ein kleiner See heraufglänzt. (Das blaue Dreieck markiert die südliche Abstiegsroute in den kleinen Kurort Valea Vinului durch das Izvorul-Roşu-Tal, 4 h). Hinter dem Cişa-Gipfel (2036m), der als nächstes erstiegen wird, fällt der Grat steil ab in den Sattel Tarniţa lui Putredu, wo das "wildeste" Stück Rodna-Kamm auf uns wartet.

Wer sich vor der Gratkletterei über die Coasta Neteda fürchtet oder bei extrem schlechter Witterung hier ankommt, sollte lieber die südliche Umgehung am kleinen La-Tău-See vorbei verwenden. Imposant ragt der letzte große Gipfel vor uns auf, den man auf seiner Schulter am Ineu-Sattel nach einer Stunde erreicht hat. Wenn noch genug Kraft und Lust vorhanden sind, kann von hier aus gleich bis zum Ineu-Gipfel geklettert werden oder man läuft weiter Richtung Lala-See und hebt die Besteigung für den kommenden Morgen auf.

Am Gipfelkreuz bietet sich uns nach 20 min Aufstieg nochmals die letzte Rodnaübersicht, bis zurück zum Pietrosu und auf die gesamte Wegstrecke, die wir zurückgelegt haben. Von nun an geht es nur noch bergab, zum Wegweiser im Şaua cu Lac. Wir richten uns nach der blauen Aufschrift "Lala" an einem Stein und steigen über den blauen Punkt und Ineuţ-Sattel zum kleinen Lala-See ab. Nach 20-25 min können wir dort unser Zelt aufschlagen oder noch über die nächste Gletscherstufe zum großen Lala-See weiterlaufen.

Wochenmarkt in Rodna

4. Tag: Lacul Lala Mică (1932m) – Şaua cu Lac (2140m) – Capul Beneşului (1587m) – Rodna (525m), blauer Punkt, 6 h

In einer Dreiviertelstunde hinauf zum Şaua cu Lac und von dort nur noch dem Curăţel-Kamm immer gereadeaus nach Süden folgen bzw. der Markierung blauer Punkt, die in den Latschen und auf den breiten Wiesenhängen bald immer seltener auftaucht. Wer bis jetzt in diesem Gebirge noch keine Bekanntschaft mit den Hirten und ihren Theater spielenden Hunden gemacht hat, wird auf dem Weg nach Rodna mehrmals dazu Gelegenheit haben. Ängstlichen Gemütern empfehle ich, bevor die wenig steinigen Wiesen erreicht werden, noch ein paar Wurfgeschoße in den Rucksack zu packen. Nach ungefähr zwei Stunden Marsch ab Lala-See laufen wir im Curăţel-Sattel entlang einer Reihe gekappter Telegrafenmasten, bis ein Wegweiser rechts hinunter nach Valea Vinului zeigt (rotes Dreieck, 4 h), während wir 1½ -2 h weiter auf einem breiten Fahrweg und dann über einen Wiesentrampelpfad zum geodätischen Punkt auf dem Beneş-Kopf aufsteigen. Der Rundblick von hier entschädigt für alle schmerzenden Kniescheiben oder Ärgernisse mit Hirtenhunden, die man auf dem Abstieg gehabt hat. Vor uns liegt das Someşul-Mare-Tal mit dem Dorf Şant im Südosten und der Gemeinde Rodna südwestlich des Gipfels, die auch leicht an den glänzenden Kuppeln ihrer orthodoxen Kirche erkannt werden kann. Auf der anderen Talseite reihen sich von Ost nach West Munţii Suhardului, Bârgăului und Căliman. Nach Norden zurückblickend, erkennen wir unseren Weg bis hinauf zur Ineu-Spitze, von der aus in nordwestlicher Richtung als markanteste Gipfel nocheinmal Vârful Omului und Corangişul auffallen; weiter westlich erstrecken sich die Südausläufer des Rodna-Gebirges.

Ohne Markierung steigt man jetzt genau auf Rodna zu nach Südwesten ab. Zwischen Fichten und Felsbrocken hindurch geht es auf einer Wiese steil bergab in einen kleinen Sattel, in dem sich mehrere Fahrwege treffen und auch unsere Markierung wieder auftaucht, der wir nach links um die nächste Bergkuppe herum folgen. Wer im Sommer die letzte Bergnacht oberhalb von Rodna verbringen möchte, sollte dazu die Hügel über dem Ort nutzen, bevor ein ausgewaschener Hohlweg zwischen den ersten Grundstücken hindurch auf die Dorfstraße führt, der wir nach links ins Zentrum folgen.

Wenn man nach 11.00 Uhr in Rodna eintrifft, gibt es an diesem Tag keine Bahnverbindung mehr bis nach Borşa. Zur Übernachtung bietet sich das sehr preiswerte Hotel Ineu im Zentrum an (2 Personen, 2,80 DM, warmes Wasser gibt es hier nirgendwo in der Gegend, also auch nicht in der Hoteldusche).

Man kann sich etwas Zeit nehmen und in aller Ruhe durch die kleine Bergbaugemeinde schlendern. Mittelpunkt des Ortes ist die orthodoxe St. Georgs Kirche, die auf den Grundmauern einer Dominikanerbasilika aus dem 13. Jh. errichtet wurde. Deren Portal und Mauerreste sind noch auf dem Grundstück hinter der Kirche zu besichtigen, außerdem eine kleine Kapelle, an der auf einer dreisprachigen Tafel etwas über die Geschichte der Gemeinde zu erfahren ist. Slawische Bergleute schürften hier im 7.Jh. nach Gold und gaben dem Tal und der Ortschaft vermutlich ihren Namen. (Rodna leitet sich vom altslawischen "rudna" ab – grob übersetzt: Erz- oder Goldmine.) Später mußten die rumänischen Ureinwohner mit den deutschen und ungarischen Siedlern auskommen, die ab dem 12. Jh. auch in dieses Gebiet strömten. Die Gemeinde war die erste transsilvanische Ortschaft, die 1241 und 1285 von den Tataren auf ihren großen Europa-Feldzügen verwüstet wurde. 200 m von der Kirche entfernt steht das Hotel an der Hauptstraße. Empfehlenswert ist auch der große Markt, der hier an den Wochenenden auf der anderen Flußseite abgehalten wird. Zum Bahnhof läuft man die Hauptstraße Richtung Sângeorz Băi entlang, bis zum Ortsrand, wo hinter den letzten Naubaublöcken die Gleise beginnen.

Rückfahrt nach Borşa: Wer nicht spätestens den Mittagszug aus Rodna benutzt (11.04 Uhr, 1994/95), wird an diesem Tag nur noch per Anhalter in Borşa ankommen. Der Zug muß unterwegs dreimal gewechselt werden: In Ilva Mică, Salva und Vişeu de Jos.

Bis Ilva Mică fährt man entlang des Someşul Mare gut eine halbe Stunde, vorbei an den Dörfern Anieş und Maieru – letzteres in einem älteren rumänischen Reiseführer stolz als Ort mit der höchsten Geburtenrate im Land ausgewiesen. Wem die Konservennahrung oder einheimische Küche nicht bekommen, der kann im Kurort Sângeorz Băi einen kurzen Aufenthalt an einer der zahlreichen Quellen einplanen, die zur Behandlung von Magen-Darm-Leiden empfohlen werden.

Von Ilva Mică aus (Anschlußzug um 12.11 Uhr, letzter Zug mit Anschluß nach Borşa um 17.48 Uhr) fährt man nochmals 30 min bis Salva. Das Dorf Salva bietet wenig Unterhaltung, mit etwas Glück überbrückt eine Zigeunerkapelle die Wartezeit auf dem Bahnhof (Anschlußzug nach Vişeu 14.48 Uhr, letzte Verbindung um 19.01 Uhr).

Entlang des Sălăuţa-Baches schlängelt sich die Bahnlinie über Viadukte und durch mehrere Tunnel hindurch bis nach Vişeu de Jos, wo wir nach ca. 1.40 h Fahrtzeit ankommen (Anschlußzüge Richtung Borşa 19.17 u. 21.25 Uhr). Bis zur Endstation nach Borşa sind es nun noch 23 Bahnkilometer. Letzter Kraftakt ist das Eindringen in den meistens völlig überfüllten Bus, der zurück ins Zentrum oder bis zum Touristik-Komplex fährt.

Kleiner Sprachführer für das Allernötigste

"Puteţi să-mi spuneţi vă rog ce înseamnă propoziţia aceastǎ în româneşte?" – "Können sie mir bitte sagen, was dieser Satz auf rumänisch bedeutet?"

Dieses Beispiel enthält so ziemlich alle Schwierigkeiten, die ein Ausländer mit dem Rumänischen haben könnte:

Vokale

a, e, i, o, u	werden genauso wie im Deutschen, in der Regel aber etwas

kürzer ausgesprochen.

Nur das e bereitet Probleme, weil es im Anlaut (außer in Lehnwörtern aus dem Französischen), wie "je" gesprochen wird:

ich – eu, sprich: "jeu", wobei man die beiden Vokale e und u nicht wie im Deutschen zu "eu" zusammenzieht, sondern jeder Laut muß klar für sich artikuliert werden;

er/sie – el/ea, sprich: "jel/ja";

sie – verfügt im Plural über eine maskuline und eine feminine Form: ei/ele, sprich: "jei/jele", wobei wie schon bei eu darauf zu achten ist, daß ei nicht zum deutschen Frühstücks"ei" zu verbinden, sondern auszusprechen.

er ist – el este, sprich: "jel jeste"

ă ist eines der Hauptprobleme für deutsche Zungen. Der Laut befindet sich irgendwo zwischen e und ä; zur Übung werden Wörter wie Vater oder machen empfohlen, deren e-Laut in der Endsilbe ähnlich klingt; ă ist vor allem wichtig, um das rumänische Nationalgericht – mămăligă richtig aussprechen zu können.

î, â hier fällt das Umdenken am schwersten: Beide Vokale sind identisch und slawischer Herkunft. Wer russisch kann, wird mit diesem Laut kaum Schwierigkeiten haben, er klingt etwas kehlig und erinnert entfernt an dumpfes ü in Müll oder Gülle. Er taucht in so wichtigen Wörtern auf wie Brot – pîine, wann – cînd, morgen – mîine, Gipfel – vîrf.

Besonders problematisch ist für rumänische Schulkinder, wie auch für den Reisenden, daß im Zuge einer neuen Romanisierungskampagne der Buchstabe î, sofern er nicht am Wortanfang oder -ende steht, gegen â ausgetauscht wird – d. h.: pâine, când, mâine, vârf bzw. im Wort (ich)bin – eu sînt gegen u – eu sunt.. Einige Zeitungen weigern sich auch, diese Neuregelung der Sprache anzuerkennen. Da sich die Variante aber bereits durchzusetzen beginnt, wird auch bei den geografischen Namen in diesem Buch die neue Schreibweise verwendet.

Halbvokale

Ein unbetonter Selbstlaut wird vor oder nach einem betonten mehr oder weniger "hingehaucht": zwei – doi klingt deshalb im Gegensatz zum oben erwähnten ich – eu, tatsächlich mehr nach dem deutschen "eu"; schwieriger sind dagegen solche Wörter mit Vokalhäufungen wie Regen – ploaie.

Nach Konsonanten im Auslaut, wird i kaum gesprochen, sondern sorgt eher für eine besonders weiche Endung, wie z.B. bei den Wochentagen Montag – luni, Mittwoch – miercuri.

Nur bei den Infinitivendungen der Verben, die auf i enden, wird der Vokal auch voll ausgesprochen: arbeiten – a munci, sprich: "a muntschi"; rennen, laufen – a fugi, sprich: "a fudschi".

Konsonanten:

Hier seien nur die Problemlaute erwähnt, wie:

c	der vor allen Vokalen und Konsonanten wie k ausgesprochen wird – mit Ausnahme von e und i; hier verwandelt sich c in "tsche" oder "tschi", wie in Zentrum – centru, sprich: "tschentru", wer – cine, sprich: "tschine"oder aber Tee – ceai, sprich: "tschai"; h zwischen c und i bzw. e, sorgt für ki oder ke, z.B. das Hörnchen, Brötchen – chifla, sprich "kifla" oder Kellner – chelner.
g	genauso wird aus g vor e und i – ungefähr "dsche" oder "dschi", z.B. der Enzian -genţiana, sprich: "dschenziana" oder Bild, Abbildung – imagine, sprich: "imadschine". Schiebt sich zwischen g und das e oder i ein h, wird ganz gewohnt "ge" oder "gi" verwendet, wie in das Eis – gheaţa, sprich: "geaza" oder Reiseführer – ghid, sprich: "gid".
h	verwandelt sich im In- oder Auslaut in ch, wie in die Architektur – arhitectura, sprich "architektura"
j	ist stimmhaft und wird nicht wie in Januar ausgesprochen, sondern wie Journal – jurnal
r	ist ein stimmhaftes Zungen-r und kann nur durch langes Hinhören und Üben erlernt werden
s	spricht sich wie scharfes ß, wie die Straße – strada, sprich: "sstrada"

ş	wie sch, z.B. die Schule – şcoala, sprich: "schkoala"
ţ	wie deutsches z in Zeit oder Zakken, z.B. das Land – ţara, sprich: "zara"
v	deutschem w entsprechend, Wein – vin, sprich "win"
z	stimmhaftes s , es muß richtig summen!

Bitte! – (förmlich / per du)	Vă rog!, Te rog!
Guten Tag / Morgen / Abend !	Bună ziua / dimineaţa / seara!
Gute Nacht !	Noapte bună!
Auf Wiedersehen!	La revedere!
Danke!, Vielen Dank!	Mulţumesc!, Mulţumesc mult!
ja, nein	da, nu
Das ist... schön / der Zug nach... / ein Hotel	Åsta e... frumos / trainul la... / un hotel
ich, du, er, sie / wir, ihr, sie m./f.	eu, tu, el, ea / noi, voi, ei, ele
Ich heiße..., Du heißt...	Mă cheamă..., Te cheamă...
Wie heißt er / sie?	Cum îl cheamă?, Cum o cheamă?
Wohin gehen wir? /- fahren Sie?/ fahrt Ihr?	Unde mergem?/ Unde mergeţi (plecaţi)?
Wann kommen sie?	Când vin?
Was wünschen Sie? / -möchtet Ihr?	Ce doriţi?
Geben Sie mir bitte...	Daţi-mi vă rog...
- eine Fahrkarte.	- un bilet.
- zwei Eintrittskarten.	- două bilete.
Ich möchte...	Doresc
- drei Brote.	- trei pâini.
- vier Hörnchen.	- patru chifle.
Haben Sie...	Aveţi...
- fünf freie Plätze?	- cinci locuri libere?
- noch sechs Betten?	Mai aveţi... - şase paturi?

Ich will nicht...	Nu vreau...
- sieben Flaschen Wein!	- şapte sticle de vin!
Ich will...	Vreau...
- acht Flaschen Bier!	- opt sticle de bere!
Und was willst du? Neun Gläser Pflaumenschnaps!	Şi tu ce vrei ? Nouă pahare de ţuică!
Wir brauchen...	Avem nevoie de...
- zehn Flaschen Wasser.	- zece sticle de apă minerală.
elf Tomaten	unsprezece roşii (unşpe)
zwölf Gurken	doisprezece castraveţi (doişpe)
dreizehn Paprika	treisprezece ardei (treişpe)
vierzehn Kartoffeln	paisprezece cartofi (paişpe)
fünfzehn Möhren	cincisprezece morcovi (cincişpe)
sechzehn Pfirsiche	şaisprezece piersici (şaişpe)
siebzehn Aprikosen	şaptesprezece caise (şapteşpe)
achtzehn Weintrauben	optsprezece struguri (optşpe)
neunzehn Birnen	nouăsprezece pere (nouăşpe)
zwanzig Äpfel	douăzeci de mere
21, 22 usw.	douăzeci şi unu/una, douăzeci si doi/două
30, 40, 50, 60, 70 usw.	treizeci, patruzeci, cincizeci, şai-zeci, şaptezeci
100g Käse	o sută de grame de caşcaval / brânză / telemea
200g Joghurt / saure Sahne / Butter	două sute de grame de iaurt / smântână / unt
300g Fleisch / Salami / Speck usw.	trei sute de grame de carne / sa-lam / slănină
1000g Zucker, 1 kg	o mie de grame de zahăr, un kilo-gram (un kil)
2000g Salz / Pfeffer, 2kg usw.	două mii de grame de sare / piper, două kilograme
1 Liter Milch / 2 Liter Saft	un litru de lapte / doi litri de suc
1995	o mie nouă sute nouăzeci şi cinci
Entschuldigen Sie bitte, wie spät ist es?	Nu vă supăraţi, cât e ceasul?

8 Uhr, Viertel nach neun, halb vier	ora opt, nouă şi un sfert, trei şi jumătate
Viertel vor sechs, 10 Minuten nach zehn	şase fără un sfert, zece şi zece
Wo ist der Bahnhof / Busbahnhof / – haltestelle	Unde e gara / autogara / staţia autobuzului?
Wann / Wohin fährt der Zug / Bus?	Când / În ce direcţie pleacă trenul /autobuzul?
Auf welchem Bahnsteig?	La ce linie?
Zwei Fahrkarten erster / zweiter Klasse.	Două bilete pentru clasa întâi / a doua.
Hält der Zug / Bus in...?	Trenul / Autobuzul opreşte la...?
Fahren Sie bis nach...?	Mergeţi până la...?
Wir möchten hier / dort aussteigen!	Am vrea să coborâm aici / acolo.
Wo ist ein Hotel / Camping / eine Bergbaude?	Unde e un hotel / camping / o cabană?
Wieviel kostet ein Zimmer für zwei Personen?	Cât costă o cameră pentru două persoane?
Im Gebirge:	La munte:
der Berg, der Gipfel, der Sattel, der Kamm	muntele, vârful, Şaua (curmătura), creasta
das Tal, die Schlucht, die Höhle, der Fluß, der Bach, der See	valea, prăpastie, peştera, râul, pârâul, lacul (tăul)
Wald, Wiese, Felsen, Schnee	pădure, poiană, stâncă, zăpadă
eine Baude / Sennhütte / Schutzhütte	o cabană / stână / un refugiu
Bergrettungsdienst	salvamont
die gelbe / rote / blaue Markierung	marcajul galben / roşu / albastru
das Kreuz, der Punkt, das Dreieck, das Band	crucea, punctul, triunghiul, banda
Das ist die Straße / der Weg / ein Pfad nach...?	ăsta e drumul / Asta e o potecă spre...?
Wieviele Kilometer / Stunden ?	Câţi kilometri?, Câte ore?

Ist es noch weit?	Mai este mult până la...?
Haben Sie / Habt ihr eine Karte?	Aveţi o hartă?
Wie wird das Wetter?	Cum o să fie vremea?
Sonne, Regen, Schnee, Wind, Sturm, Nebel	soare, ploaie, zăpadă, vânt, furtună, ceaţă
morgen – ein schöner Tag	mâine – o zi frumoasă
übermorgen – blauer Himmel	poimâine – un cer senin
In drei Tagen wird sich das Wetter ändern?	Peste trei zile vremea se schimbă?
Am Wochenende wird es schlecht.	La sfârşitul săptămânei o să fie urât.
Nächste Woche regnet es.	Săptămâna următoare/viitoare o să plouă.
Ist Zelten hier erlaubt / verboten?	Aici camparea e permisă / interzisă?
Können wir hier schlafen?	Putem să dormim aici?
Ist das Trinkwasser?	Asta e apă potabilă?
Gibt es hier... Bären / Wölfe / Wildschweine / Hirsche / Gemsen / Murmeltiere?	Aici sunt... urşi / lupi / mistreţi / cerbi / capre negre / marmote?
Ich kann nicht mehr! Ich bin müde!	Nu mai pot! Sunt obosit!
Mir tut der Fuß / das Knie / der Bauch / die Brust / der Rücken / der Kopf weh.	Mă doare piciorul / genunchiul / burta / pieptul / spatele / capul.
Gesundheit! Viel Glück! Gute(n) Reise / Weg!	Sănătate! Noroc! Drum bun!
Und wenn gar nichts mehr geht: Sprechen Sie... deutsch / französisch / englisch?	Vorbiţi... nemţeşte / franţuseşte / englezeşte?

Bibliographie:

- Albotă, Mihail Gabriel: Munţii Ceahlău. Bucureşti 1992.
- Almaş, Dumitru: Poveştiri istorice. Bucureşti 1984.
- Basarab, Luminiţa Marin: Geografia României. Bucureşti 1993.
- Bălăceanu, Valentin/ Crişteа, Hedda: Munţii Noştrii. Bd.32: Munţii Făgăraş. Bucureşti 1985.
- Bleahu, Marcian/ Bordea, Sever: Munţii Bihor/Vlădeasa. Bucureşti 1981.
- Buta, Iuliu şi Ana Aurelia: Munţi Noştrii. Bd. 20: Munţii Rodnei. Bucureşti 1981.
- Cucu, Vasile/ Ştefan, Marian: Sehenswürdigkeiten in Rumänien. Bucureşti 1978.
- Cristescu, Octavian/ Păsăilă, Vasile/ Teodorescu, Bogdan/ Raluca, Tomi: Istoria Românilor. Bucureşti 1992.
- "Komm mit – Rumänien. Reisen, Wandern, Erholung."- Bis 1990 jährlich erscheinender Reisealmanach, Bukarest 1979-90.
- Măhăra, Gheorghe/ Popescu-Argeşel Ion: Munţii Trascău, Oradea 1993.
- Plămădeală, Antonie: Moarte şi înviere la mănăstirea "Brâncoveanu" Sâmbăta de Sus, Sibiu 1993.
- Popescu, Nae: Munţii Noştri. Bd. 25: Munţii Retezat. Bucureşti 1984.
- Silva, Carmen: Poveştile Peleşului.Neuauflage Craiova 1991.
- Şerban, Mihai/ Viehmann, Josef/ Coman, Dan: Höhlen Rumäniens. Bucureşti 1961.
- Teodorescu, Bogdan/ Pascu, Adrian/ Manes, Mihai: Istoria Românilor. Bucureşti 1992.
- Vătăşianu, Virgil: Kunstdenkmäler in Rumänien. Ein Bildhandbuch., Leipzig 1986.
- Wagner, Ernst: Geschichte der Siebenbürger Sachsen. Ein Überblick., 6. Auflage Thaur bei Innsbruck 1990.
- O. A.: Castelul Peleş – O operă de-o viaţă. Bucureşti 1993.

Zum Autor:
Henning Schwarz bereist seit einigen Jahren Rumänien und kennt die Verhältnisse im Land sowohl vor als auch nach der umstrittenen "Revolution" im Dezember 1989. Er hat alle in diesem Buch beschriebenen Touren mehrfach unternommen. Der Wanderführer und die veröffentlichten Fotos entstanden während seines letzten achtmonatigen Rumänien-Aufenthalts, im Zeitraum Juli 1993 – Februar 1994.

Index

Reisebücher von aragon

Reisebücher von aragon